I0704845

INVOLUCIÓN

ANDRÉS R. RODRÍGUEZ

*La peor forma de desigualdad
es tratar de hacer que las cosas desiguales
sean iguales*
Aristóteles

*Cualquiera que tenga el poder de hacerte creer idioteces,
tiene el poder de hacerte cometer injusticias.*
Voltaire

*Todo el problema del mundo radica
en que los tontos y fanáticos están siempre muy seguros de si
y la gente sabia está llena de dudas.*
Bertrand Russell

©Antuan Rodríguez

ÍNDICE

Introducción

¿*Involución*? Mi sensación actual es que involucionamos. Espero que sea un vaivén de nuestra emergencia civilizatoria. Esperemos. Veamos.

Nuestras sociedades son concertaciones constantemente improvisadas. Una parte se mantiene, mientras otra es rehecha, tal como los seres vivos. Pero ello ocurre de una manera epiléptica, muy contradictoria, porque los seres humanos concurren a lo social cada uno con sus ideas, concebidas cuando son muy jóvenes, luego muy difícilmente cambiables. Lograr que se muevan hacia la concertación o ponerlos de acuerdo socialmente es difícil, a veces casi imposible. Por ello las masas humanas se mueven entre inercia, arrogancia, exaltación, estampida y arrepentimiento. Para nada su evolución es orgánica, cibernética, científica, como puede ocurrir en algunos sistemas y aspectos que el ser humano ya está gerenciando. Pero una cósmica necesidad de perfección nos impulsa a emerger de nuestras miserias.

Los seres humanos, tendemos a crear mitos, que nos permiten creer, crecer y converger, pero también exaltamos mitos de grupo y los azuzamos para que muerdan los del vecino. O creamos mitos culturales centrífugos, tóxicos para nosotros mismos. O padecemos de extensos períodos de procrastinación, seguidos de violencia, autoritarismo, militarismo. A veces, aun en el caos absorbemos algunos gramos de sabiduría. Eso es lo que nos salva. Y acumulamos un pequeño capital de sabiduría, que denominamos cultura.

Las culturas que llamamos Occidente, lo que antes se llamó la Cristiandad, y que tienen su epicentro en Europa, son las que más se divorciaron de nuestros primitivos comportamientos depredadores y hasta caníbales, las que siguieron los mitos más constructivos: Prometeo, Horus, David, Cristo...

Mas ha sido la aun juvenil *Ciencia* la que más ha avanzado en ser a la vez mito, sendero e instrumento, en la búsqueda de métodos que faciliten el proceso civilizatorio humano, la sostenibilidad, la cultura. Científicamente, se intenta reproducir la organicidad de los sistemas naturales. Pero a la cultura también aportan la tecnología, filosofía, el arte, las humanidades y religiones, que continúan pretendiéndose, cada una, médula cultural, que relega las otras a ser periferia.

Hace muchos años, allá por 1959, J. P. Snow, un científico inglés y a la vez escritor, realizó un ensayo que llamó *"Las dos culturas"*, refiriéndose a la división entre intelectualidad humanística y científica, casi totalmente divorciadas ya entonces. Aunque la civilización hoy es planetaria y cuenta con numerosas vías para que nos intercomuniquemos, el divorcio continúa, ha sido superado apenas durante el olvido de un día de fiesta y alguno que otro puente levadizo bajado. Pero hoy aún están bien distantes esos dos planetas de la Cultura. Ello puede estarse reflejando en la actual involución que parece presentar Occidente.

La intelectualidad científico-ingenieril es la que más lejos ha llevado la tendencia humana a soñar, empleando métodos científicos, sometiéndolo todo a duda (sistémica o cartesiana) y transmitiendo información con números, fórmulas, estadísticas, planos, más que con palabras. De esta forma, va construyendo modularmente conocimiento sólido. Su pensar y actuar respeta la evolución biológica y la traduce en giros cibernéticos, Ingeniería de Sistemas y programación.

Las ciencias, no son ni pretenden ser solución de todo. Por lo general insisten en trabajar en pequeñas áreas de especialización y les cuesta mucho arribar a soluciones holísticas. Su división disciplinar conlleva a afirmaciones unilaterales o fuera de contexto de uno u otro científico o rama. Tratan de circunscribirse y enfocarse en nuestro sustrato físico, químico, biológico, ecológico, geológico. Solo muy recientemente han levantado la vista y mirado de frente a lo cósmico o han entrado en la caja negra que es nuestro cerebro, pero continúan siendo más que nada una incompleta aproximación al *logos*.

Hasta ahora, las ciencias son bastante limitadas para dar explicaciones a ecosistemas tan complejos como las sociedades humanas. Otras formas del pensamiento y la cultura pretenden ocuparse de estos enredos. Y lo hacen filosofando, o con arte, pero sin métodos científicos.

Esos sectores de la cultura, de origen y expresión humanística, basan su poder de acumulación y transmisión de información en palabras, imágenes, sonidos. Este sector, surgió muy temprano en la historia, es más fácil que llegue a las amplias masas y ha hecho diversos y considerables aportes a la cultura universal. Mas su metodología continúa siendo primitiva, muy intuitiva, casi zoológica, un rejuego entre imaginación, deseo, recursos y talento, a los que se agregan miligramos de análisis y de vez en cuando, el empujón de un genio.

En mi criterio, las expresiones humanísticas, en su intento de ser generalizaciones abarcadoras del todo y en la búsqueda de nuestra esencia humana, con frecuencia confunden lo que desean con lo que es y terminan proponiendo *Pensamiento Alicia*, esa serie de suposiciones, utopías, asertos y *wishfull thinking* que va anarquizando a Occidente y a la civilización en pleno, ahora retada desde Oriente, en especial desde China, con su sistema de pensamiento Confuciano, a largo plazo, que reflota en el mundo lo autoritario, militarista en esencia, que parecía haber sido paulatinamente dejado atrás a partir de Cromwell.

La cultura occidental está dando muestras de cansancio, al ser erosionada y traicionada desde sus propios círculos intelectuales. En especial son erosionantes, por cualitativos, polisémicos y descentrados, los métodos descriptivos y verborreícos de las humanidades, que pretenden una territorialidad lobuna alrededor de los nuevos templos académicos, en que todos los altoparlantes los colocan en altas atalayas, a donde no pueden llegar los no iniciados, los no doctos, los que no son merecedores de cuasi-nobliliarios y rimbombantes títulos.

Filósofos, sociólogos, politólogos, economistas, literatos, "buenistas" en general, cada uno bombardea lo social desde su feudo intelectual. Insisten en que ellos, solo ellos, conocen la vía que debemos seguir. En nombre del humanismo, los humanistas nos están deshumanizando.

Montan discursos interminables, basados en palabras, casi solo en palabras, muchos simples asertos y aun así pretenden ser pedagogos, en ocasiones, hasta ingenieros sociales. Nos hablan de Platón y de Moro y de Marx como si fueran vecinos del barrio. Sin percatarse de su vetusta temporalidad o anacronismo, es muy sorprendente y hasta extenuante su referencia a la utópica "La República" (generada en S IV a.n.e.) o a lo que argumenta "El Capital" (concebido en el S XVIII, cuando las sociedades europeas apenas se desembarazaban de su pátina feudal). Luego, aplican sus propuestas a situaciones que aparecieron en los cintillos de los periódicos de ayer. A rejuegos de palabras sobre las sociedades humanas le llaman Ciencias Sociales y a teorizar sobre las aleatoriedades y tramposerías de lo político le llaman Ciencias Políticas. A largas descripciones de lo que pensaron otros, cada uno apuntando a una estrella distinta, le llaman Filosofía.

Por otro lado, es llamativa la tendencia de las humanidades a ser *revolucionarias*. Esto es, a acelerar la evolución cultural mucho más que la evolución biológica. Ello es síntoma de inmadurez e incomprensión de la sostenibilidad del mundo y del Cosmos. Algunos de estos personajes que primero nos indujeron a ser revolucionarios, luego generan *papers* que nos explican lo que es *sostenibilidad*.

Buena parte de nuestra confusión civilizatoria actual se debe a esa simple letra **R** de *Revolución*. Esta fue la palabra mágica preferida por la intelectualidad desde su nacimiento en el S XVIII francés y se ha posesionado estratégicamente como abracadabra de la acomodada *intelligentsia* y academia moderna. Apenas comprenden ni dan espacio a eso de *evolución,* insisten en agregarle la R y luego van por el mundo a explicarle a sus pupilos y feligreses cómo alcanzar la sostenibilidad.

En otras palabras, las humanidades nos están fallando, porque tienden a apretar el acelerador y a divorciarse del sustrato terrenal y factual. Ahora están pretendiendo de un solo tajo divorciarnos de nuestra base natural y biológica, para ir a parar al laberinto del transhumanismo, donde sospecho habita un Minotauro.

Si levantamos la mirada y observamos con telescopio las "revoluciones", vemos que tienen mucha basura bajo la alfombra: millones de seres humanos sacrificados. Rara vez aportan reales soluciones a los problemas que pretendían superar. Para hacer progresar las sociedades, hay un entorno a partir del cual puede ser contraproducente acelerar y violentar los cambios sociales, tal como pretenden hacer pescaderas, bolcheviques, guardias rojos, guerrilleros heroicos o la intelectualidad industrializada, acomodada y lejana a las consecuencias de lo que proponen.

Incinerar revolucionariamente el cuerpo social y darle poder a aventureros y pistoleros, es perder el rumbo y dejar que piloteen el velero social prepotentes e incompetentes propensos a la violencia, que tienen entre ellos compromisos de sangre, y que nos acarreen a ser manicomio más que algo digno de encomio. Bajo la presión ciegamente aceleradora de la R, toda sociedad es desmembrada, deshilachada, convertida en suciedad. ¿Pueden comprender esto, guionistas de Hollywood y tantos profesores de sociología y filosofía?

Pero no es ahora que la intelectualidad ha perdido el Norte. Debemos recordar la "Razón" que supuestamente portaron los intelectuales jacobinos franceses del siglo XVIII. Razón que fue muy irracional, sobre todo cuando convocaba a la sociedad a solucionar guillotinesca e instantáneamente sus contradicciones e injusticias. Por lo general las vías revolucionarias posteriores, continuaron siendo irracionales propuestas desde la Razón. Esta es la herencia que reciben y plantean hoy la mayoría de los intelectuales de corte humanista, sobre todo esos que logran placenteramente atrincherarse detrás de los muros de las universidades y emitir su discurso por altoparlantes, con impunidad, alevosía, totalmente desconectados de la realidad.

La creatividad científico-tecnológica que recién surgió en el SXVIII habilitó a la civilización, al *Homo sapiens*, con largas palancas y muchas posibilidades tecnológicas y económicas. Sus resultados nos rodean, empoderan, han extendido salud, nivel y esperanza de vida, información disponible, etc. Es la enorme productividad industrial derivada de múltiples sinergias positivas entre Ciencia y Tecnología, la que permite tan altos presupuestos para universidades, educación, y da margen para que expresiones culturales antes marginales, sean hoy muy masivas y permitan una vida digna a muchos pintores, escultores, poetas, novelistas, etc.

La Cultura florece, es muy diversa, permisiva, muy subjetiva: podemos hablar de *Cultudiversidad* como subproducto industrial Y las universidades tienen áreas objetivamente muy enfocadas y productivas (ingenierías, centros de investigación, *startups*) pero también otras áreas de muy subjetiva productividad o propuestas anarquizantes o deshumanizadoras. Y en ello puede residir el gran problema, porque sin *feed back* muchos *think tanks* están actuando como bunkers desde donde personas no muy responsables y equilibradas sostienen ideas que más bien parecen salidas de un manicomio, pero las lanzan como propuestas sociales sopesadas y serias. Se han convertido en enormes invernaderos, donde se mantienen vivas ideas que, en entornos salvajes, durarían un ciclo lunar. Así, están desmontando la civilización occidental y en nombre del progreso, están dejando espacio a propuestas autoritarias y reversoras.

Pueden quedar muy decepcionados los que crean que dentro de recintos universitarios hay una límpida emulación entre intelectos. En realidad, las corrupciones políticas circundantes humedecen la torre de marfil y pudren sus puertas de entrada-salida. Apenas tengo algunas evidencias personales, pero no se puede descartar la acción de intereses ocultos (foros ideológicos, servicios secretos, agendas geopolíticas, grupos económicos) que empujan para colocar sus peones dentro de las universidades y centros occidentales emisores de cultura, para convertirlos en Caballos de Troya. Algunas de las ideas que hoy se permite preponderen detrás de los muros académicos y hasta con pretensiones de intelectualidad *rock star*, son realmente ametrallamiento por la espalda de la cultura occidental. Pretenden convertir su decir en ley, en dogma. Y nos muestran rejuegos de palabras, adornadas con alguna que otra estadística. De esta manera, puede que hoy estemos retomando el sendero que parecía de iluminación con los enciclopedistas, pero que devino en la oscura locura de Danton, Robespierre, Fouché.

Los jacobinos y Fouché modernos anulan o diluyen la enorme cantidad de evidencias científicas de que ya disponemos y convierten inexactitudes, asertos o burdas mentiras, en dogmas masificados, que pretenden incuestionables. Para ello, utilizan periodismo *fake*, pasiones humanas forradas de pomposidad, maremotos de palabrería intelectualizada y títulos nobiliarios modernizados (ya no se trata de Condes sino de Doctores que no son doctos y eminencias infladas). Ello es muy evidente dada la adoración actual de la *intelligentsia* de 2 becerros de oro, sus conceptos nucleares: la llevada y traída y ya mencionada *revolución* y recientemente la *igualdad*.

En la ciencia se trata información para decantarla en conocimiento y este se criba para obtener *sabiduría*. La criba se llama Método Científico, una serie de metodologías puntuales, que en general podemos llamar duda sistémica o cartesiana. La palabra es vehículo, pero lo central son los experimentos, leyes, fórmulas, planos, algoritmos. Se evita palabrería y discursos vacíos.

Lo humanístico, por su parte, ha quedado en dependencia casi exclusiva de la palabra. Tiende a rechazar la fórmula, el número, nada en un océano de palabrería.

Los cimientos de la cultura occidental están siendo ablandados desde planeamientos pretendidamente científicos, que no lo son. Y están permitiendo la emergencia de ideologías, moralidades y una estructura del ecosistema social, destructores de la histórica aglutinación social: el más evidente la familia nuclear, de padres responsables enseñando a sus hijos. Además, sus propuestas están disminuyendo visiblemente la población de los países industrializados y su potencial biótico, mientras aumenta la población de países árabes, africanos, latinoamericanos.

La intelectualidad humanística actual, buenista e igualitarista, exalta derechos obviando deberes. Y tiende a proponer vías revolucionarias, incineradoras, como solucionadoras de problemas. Ahora, además proponen una igualdad social que no tiene base científica alguna. Una cosa es igualdad ante la justicia o que los gobiernos no tengan privilegios con unos u otros, otra que cosa es que nos concibamos biológica y culturalmente iguales.

La naturaleza no tiende a la igualdad sino a crear opciones diversas, especies, a complejizar los ecosistemas, y luego a seleccionar. Hay que evitar este igualitarismo irreal y enfermizo y el populismo derivado que inunda los discursos intelectuales. Porque todos los seres humanos somos desiguales, únicos e irrepetibles. No somos una masa de idénticos pececitos sino una convergencia de individuos pensantes, cada uno bien definido y con cerebro tendiente a lo centrífugo. Respetando al individuo común, pero resaltando al individuo excelso, podemos construir sociedades evolutivas.

Podemos considerar que las sociedades humanas son imperfectas pero perfectibles, casi siempre en una disyuntiva en que pueden lo mismo derivar hacia situaciones desintegradoras, necrosantes, anabólicas, centrípetas, o hacia una reorganización evolutiva. Toca a nosotros, seres pensantes, escoger por donde avanzar. Podemos evolucionar, pero también dejarnos llevar por mecanismos internos retardatorios, de procrastinación, de no aceptar fluidamente el cambio y cuando la gangrena social se hace presente, clamar por bisturí o dinamita.

El rejuego absurdo y genocida de la historia, ha implicado una y otra vez que cuando se acumulan demasiados tóxicos en el cuerpo social, surgen autonombrados salvadores imprescindibles, que nos lanzan a acelerones "revolucionarios" que desensamblen "el Capitalismo" y luego se autodesignan como guardianes de la justicia redistributiva, donde ellos, los justicieros, se separan ciertos privilegios. A eso han llamado justicia y progreso. Progreso que es regreso y justicia que es pura estulticia. Así es que desvencijan el cuerpo social y pasan a solucionar problemas tal como hicieron los tribales: matando y muriendo.

Los cubanos hemos estado sometidos a estas presiones por decenios y no podemos menos que comparar. Eso que ocurrió allá, a pequeña escala, lo podemos ver los estudiosos cubanos ahora en otras latitudes y dimensiones. En la Cuba de los 30s-50s, la intelectualidad se declaró casi en pleno *revolucionaria*. Aquella alquimia, prometiendo transformar el plomo en oro, produjo las actuales heces y fangos.

Los que sufrimos los impactos de la *revolución* cubana y ahora observamos lo que está ocurriendo en Estados Unidos no podemos dejar de comparar...y... asombrarnos. Vemos como se educa a la juventud norteamericana siguiendo principios colectivistas e igualitaristas, muy lejanos al *ethos* con que se fundó el país, cuestionables como nucleadores de una sociedad industriosa, evolutiva y saludable. La sociedad norteamericana se está dejando erosionar y degradar desde adentro, con la anuencia o la complicidad de políticos, líderes, académicos, *intelligentsia*, empresarios cortoplacistas, que entre otras cosas facilitan, permiten u observan callados la emergencia de una China que visiblemente se convierte en un enemigo potente. Para colmo, las propuestas "sociológicas" generalmente son muy contrarias a cómo funcionan los ecosistemas naturales. Y, sin embargo, sociedad, ciudad o vivienda, son también ecosistemas.

La estructura de la nación norteamericana, fue establecida por sus padres fundadores sobre bases individualistas e industriosas, absorbiendo lo mejor del pensamiento social hasta entonces (parlamentarismo, liberalismo, industrialismo).

La academia e *intelligentsia* evidencian muy poco conocimiento de la historia y de cómo opera la naturaleza. Al menos, respóndanme a lo siguiente: ¿Occidente está dando algunos circunstanciales traspiés o está en ***involución?***

©*Antuan Rodríguez*

Agradecimientos

He compilado en este libro diversas pequeñas aproximaciones ensayísticas y periodísticas, sobre algunos aspectos generales de la historia humana. Han sido previamente publicados como artículos en medios electrónicos como Puentealavista, Neoclupress, Cubaencuentro, Otrolunes, ZoePost, Lux, OpenMind, Acerca Ciencia, El Nacional, Héroes de Cavite, Laus Hispanae, etc. Agradezco que los incluyeran a Armando Añel, Alejandro Armengol, Zoé Valdés, Amir Valle, Ángel de Fana y si alguno olvido, lo invitaré a un café. Agradezco a Antuan Rodríguez, creador de las imágenes de portada y las que ilustran los principales temas del libro, dándole belleza y un canal visual. Doy las gracias igualmente a Eduardo Casanova, editor de Primigenios, que ayudó a hacer más coherente mis notas. A Ángel Callejas agradezco prólogo y observaciones. Las críticas de Rafael Fornés, Nicolas Chávez, Ángel de Fana, Marelys C. Leyva, Ivelisse Pacheco, me permitieron reorientar algunas de mis presunciones.

"5G Spiral" ©Antuan Rodríguez

Revoluciones

Apenas son suficientes mil años
para formar un Estado, pero puede bastar una hora
para reducirlo a polvo.
LORD BYRON

Aclaro que rutinariamente empleo y empleamos la palabra *revolución* porque es un vocablo muy frecuente, un comodín, un joker en las ideas modernas. Pero más infeliz y oscurecedora no pudiera ser. Intelectuales, periodistas, sociólogos, profesores, políticos, llevan y traen el vocablo, sin considerar sus premisas, inexactitudes y fatales consecuencias.

La polisemia del vocablo *Revolución* tiene altísimo costo. Muy usual es banalizarlo y decimos que existe la Revolución Industrial o Tecnológica, Revolución Verde, Revolución Fordiana, Revolución de los Gerentes. También decimos que una idea o un nuevo producto es revolucionario, etc. Ninguna de las anteriores es Revolución, son reformas por cuanto se basan en sostener lo que sirve y a la vez crear algo nuevo. Ningún producto de la industrialización es revolucionario porque todo el andamiaje científico-tecnológico es esencialmente reformador. Son todos *evolución cultural,* .en que no se dinamita lo previo para crear cultura, como es usual en una revolución, sobre todo en las revoluciones sociales, en especial las que aplican el nefasto concepto marxista de lucha de clases.

Pocas concertaciones humanas han logrado crear lo nuevo y a la vez sostener lo mejor del pasado. Y así moverse sostenidamente en el tiempo, sosteniendo lo que no debe ser cambiado y aceptando sustituir lo que muestra obsolescencia. Por eso, como una revolución no hace esto, la mayoría de las veces lo revolucionario deviene involucionario.

La intelectualidad y la academia en Occidente, son sentida y alegremente revolucionarios. Han estado proponiendo e imponiendo este concepto, con gran miopía e irresponsabilidad. Actúan como si dinamitar el edificio social fuera parte de la utopía, sin prestar atención a las consecuencias que en todos los casos han tenido los acelerones revolucionarios. Con ello cooperan en descarrilar el tren social y hasta con un ¡hurra! lo hunden en el circundante pantano del jacobinismo. Lo que debieran proponer es **EVOLUCIÓN**, cambio gradual y sostenido. Pretender otra cosa es suicidio, homicidio, irresponsabilidad e incultura. Toda revolución es contraproducente y estupidez humana en estado puro. Pero educar a la niñez y juventud adoctrinándolos a ser necesariamente *"revolucionarios"* es maldad de 18 kilates.

Es en el campo de la especulación intelectual donde ahora debe arribarse a planteamientos alternativos. De otra manera, el pensamiento que con notable mediocridad se está dedicando a resembrar los viejos fantasmas, es un impulsor de futuros asesinatos y el descarrilamiento del tren humano, de la propia civilización tal como se concibió en Europa y se europeizó el mundo con ideas y métodos constructivos. Claro que ello puede superarse, pero no imponiendo sistemas sociales zaristas, mandarinescos, aztecas o zoroástricos. Generalmente los que ahora abogan por multipolaridad, en realidad están proponiendo la permeancia de su viejo autoritarismo, que no pudo expandirse.

Las Revoluciones Sociales, sus ríos de sangre, han actuado solo como preámbulo de la *"Revolución"* Industrial. Es cierto que el industrialismo, con concertación laboral y productividad muy intensificada, deja atrás miserias de períodos históricos previos. Pero la industrialización no tiene que ser precedida por hechos sociales de violencia incontrolada. No hay nada que pueda justificar el derramamiento de sangre y dolor de tantos. No era necesario haber adoptado el jacobinismo como la razón. Pudiéramos haber sido más reformadores, más girondinos. El costo ha sido grande y el avance de beodo. Es la educación masiva y la expansión de la cultura, unidas a una ciencia y tecnología cada vez palancas más largas y certeras, las que han conducido a muchos países a dar saltos en su desarrollo. No se ha debido a Robin Hood, su ballesta y su banda de ladronzuelos, sino a James Watt, su cerebro analítico y sus amigos lunáticos de Plymouth. Hoy muestran grandes saltos sociales los países del OCDE, los Tigres asiáticos (hace 50 años cuasifeudales), Chile o Irlanda, hasta hace poco marginales.

La evolución cultural fue muy paulatina y comedida en las 13 Colonias (1775-1783), pero se salió de cauce en Francia (1789-1799). Ocurridas ambas en similar período histórico, podemos interpretar que, en Norteamérica, el cambio fue girondino y habilitó al país para luego emerger como gran potencia, mientras el terror jacobino y las posteriores guerras napoleónicas postergaron a Francia y Europa a una posición secundaria, de lo que solo se han recuperado en el siglo XXI, cuando se percibe el efecto de agruparse en un gran conglomerado continental, la unión europea, y no en envidiar, organizar revoluciones y/o guerrear con el vecino. Industrializarse cada uno a su manera, en un todo evolutivamente superior.

La integración en la Unión Europea ha sido su solución, no la observación del otro y la revolución. Ya comprendieron lo que es capaz de hacer el ser humano por militarismo, envidia y jacobinismo dondequiera han sido ideología y gobernado.

Partimos de sociedades tribales, reinos y naciones, guerreando y denigrándose a espadazos o cañonazos. Mas hoy hay un cambio cuantitativo y cualitativo, una emergencia de lo civilizado. Ello se ve hoy amenazado por teorizaciones denigrantes de lo humano, que prosperan en tendencias tremendistas usuales entre intelectuales, periodistas y sobre todo entre sociólogos y politólogos. Los filósofos, por su parte, hacen lo suyo cuando citando a Platón o a Kierkegaard, quieren ser ingenieros sociales.

El bajo el nivel de discernimiento de las Ciencias sociales, políticas y económicas se debe a que la Naturaleza, el Cosmos, se organiza en niveles de complejidad. Desde lo más sencillo a los más complejo, a saber: lo físico, químico, biológico, ecológico, social, pensamiento y espíritu. Las ciencias, han abarcado ya los niveles basales (físico-químico-biológico). Actualmente se intenta comprender lo ecológico. Lo superior es solo comprendido muy parcialmente. Por ello, nos permitimos afirmar que no son ciencias, son formas de intelectualidad o ciencias blandas.

En los hechos sociología, filosofía, politología y profesiones relacionadas, son mayormente asertivas, especulativas, juegos de palabras, ideas discutibles y difícilmente demostrables. Sin embargo, a nivel social a veces se imponen como dogmas.

En las ciencias reales, las duras, a nadie se le puede ocurrir incinerar para reconstruir desde cenizas. El conocimiento es reformista, reconstructivo, modular. En filosofía, sociología, política, puede y suele plantearse rehacer todo desde cero. Al menos eso nos dicen intelectuales como Marx, Sartre, Nietzsche, lo cual repiten académicos de humanidades. A veces recuerdan más a cortesanos y bufones de cortes medievales, sus intrigas. Actualmente en interminables *papers* y congresos sobre nimiedades y subjetividades, no arriban a puerto alguno. Viven en infinitas disquisiciones palabreras. Y entonces, proponen la dinamita para salir del círculo vicioso.

El nudo gordiano de la modernidad, no debe resolverse con otros baños de sangre, limpiezas étnicas organizadas por hombres de acción, por violencia dosificada desde capitales y bunkers. Con ello, tal vez estén en desacuerdo los cosacos en Moscú, los mandarines de China, algún que otro filósofo que se horroriza cuando anuncian un huracán en su área.

Por otro lado, está claro que no podemos hablar de Revolución Industrial como un cuerpo terminado. Tampoco es Revolución, aunque sea ingente. Bien se cuida de mantener los equipos, planos y fórmulas previos e irlos cambiando paulatinamente.

Otra cosa es que la *Industrialización*, no arribe a un *Industrialismo* desbocado, contaminante y productor incontrolable de todo tipo de artefactos, que termine poniendo en crisis el ecosistema planetario, la biosfera, que en ningún caso ha sido o es pensado integralmente, holísticamente, desde el ser humano.

Lo que está pasando con China es muy preocupante. Destaca como "la fábrica del mundo", pero a la vez debiera decirse que es el desmadre ambiental del mundo. Ellos, nos llenan de productos calculados para no durar y que como plásticos están repletando los océanos de islas flotantes de basura. No puede China ser un país que oculta sus datos, roba tecnología, crea crisis planetarias y luego va como una delegación más a las interminables conferencias de la ONU u otras organizaciones.

La parte positiva de la Industrialización es el incremento de productividad y de bienes de consumo. Su parte negativa, es la desestabilización contaminada de las sociedades sometidas a estos desequilibrios y a llenar la biosfera de desechos.

Tiene que haber una clara rectificación girondina del edificio y proceso civilizatorio.

Intentaremos resumir algunos aspectos de algunas revoluciones sociales, relacionándola con la industrialización posterior.

Revolución Francesa

No fue la Toma de la Bastilla, eso fue una rebelión y acción puntual. Es considerada la madre de todas las Revoluciones. Partió del convencimiento íntimo de muchas mentes, de que tiene que ocurrir un cambio súbito y violento. Fue la primera vez que una sociedad es concebida y transformada desde planteamientos intelectuales, en este caso los pensadores rebeldes Voltaire, Rousseau y los enciclopedistas.

La rebelión parisiense, no atinó a detenerse en el momento justo y avanzó hacia el terror, con un Comité de Salvación Pública ordenando a la guillotina a miles. Luego, se transformó en su *alter ego*, en contrarrevolución napoleónica, intentando restaurar lo monárquico. Francia, hasta entonces en primera fila del desarrollo científico y una potencia mundial, cae a una posición secundaria.

Se puede interpretar que Francia era una muestra de la propia Europa, en que la industrialización choca con impedimentos territoriales, históricos o culturales. En su base estaba la alta densidad poblacional, las malas condiciones de vida en las ciudades, las cruentas guerras en los siglos XVII-XX, sus interpretaciones tremendistas de la historia (fascismo, comunismo, anarquismo).

Revolución americana

Las luchas por emanciparse de las 13 Colonias son erróneamente denominadas *revolución*. Fue secesión, independencia para liberarse de los resabios coloniales y aristocráticos del imperio británico, que pretendía embozar su inventiva.

Es sorprendente su pequeña mortandad relativa. En realidad, la emergencia social de Estados Unidos no se derivó de cruentos enfrentamientos armados. Fueron reajustes sociales, y derivaron en neta evolución cultural del nuevo país.

Estados Unidos de América está en un continente aparte, era habitado por aborígenes de cultura neo-paleolítica y presentaba bajísima densidad poblacional. Al expandirse los EE.UU. hacia el Oeste, las poblaciones aborígenes que encontraron eran muy escasas y de muy pobre poder militar. El nuevo asentamiento en América del Norte era un territorio subtropical, muy similar el europeo, con 4 estaciones, amplias y fértiles llanuras, el río Mississippi que lo recorre y drena, etc. Su geografía e historia estaba prefigurada para ser una continuación exitosa de la Revolución Industrial europea.

En Europa, por el contrario, varios reinos habían alcanzado alto nivel cultural. Pero estaban tan embutidos y con una tan alta densidad poblacional que chocaban unos con otros, en el relativamente pequeño continente. El mejoramiento social derivado desde la ciencia, contradictoriamente se reflejaba en devastadoras guerras interminables.

Traumatizados por las cruentas guerras religiosas, desde Europa emigraron la mayoría de los colonos del nuevo territorio, pero con la intención de no cometer similares errores. En parte por ello, la "Revolución" americana es un caso en que la evolución social ha sido controlada y encausada por personajes de una gran estatura moral, científica y cultural.

Luego, grandes extensiones de terrenos fueron incorporados al país en el propio proceso de industrializarse, primero por la estrechez de miras de Napoleón, que vendió Luisiana para comprar obuses y luego por los extensos territorios escasamente habitados que EE.UU. arrebató a México en estado de caos, dado el continuado enfrentamiento entre caudillos militares.

La Revolución Industrial de EEUU encontró recursos naturales abundantes en su propio territorio, obtenidos con relativamente poco esfuerzo, lo que le facilitó establecer una gran economía de escala. Ese éxito, luego fue incrementado por técnicas de alta gerencia ("Revolución Fordiana"). En la segunda guerra mundial el país se transformó en una superpotencia, a partir de 1989 la única gran potencia hasta la emergencia actual de China. Ello ha sido erosionado actualmente por el ineficiente sistema educativo, que prepara personas con conocimientos puntuales y escaso conocimiento general, más bien entrenados para especializaciones técnicas. Ello se ha perdido por el reciente traslado de muchas industrias al exterior (*outsourcing*), por la baja paga de la mano de obra y a veces una mejor preparación en otros países.

Revolución rusa

Lenin habló del eslabón más débil, para rectificar la asunción de Marx de que el comunismo ocurriría primero en Alemania, su patria, que era un país ya industrializado. En los hechos, Rusia fue el primer país gobernado según las tesis socioeconómicas de Marx. El resultado concreto del concepto teórico marxista de lucha de clases quedo claro: millones de ciudadanos asesinados en Gulags. El enorme país salió adelante por sus enormes reservas energéticas, no solo como cuestión estratégica, sino porque permite que una pequeña parte de la población dedicada a la labor extractiva tenga una gran productividad y sostenga al resto de la población, enfocada a actividades más bien ideológicas que tecnológicas, por tanto, muy mal administradas.

Rusia había tenido una expansión militar hacia oriente en que ocupó grandes territorios de Siberia y Asia Central. Como la estructura social bajo los zares era militarista y cuasi-feudal, en los hechos tenía muy poco poder. Contradictoriamente, había un desarrollo cultural e industrial significativo en dos grandes ciudades, Moscú y San Petersburgo. La revolución bolchevique se pretendió solución a estas contradicciones y una de las mediadas centrales de Lenin fue decretar la electrificación de la Unión Soviética, o sea, un industrialismo autoritario.

Stalin consideró que el objetivo central del desarrollo era la industria pesada. Algo folclóricamente idiota es su catalogación de ciertas ciencias como "burguesas" y otras como "proletarias", por lo que no se impulsó las primeras (electrónica, biología) y mucho las segundas (cohetería, energía nuclear). Ello a la larga creó un gigante con pies de barro, como quedó en evidencia cuando los cohetes rusos no tuvieron precisión en la invasión de Afganistán y como parte de la Guerra de las Galaxias.

La industrialización soviética ocurrió con enormes costos de vida, dado que implicó decisiones centralizadas y era represaliado todo el que se opusiera.

Revolución china

La revolución china en su etapa armada, fue muy cruenta. Los fallecidos se cuentan por millones. En los primeros decenios, bajo el mando de Mao, no se priorizó la industrialización, solo ocurrió en ciertas áreas experimentales. China permaneció siendo un país esencialmente agrícola hasta el descongelamiento que determinó Deng Xiao Ping. Pero su población reflejó un paulatino incremento del nivel educacional y cultural, una especie de Iluminismo a la china, que explica en parte los resultados sorprendentes de la enorme industrialización en la década de los 80 y 90. La masiva emergencia científico tecnológica actual de China no pudiera ser explicada sin considerar que el país envió millones de estudiantes, científicos y espías a occidente y obtuvo o robó un considerable *know how* que solo la libertad puede producir. La llamada Revolución Cultural China es un ejemplo de los excesos a que puede conducir el uso festinado del término Revolución.

Revolución mexicana

Comenzó en 1910 y fue originalmente una revuelta popular contra el despótico gobierno de Porfirio Díaz, quien había gobernado por más de 30 años. Luego diferentes caudillos, facciones e intereses muy distintos mantuvieron violentos enfrentamientos por varios años, con un costo en vidas de aproximadamente 1.5 millones de seres humanos. Las principales demandas de la revolución era la reforma agraria, la consagración de derechos laborales y protesta contra capitales extranjeros, especialmente estadounidenses. Emiliano Zapata, (sur), Pascual Orozco (Chihuahua) y Pancho Villa (norte), eran sus líderes campesinos, pedían "la tierra es para quien la trabaja". Ello denotaba la inconformidad contra un sistema cuasi feudal de grandes tenencia de la tierra, fundamentalmente por latifundios poco productivos, y un campesinado en extrema pobreza, casi al nivel de siervos. El hecho de que temporalmente coincidió con la revolución rusa, le permeó de un notable estatismo y a su intelectualidad le dio un sesgo marxistoide. La inicial anarquía "revolucionaria" no transformó radicalmente las estructuras políticas y sociales del país. A principios del siglo XX México tuvo un casi nulo crecimiento de su PIB. Cuando en los 60s se superó el revolucionarismo, logró cierta estabilidad interna, surgió una potente industria petrolera (con capital extranjero) y se importó masivamente tecnología desde EEUU. A partir de entonces la economía muestra un enorme salto. El PIB en 1960 fue de unos 13.04 miles de millones de dólares, en 1990 llego a 363.2 MM USD y en 2020 1076 MM USD. Hoy México es miembro del TLCAN 2.0 (Tratado de Libre Comercio entre México, Estados Unidos y Canadá, en inglés USMCA), lo cual permite que aquellos bríos revolucionarios los encamine de manera industriosa.

Revolución cubana

En 1959 unos miles de jóvenes rebeldes y barbudos toman el poder en La Habana. Asaltaron una ciudad pujante, apoyados por la mayor parte de la población a la que se prometieron reformas de corte socialdemócrata, como se puede interpretar de *La Historia me Absolverá*. Al poco tiempo Fidel Castro cambia el rumbo e impuso concepciones comunistas. En realidad, la llamada revolución cubana implicó una serie de intrigas y golpes de mano subterráneos en los que resultaron castradas las posiciones más comedidas. Entre 1960 y 1963 un cuarto de millón de cubanos, llamados gusanos para disminuirlos, deja a como diera lugar sus propiedades y patria. Ello determinó la expulsión sin previo aviso de la alta cultura hispano-cubana. Fueron a parar a donde de manera natural conducían historia y corrientes marinas, Miami, Florida, Estados Unidos. Entonces en Cuba el nuevo poder procedió a tomar una serie de medidas económicas, que principalmente pretendía industrializar el país a marchas forzadas. Aunque aquello se intentó sobre la base de cierto desarrollo nacional y una potente agroindustria, el resultado ha sido un fracaso total y hasta se ha perdido la industria azucarera. Hoy, con una economía en bancarrota, pretende competir con otros países del Caribe como otro destino de sol y playa. Allá van turistas morbosos, que quieren observar cómo se vive en una gran prisión y tomar ventaja de los nacionales, sometidos por su propio gobierno a la miseria. Por su parte, los gusanos se han transformado en mariposas. Se han insertado muy por debajo de la epidermis de la enorme nación industrializada y transformado Miami en emporio industrial, financiero y cultural, la capital de Hispanoamérica.

Es en Miami donde efectivamente ha ocurrido una "revolución" cubana, es decir, una evolución cultural.

Revolución bolivariana

El cambio social en Venezuela no fue revolución en el sentido estricto del término. En realidad solo existe como propaganda. En noviembre de 1998 Hugo Chávez fue elegido presidente de Venezuela con el 56,5% de los votos y el apoyo de varios partidos de izquierda. Antes, en 1992, había liderado un cruento golpe militar contra el presidente Carlos Andrés Pérez, que fue un gran fracaso. Chávez pero fue detenido y encarcelado, pero en 1994 fue indultado por el presidente Rafael Caldera. Entonces funda el partido Movimiento Quinta República (MVR) y recorre Venezuela explicando su proyecto político, fundamentalmente enfocado en la repartición de la renta petrolera o sea, de corte socialista. "Revolución Bolivariana" fue el termino con Hugo Chávez bautizó el cambio ideológico y social que pretendía en Venezuela, impulsando el hispanoamericanismo y el "socialismo del siglo XXI. Bolivarianismo porque pretendía actualizar las ideas de Simón Bolívar

(1783-1830), sobre 4 pilares: antiimperialismo, democracia social, anti-neoliberalismo y transición hacia el socialismo. Aprobaron una nueva Constitución en 1999 y cambiaron el nombre del país a República Bolivariana de Venezuela. El aumento de los precios del petróleo (desde 7 USD/ barril hasta unos 140) permitió a Chávez una política rentista y populista. Pero no logro cambiar el principal problema la corrupción y miles de millones de dólares que fueron desviados hacia cuentas en paraísos fiscales de miembros del gobierno de Chávez.

Revoluciones industriales

Las muy mal llamadas Revoluciones Industriales no han sido inocentes construcciones de fábricas. Suele dividírseles en <u>Primera RI</u> SXVIII, enfocada en energía y la máquina de vapor. <u>Segunda RI</u>, SXIX enfocada en electricidad. <u>Tercera RI</u>, SXX, enfocada en electrónica y <u>Cuarta RI</u>, SXXI, enfocada en informática y digitalización. Inicialmente, en el siglo XIX, llenaron a Europa de barrios insalubres, obligaron a generaciones a trabajar de sol a sol, niños inclusive y comenzó la desestabilización profunda de los ecosistemas terrestres y marinos, por el gran volumen de materias primas manipulados, acarreados hacia los centros industriales. Estos fueron los hechos que observó Carlos Marx.

El *industrialismo* ha demostrado no ser del todo "racional". Y la Revolución Industrial, no solo se maximiza la productividad y producción de las industrias, sino libera reacciones en cadena y subproductos: llena el planeta de una serie de materiales y sustancias, algunas no solo contaminantes por sus volúmenes sino por su toxicidad extrema, que hacen su masa inmanejable (basura sólida de las ciudades) o manejables solo a un costo prohibitivo (materiales radioactivos) o basura que masivamente flota en los océanos (islas de basura).

Implica una selección artificial de un tipo humano concentrado en lo tecnológico, cortoplacista y economicista y casi hace desaparecer el *"renaissance man"*, esa mente abierta, inquieta y prospectiva (p.ej. Aristóteles, da Vinci, Battista Alberti, Lomonósov, Franklin, Jefferson, Somerville, Goethe, Humboldt).

Hoy, golpeados como estamos por los complejos problemas planetarios, cada vez más necesitamos seres humanos de una visión integradora, no solo en genios excepcionales, sino en millones de talentos que dejen una ventana abierta a pensar con visión sinóptica y se constituyan en una masa crítica dentro de las sociedades y que nos muevan hacia acciones concertadas a nivel planetario.

Los tan pobres resultados de la globalización y la incapacidad demostrada por casi todos los países y grupos humanos para enfrentar los retos globales, señalan que los sistemas educativos en general y las Universidades y Academias en particular, no están cumpliendo su función formadora y suplidora de información a este tipo nuevo de mentes abiertas. El proceso civilizatorio está como tecnocratizado, aletargado, traumatizado.

Como otras Revoluciones, tiene "efectos secundarios" contraproducentes. Ello puede explicarse porque surgieron en la misma época histórica, el siglo XVIII, que la Revolución Francesa y desde una matriz conceptual similar: la *razón*. Pero la razón, a veces se queda corta para explicar el mundo y proceder con sostenibilidad y sabiduria.

La inteligencia perdida en el laberinto cultural

Cada uno se hace idiota a su manera.
PETER ESTERHÁZY

Hace muchos años, exactamente en 1959, Charles Percy. Snow pronuncio una conferencia en Cambridge. Se lamentaba de la ruptura entre los sectores de la cultura científico y el humanístico. Hoy, la situación no ha cambiado grandemente. Yo diría que la ciencia insiste en sus vías evolucionarias, mientras el arte y la cultura, se reiteran en su carácter "revolucionario".

Las loas a las vías revolucionarias son propuestas y proyectos bien comunes en literatura, filosofía, sociología y arte en general. Los pensadores honestos que llaman a tomar caminos revolucionarios, ni idea tienen que la solución violenta que discuten en un café, luego será una barcaza de desembarco de asesinos, pistoleros, dementes aventureros, acomplejados, forajidos, oportunistas incompetentes y personalidades de tercer orden que se lanzan a la confusión social para tomar el poder y ejercerlo a su mediocre discreción.

La humanidad desde sus albores es víctima de este tipo de pendencieros y aventureros. Antes se agrupaban en nombre de una etnia, un dios, un reino, una patria. Ahora se amontonan alrededor de ciertos conceptos intelectuales, que parecerían muy justos y deseables, pero no lo son. Son solo utopías. Nada terrenales y viables.

La riqueza de las culturas industrializadas, que no surgieron de utopías o disquisiciones sino son pura evolución cultural, ha permitido que se atrincheren en puestos académicos jacobinos disfrazados de *PhD*, desde donde con notable desconexión con lo empírico y evidente impunidad, ametrallan a la civilización industrializada (occidente) por la espalda. Acomodados en su aristocracia intelectual, farandulera y muchas veces inmerecida, no exponen ideas, sino que imponen dogmas a público cautivo y apelan a bajas pasiones humanas, sobre todo la envidia. Porque todo llamado a la igualdad, es una patente de corso a los envidiosos, a que no se dediquen a ser mejores cada día sino a vigilar al vecino.

Hoy, no son intelectuales de buhardilla a puro riesgo o masas de pescaderas, ni asambleas de proletarios las que están llamando a revolucionar la sociedad. Lo hacen esencialmente millones de profesores, intelectuales de caviar, burócratas acomodados en miles de instituciones creadas por y para ellos, afincados en una cultura citadina, virtualista, libresca, dicen que humanística, pero en los hechos crematística. Y a veces hablan de barricadas, de revolcones, y siempre de justicia social redistributiva. Pero hoy la buscan con discursos, ya no con dinamita.

Son una capa social derivada de la sociedad industrializada. No saben ni cuidar su jardín sin un manual. Pretenden arreglar las "injusticias" con moralidad hollywoodense, burocrática, Wikipedia, saturnina. Este tipo de individuos, esta nueva capa de la sociedad, los tan buenos que parecen personajes más que personas, no existían en el medioevo. Hoy, son peligrosas capas sociales que medran en el capitalismo, barruntando contra este. Pretenden entronizando igualdad y envidia en el cuerpo social, cuando ellos disfrutan de privilegios inexplicables a la luz de sus resultados. Porque un capitalista tiene que estar atento a cómo funciona su negocio, su fábrica. Estos señores de la academia, viven en su nube sin peligro por sus acciones. Pueden ser tan dañinos como las mafias o las bandas armadas. Porque no podemos olvidar que fueron ciertos planteamientos intelectuales los que antes han conducido la humanidad a grandes involuciones y matanzas, como es el caso de Lutero y Calvino (y las sangrientas persecusiones religiosas en la Guerra de los 30 años en Europa), Kierkegaard y Nietzsche (en su relación con el nazismo) y Marx, Engels *et al.* (comunismo).

Aquellos pensadores del Siglo de las Luces y anteriores, tenían considerable peligro de ser rechazados, vivir marginalmente o morir por sus ideas. La vida de muchos fue una tragedia. Las actuales masas de profesores de filosofía, sociología, marxismo, etc., que nos ametrallan a traición desde altas torres de marfil, tienen por el contrario gran impunidad y numerosas prebendas, entre estas la llamada libertad de cátedra (libertad para el profesor: puede escoger lo que embute en la mente de su auditorio cautivo; sumisión incondicional para los alumnos, que deben en coro gritar: ¡Si, maestro!). Algunos ocupan puestos permanentes de por vida (*tenure track*).

En especial académicos-oportunistas de las llamadas humanidades, han echado por la ventana la ética de todo maestro y en vez de formar pensamiento crítico, se enfocan en formar *activistas*, llenando desde su estrado las jóvenes mentes de opiniones jacobinas e igualitaristas. no mentes con pensamiento crítico, como es su deber. Forman hordas que proponen desmontar en un semestre los castillos de la civilización y del "capitalismo", el sistema que permite que ellos habiten esos invernaderos. Plácida e impunemente, las humanidades se han ido deshumanizando, mudando su piel anterior para usar un uniforme rosado, todos iguales en la comodidad de las enormes invernaderos universitarios y estructuras burocráticas, creadas no porque Platón, Rousseau o Marx dijeron, sino gracias a la creatividad individual de algunos genios de bases realmente científicas. Esos que disfrutan de unas condiciones de vida inmerecidas según sus resultados, se dedican a impartir nimiedades a su capricho y orientar "métodos revolucionarios" contra la viabilidad de la civilización y su mascaron de proa, el capitalismo. Y, sin embargo, el capitalismo no lo invento ningún intelectual, sino es el producto de siglos de evolución cultural y de sucesivos apalancamientos. Ningún pensador pensó el capitalismo. Miles se declaran ideadores de sociedades perfectas, igualitaristas, que luego la practica rechaza.

Estados Unidos de América está siendo hoy mordido por pirañas de oscura ideología colectivista. Lo van convirtiendo en mera caricatura de lo que fue, ahora apuntando obtusamente a la justicia distributiva y la pretendida igualdad, todo sostenido una serie de planteamientos absurdos, oscura o evidentemente marxistas, que no soportan un escrutinio con sentido común y mucho menos de la ciencia, porque no tienen precedentes en el mundo real, ni en lo biológico basal. Sospecho que no se trata solo de incompetencia de la clase política. Debe haber un diseño desde servicios secretos extranjeros u otros poderes para que la prospera sociedad se tome alegremente la cicuta.

Unas pocas generaciones de ciudadanos occidentales, que lo han tenido todo y han sido educados pésimamente, creen que los tomates se cultivan en el traspatio del supermercado y necesitan un *GPS* para encontrar su aula, pero en su miopía y arrogancia, creen que tienen derecho a descabezar estatuas y mitos culturales que nos han hecho humanidad. Critican con criterios actuales seres humanos que vivieron en otras épocas y aun en medio del azar, el peligro y la incertidumbre, fundaron, con valor y creatividad que escasea entre los iconoclastas actuales. Habría que recordarles lo que dijo Aristóteles: "*Lo que con mucho trabajo se consigue más se ama*".

También francotiradores acomodados de este tipo, desde dentro de numerosísimas instituciones e incluso desde la ONU y otros organismos internacionales, degradan a occidente y dejan el camino abierto a los Kim, a los Xi y a los Putin, para que desmonten la cultura toda e impongan un nuevo orden mundial desde arriba.

Lo que hoy está sucediendo en Estados Unidos, Europa y Occidente todo, sus diversas señales de involución, debe ser financiado desde alguna inteligencia externa, como tal vez ocurrió en nuestra pequeña isla. No se trata de disquisiciones intelectuales, filosofantes, algo que tranquilamente podamos tratar en un café o un congreso.

Gran parte de la intelectualidad de Occidente, de manera superficial e irresponsable, se ha encargado de rodear el término *revolución* de toda una aureola, concibiéndola como un paso deseable y necesario para el devenir social. Estadounidenses y franceses, creen que sus republicas son producto de revoluciones. Eso ya les hace llevar plomo conceptual en el ala. Y errar de medio a medio. Cuando ven a un caudillo tercermundista declararse revolucionario, creen que son fenómenos análogos o cuando menos homólogos a su *American Revolution War*. Y no es así. Hay profundas diferencias cronológicas, lógicas, cuantitativas y cualitativas

Por otro lado, se ha metido en el mismo saco el acto incendiario de unos inconformes sociales y la actividad de paciente búsqueda de un inventor o un científico. Falso. Incongruente. Es muy oscurecedor llamar *revolución industrial* a los cambios científico-tecnológicos que se suceden paulatinamente desde la segunda mitad del siglo XVIII. Es un *proceso modular* de industrialización.

La invención de base científica requiere de una gran paciencia, concentración, pensamiento crítico y prospectivo. Los acelerones revolucionarios la desestructuran, la impiden, la conducen a atajos que van a precipicios.

La evolución cultural es imprescindible e inmanente. El cambio social es absolutamente necesario. Pero para lograrlos no hace falta cadalso, dinamita o líder militar. Solo acelerar ligeramente los ritmos del Cosmos. De la evolución biológica pasar a la evolución cultural, con atención al acelerador para no perder la sostenibilidad.

Cada vez que el devenir humano ha tomado vías jacobinas, retrocede. Lo que pareciera una alameda o una trocha, un vía innovadora y necesaria, resulta callejón sin salida. El proceso civilizatorio conducido por dinamiteros, ha dilapidado recursos, tiempo y capital humano.

Si Occidente quiere perdurar, su cultura que fue la más destilada, tiene que destruir el academicismo, y crear otro tipo de educación y universidades. Por suerte, la abundancia de información en internet, está apuntando en la correcta dirección. Para estar habilitado en ciertos conocimientos y carreras, ya no es necesario que un profesor diserte e imponga su criterio, sobre todo en carreras humanísticas. En las ingenierías y las ciencias, el método científico y la formulación estricta casi imposibilitan el subjetivismo y diletantismo de un disertante.

Mi concepción de la historia de la humanidad es como "Proceso Civilizatorio". Una emergencia gradual desde barbarie a civilización. Dicha concepción concuerda en sus generalidades con lo sostenido en el libro de Darcy Riveiro de igual nombre: la humanidad ha ido emergiendo paulatinamente desde lo zoológico y lo barbárico hasta la modernidad, inestable y cada vez más compleja. No es un proceso estrictamente cronológico, lineal, seguido en todas partes con similar ritmo. Es ramificado, ecosistémico, laberintico, con resbalones, iterativo. Difícil comprenderlo con nuestra mente educada en lo secuencial y pretendidamente simple. Se corresponde con lo que ocurre los ecosistemas naturales, que en Biología llamamos *sucesión ecológica* o **EVOLUCIÓN**.

La vida emerge de subsistemas menos estructurados, discurre por una paulatina y casi imperceptible complejización y se recompone en *sistemas* más ordenados, maduros, complejos y estables. Ello se corresponde con lo expresado por von Bertalanffy en su "*Teoría General de Sistemas*": subsistemas menos organizados pueden devenir en sistemas mejor estructurados, para captar y retener energía.

No es nada sorprendente que la *evolución cultural* tenga muchos elementos de la basal evolución biológica. (o sucesión ecológica). Una sociedad no es más que un ecosistema transformado. No se puede pretender que lo social sea *contranatura*. Esta simpleza, sin embargo, cuesta mucho trabajo comprenderlo a los científicos sociales (a saber, Sociólogos, Politólogos, Filósofos), que se enfrascan en largas disquisiciones subjetivas y *a posteriori*, con mucho verbo y muy bajo nivel de precisión y formulación. Ello nos está costando mucha sangre y dolor, porque por lo general, los que lideran o administran las sociedades modernas, muy burocratizadas, con gobiernos-dinosaurios, son abogados, políticos, sociólogos, que creen es más importante una cita de Platón que una fórmula de Einstein.

El Verbo se engalana con bello plumaje cuando es juvenil, poético, indómito, cuando canta en el margen o vaga como mito o utopía. Pero cuando crece y se hace gobierno, suele ser terrible. Y si se congela en una sigla, tal como SS, KGB, PCCh o FB, el verbo deja de ser *logos*, deviene en arrogancia intelectual y luego en macana, barrote, misil.

Los pasos en la evolución cultural no avanzan en un solo sentido, son ramificados y se mueven como dentro de un laberinto, a veces con traspiés, a veces sufre dolorosas caídas en lodazales o rodando montaña abajo. El cuadro general es contradictorio y difícil de entender y comprender, porque nuestra mente tiende a creer que todo es secuencial y lineal.

En mi criterio, ahora lo más acusado es que la tecnología y lo virtual está colocando a lo biológico como subsidiario. Los modos de hacer cultura, van dejando de ser lo que eran, se mueven a otro ritmo, con cierto frenesí. El <u>SER del ser humano es-siendo de manera cualitativamente diferente</u>. Llamaremos aquí a este período actual ***cientifización global,*** que se puede relacionar con el incremento de la importancia de la ciencia en las sociedades, en su ángulo positivo o en su cara fea con una concepción reciente y preocupante: el transhumanismo o pos-humanismo. En lo primero abundaremos, en lo segundo, apenas nos interesaremos en este libro. Nos concentraremos en aspectos históricos, corrientes, generales y que se perciben o inciden frontalmente en nuestra isla-cuna, que ha sido algo así como un laboratorio social, por lo que participa en el mundo y sus cambios en proporción mayor a su extensión y población, sin dejar de ser una isla caribeña.

Es nuestra intención y deber, concebir estos textos y que nos lean los jóvenes hispanos en Estados Unidos y luego tal vez traducir este libro a inglés. Les haré llegar mis reflexiones, mi dolor en las madrugadas. Pretendo que mis observaciones y experiencias pueden desbrozar camino a más de uno en cualquier latitud, en especial, a los jóvenes que ahora se asoman a este extraño aquelarre cultural mundial actual.

Abordaremos desde distintos ángulos, diversos conceptos específicos, de alta complejidad, tales como *revolución, ciencia, evolución, tecnología, cultura, globalización.* Al final del libro, incluimos un pequeño Glosario, en que precisamos estos conceptos, allí como nuestra atrevida definición. Pero incluso dentro de este mismo libro ensayístico, en un contexto puede que tengan una validez que no es idéntica a la de otro ensayo. O puede que sea muy descentrada de los criterios de otros autores y ensayistas, profesiones y escuelas de pensamiento. Insistimos que son pequeñas aproximaciones dubitativas y las hacemos autorizados por una licencia literaria que puede acercarse a ser patente de corso. Son ensayos, no martillazos sobre un buró o pistoletazos sobre la sien del lector. En todo caso, es procedente la duda.

Si el futuro inmediato se está moviendo hacia una profundización de los problemas en este planeta, conducido por una ingeniería social frankesteiniana, van a hacer falta ahora muchos ensayos y reflexiones como el presente, que intenten convocar a la racionalidad. Ya vemos una crisis que parece estar mostrando sus primeras golondrinas, mucho nos hará falta dominar nuestra tendencia histórica a solucionar las situaciones con arrojo e improvisación. Claro que hará falta valor, pero no el de organizar una partida de caza, ni sacar la espada u conspirar para hacer una revolución, todo eminentemente instinto masculino, jugando con la muerte. Necesitamos meditar profundamente, concertar los pasos y aguantar dolor, buscando vías para la *EVOLUCIÓN*, impulsados más ahora por el instinto femenino, esencialmente dador de vida y que tiende naturalmente a la sostenibilidad.

El mundo actual ya está funcionando con una gran interdependencia, es más sistema global cultural que nunca, pero como *sistema* es disfuncional. Es cierto que ha avanzado hacia una unidad más detectable mundialmente. Pero la nave tierra no tiene piloto. La conduce una burocracia internacionalizada, habituada a escalar por los senderos de las organizaciones sin gran riesgo, defendiendo prebendas y feuditos de influencia y dando discursos infinitos. No hay una mente o un programa concertado que haga sistémico y orgánico el mundo. Ojalá hubiera un demiurgo que lo hiciera, pero no lo creo.

Si en las condiciones históricas y a la escala de países una revolución era como un incendio local o a lo sumo regional, ahora, cuando los vasos comunicantes son tantos, un incendio o caos global sería casi imposible de controlar.

Los intelectuales que hoy, ante las evidentes contradicciones e injusticias hagan un llamado a guerra o a revolución, en los hechos están convocando a una catástrofe de proporciones bíblicas. El poderío de las armas actuales es tal que ya no hay heroicidad alguna en medio de la violencia atómica.

En cuanto a las pérdidas económicas, no fue lo mismo la revolución francesa la china o la rusa que la revolución cubana o de los claveles portuguesa. Los diferencian ceros a la derecha, no a la izquierda. No solo son dígitos monetarios, son seres humanos y sufrimiento en toneladas. Pero todas fueron masacres e injusticias, en nombre de la justicia. Generalmente consistieron en impedir a los más productivos serlo, para repartir algo de lo que ya habían creado esos mismos u otros emprendedores.

Necesitamos ser más, evolucionar, emerger. Pero ello tiene que ser con mito y educación, no con ingeniería social, adocenamiento, adoctrinamiento y dilución del ecosistema social. Que la convergencia sea gradual, sin echar por la borda diversidad, aportando *al todo* nuestras auténticas estirpes.

¿Revolucionario o evolucionario?

Ninguna cantidad de evidencia persuadirá a un idiota.
MARK TWAIN

El *"invento"* francés de la vía social revolucionaria, más aún su extremismo jacobino, ocurrió porque los Luises impidieron a los franceses del S XVIII ser evolucionarios, cuando algunos ya habían recibido luces. Luego, el invierno extremo y el hambre hicieron el resto, echaron lena a la pira jacobina. Aquel atajo pasó a ser terrorífico y dejó claro que no es solución. Antes de meterse por ese barranco, los intelectuales franceses de la época, habían estado de acuerdo en dinamitar las estructuras rígidas de aquella nobleza poco noble. Posteriormente, con nula originalidad, la intelectualidad en cualquier lugar del mundo repite la fórmula y llama a la barricada, a dinamitar, a guillotinar cualquier disidencia. Comienzan con el concepto intelectual y terminan en violencia Cámbrica. Empiezan adoctrinando con palabras académicas y terminan con los cartuchos de dinamita en las manos de la juventud y el estudiantado, envenenada por unos miserables odiadores.

Meditemos con calma cual ha sido el costo de las revoluciones y cuales sus resultados. En vidas y bienes, han sido enormes las pérdidas, aunque jamás se ha podido calcular. Los resultados, dejan mucho que desear, aunque tampoco dejamos de aceptar que hay logros indudables. Pero ¿a qué costo? ¿era necesario tanto sufrimiento?

Cuando Robin Hood toma el castillo feudal, puede ser igual o peor que el señor feudal que destronó, si elimina todo tipo de contrapesos en esa sociedad. Si el poder se hace incontestable, no se clausura la sala de tortura en los oscuros fosos del castillo. Robin cabalga sobre el potro como lo hizo su odiado enemigo. Y no es una parábola. Suelen ocurrir enormes aberraciones, como el terror jacobino, los millones de asesinados por hambre ucranianos de Stalin, la Revolución Cultural de Mao Tse Tung o el asesinato de millones en la Kampuchea de Pol Pot, por el simple hecho de usar espejuelos.

La intelectualidad tiene el deber de ser avizoradora e incisiva, no dejarse adormecer por historietas, o lo que es peor, vivir de repetir la misma historietica sin sustancia, que sigue un gastado guión gastado. Sin embargo, en los hechos actuales, argüir al respecto es casi imposible. Antes de poder razonar nada, nadie debe cuestionar los propósitos de Robin Hood, ese solo pensamiento lo convierte en un "contrarrevolucionario". Y el que no acepta los enormes avances de la industrialización, es un cavernícola. Con esos cartelitos, un intelectual pierde todo su peso mental, ya no tiene derecho a la palabra y puede que no merezca la vida. Y esta no es una afirmación casual e insustancial, puede haber implicado la muerte de muchos.

Hemos caído en un reduccionismo facilista y maniqueo, con solo dos posibilidades en este asunto: izquierda o derecha, blanco o negro, conmigo o contra mí. ¿existen solo dos posibilidades, ser revolucionario o contrarrevolucionario? ¿no puede haber una *evolución* en la concepción leninista de la revolución como la partera de la historia?

Una humanidad más educada, comunicada e informatizada, alcanza condiciones idóneas para evolucionar culturalmente, sin violencia. Puede que ocurran hoy, por vez primera en la historia humana, las circunstancias que permiten que las estructuras sociales (gobiernos, instituciones, organizaciones) sean cambiables de manera paulatina, transiente, civilizada. Puede que sean innecesarias las soluciones violentas, sangrientas, propias de la historia e histeria humana (guerras, golpes de estado, sublevaciones, revueltas, revoluciones), si finalmente la cultura se impone a nuestro comportamiento animal, a nuestros escondidos horrores caníbales, a nuestro territorialismo ancestral, a nuestras envidias traducidas en política.

Es sabido que, por siglos, habíamos habitado la "sordera del poder". Se trataba de derecho divino de algunos y de obligada mansedumbre de los siervos. Ello puede explicar por qué se hizo imposible a la emergente sociedad civil francesa conversar con los Luises, a la rusa con los Romanov, a la mexicana con Santa Anna o Diaz. Vino "la revolución" porque se impidió la evolución. Si hubiera habido canales fluidos de intercambio de información, la dinamita hubiera sido innecesaria.

¿Cómo operan los sistemas naturales en la Biosfera? Tienen clara tendencia al cambio gradual, gestionado (sinónimo de gestado), a minimizar la catástrofe y a proceder gradualmente hacia resultados a largo plazo.

En el caso específico de la Cuba actual, los Romanov en el poder se han empeñado en desoír el clamor cada vez más alto de amplios sectores de la población cubana que reclaman primero tener voz y luego, poder ser parte de cómo se conducen sus vidas, no ser una masa medieval, cada uno con su escudilla y su mascarilla. Pero no, los Romanov del Caribe continúan con sus referencias a sus glorias, sus gestas con 4 fusiles *garands*, al falso derribo del tren blindado, a su hollywoodense toma de La Habana cuyas llaves le había entregado el embajador de EE.UU. Desde el punto de vista intelectual, pretenden que lo que dijo Fidel Castro hace 60 años no era mentira, que lo que dijo Marx hace casi 300 años es aún válido y para colmo, a modo de mantra. Se expresan por medio de la vanidad intelectual de actuales portavoces y académicos "humanísticos", que reproducen métodos medievales con academicismo y modernidad: Margaret Mead, Louis Althusser, Wilhelm Reich, Margaret Sanger, Michael Foucault, Derrida, Shulamith Firestone. Solo aportan palabras. Y la palabra es tan buena para acarear la verdad como la mentira.

¿Que nos queda a los cubanos? Donde quiera estemos: *ORGA-NIZARNOS*. Dejar de ser francotiradores o grupitos de amiguitos pretendiendo ser movimientos, o partidos políticos, manifestantes con mucho ruido de tumbadora y ondeantes banderas tricolor. Enfrentarlos en todos los frentes con un solo planteamiento: basta de dinamita y trinchera. Con ideas, podemos demostrar lo inviable del gobierno actual en la Habana y lo próspero que pudiera ser nuestro país bajo presupuestos sociales modernos y negociados. ¡Que viva la evolución!

Evolucionario, no revolucionario

La estupidez insiste siempre.
ALBERT CAMUS

Cuando intentamos ser revolucionarios, es porque no hemos podido ser evolucionarios. Pero en una humanidad más integrada, informatizada y educada, ya se dan las condiciones para evolucionar, para que las instituciones y gobiernos sean cambiables de manera civilizada y transiente.

Antes, la "sordera del poder", hizo imposible a la sociedad civil francesa conversar con los Luises, a la rusa con los Romanov, a la sociedad mexicana con Diaz. Y vino "la revolución". Pero si hubiera canales fluidos de intercambio de información, ello no sería necesario.

No estuvimos preparados por muchas cosas. En síntesis, se

podría decir:

•Porque desde el inicio de la civilización hemos errado en comprender la funcionalidad del todo, de nuestra propia vida y los mensajes cifrados en este mundo y del Cosmos.

•Porque no entendemos que somos evolutivos, es decir, que los subsistemas previos se transforman, gradual y amigablemente, en sistemas más funcionales;

•Porque el llamado sentido común descansa en lo que ha sido usual y no en lo que parece más razonable como proyección científica en un contexto futural y redimensionado. Así, se acepta como lógico la beligerancia y confrontación, cuando éstas ya no tienen cabida en una civilización tecnologizada, cuyo centro de gravedad intelectual debe estar alrededor de los conceptos de humanismo y cosmopolitismo;

•Porque si bien la cultura y la ciudad son esenciales actos de convergencia, se les ha manipulado para resaltar el caudillismo, la politiquería o la divergencia;

•Porque hemos favorecido la cultura de la reacción y no la de previsión. Las sociedades, aun pretendiendo que se alimentan de la **Razón**, actúan de manera irracional y epiléptica,

•Porque no nos podemos enfrentar a una situación inédita en su esencia y escala, con viejas herramientas melladas, con palabrería, como pretenden algunos filósofos y sociólogos. Lo exitoso ha sido la jugada corta, ejecutada por individuos que pueden ser aventureros o personas de vista corta que cosechan " idea-monocultivo" de inmediato. Necesitamos una emergencia espiritual para desembocar en concertaciones de individuos que se mueven por ideales, que jueguen anticipándose muchas jugadas y conformen <u>sociedades conectadas en red</u>, que cosechan frutos diversos después de un tiempo.

Tenemos un gran déficit de maravilla, de creatividad, de

metáforas. ¿Cómo es posible decir esto si hoy existen muchas más mentes educadas, pensantes y activas que en toda la historia humana previa? El hecho es que más que educados somos amaestrados y nuestras mentes están condicionadas por lo primero que aprendimos: <u>vivir encerrados en un corral</u>, como pueden ser casa, asignatura, profesión, departamento, ministerio. El resto de la vida respondemos a aquellas primeras impresiones como perros de Pávlov. Era de esperar algo más en los orgullosos herederos de Prometeo.

Hoy se puede afirmar que no habitamos maravillas y metáforas. Sin embargo, lo humano en su esencia, el propio pensamiento, es metafórico.

La modernidad tiene muchas cosas reconfortantes. Si escarbamos un poco en la historia, se hace evidente cómo vivía un ser humano en etapas previa, por ejemplo, una sucia ciudad medieval o un polvoriento suburbio en las etapas tempranas de la industrialización. Nuestro problema actual es que las metáforas ya no alcanzan para la metamorfosis, están monopolizadas por los exitosos de las finanzas, son pocas y cortas.

Una dictadura no es más que el monopolio de lo metafórico. Entonces hoy casi existe una gran única metáfora permitida, aquella que creó el gran Señor, el Líder, el Magnate, el Partido, o el Gran Hermano. En épocas y países bajo una dictadura, puede entenderse un empobrecimiento de planteamientos, de creatividad, de generación de metáforas. ¿Es posible que ello se plantee en un mundo como el actual, que va hacia lo global?

Realmente estamos bajo una dictablanda: la que quiere imponer como único modelo de éxito, aquel de individuos que se someten a vivir persiguiendo un punado de dólares desde pequeños feuditos de saber o de acción. Y feuditos que son ideas encerradas en pequeños corrales (aula, asignatura, carrera, departamento, ministerio, propiedad, el partido). La metáfora que ahora requerimos, ya no es eso, es red, es unión de partes, es *melting pot*, es síntesis, es símbolo cabalgando en el horizonte.

El *Homo sapiens* evolucionante, ha ido histórica y trabajosamente haciendo aterrizar metáforas parciales, edificando un *constructo* civilizatorio, en el que juega papel a la vez de sujeto y objeto biológico, que evoluciona hacia lo biológico-cultural, que ahora está deviniendo en ser cultural-biológico y sentando las bases para luego evolucionar como virtualidad en un plano metabiológico. Pero este tiene que ser un proceso muy gradual, no una meta que imponen burócratas de la ONU para dentro de 10 años. La estatura de nuestras metáforas actuales no alcanza para tumbar una estrella y eso es lo que estamos necesitando ahora.

Ese largo y costoso aprendizaje, la desesperante inercia actual, no es privativa del ser humano. Es parte de cómo lo vivo se asegura y duda antes de saltar hacia la más-vida, como le llamara Theilhard de Chardin. Porque la vida es a la vez conservadora e innovadora.

Lo vivo, para cambiar o evolucionar, primero se mueve en el sentido de crear una masa, se multiplica, se clona, adquiere un cuerpo central, un pool genético. A la vez "permite" que algunas opciones periféricas a ese centro hagan ensayitos y ensayos. Es decir, la masa, acomodada en el centro, deja que se sacrifiquen una y otra vez, sin dudarlo, los más decididos proponentes del cambio (los podríamos llamar margen, mutaciones genéticas, vanguardia, locos, revolucionarios o evolucionarios).

Una de las cosas más sorprendentes de la condición humana, es que aun teniendo evidencias de lo anterior o sabiéndolo a plena consciencia, algunos individuos salgan de la masa. ¿Cuántas veces nos quedamos con la boca abierta al ver al osado Ícaro pegarse alas en su espalda y creer que puede besar el Sol? De cualquier larga fila de individuos marchando adocenados puede nacer un héroe contestatario. Aún en medio del oscurantismo, hay seres humanos que tiene luz propia y en las más duras condiciones, se pueden ofrecer voluntariamente para vehicular el cambio, sea cual sea el costo. Por ello, aunque la inercia a veces sea demoledora, ha aparecido y siempre emergerá, al menos una propuesta alternativa e innovadora.

Nuestro problema actual, abocados como manada en estampida a esta globalización indetenible, es que no tenemos plan maestro para enfrentar el alud global. El mundo globalizado es el resultado de una serie de improvisaciones, no hay grupo humano que lo esté pensando con la seriedad y cientificidad que el asunto requiere.

Es que ahora hace falta acopiar mucha más energía de lo que era necesario en etapas prehistóricas o históricas para saltar evolutivamente. Antes eran en sociedades tribales, aisladas, poco integradas, totemizadas, mitologizadas, centrífugas, guerreras. Será imprescindible movernos hacia una sociedad basada en el conocimiento, sobre un saber integrado, profundo y coherente, la sabiduría. No es lo mismo crear opciones de evolución cultural a partir de grupos humanos relativamente aislados, nómadas, superviviendo como podían desperdigados por sobre un planeta casi deshabitado, que ahora, cuando somos una masa de más de 8000 millones interconectados, habilitados con flechas con punta nuclear y dura tecnología que puede hacer hervir la atmósfera. En estas circunstancias, las inercias biológicas y étnicas atadas a una geografía y ecología local, intentan reafirmarse en su tarea de sacrificar las opciones innovadoras, holísticas. Pero eso ya no lo van a poder hacer porque el capital cultural acumulado, es suficientemente diverso como para no dejar que se le arrodille y reduzca a la vieja estructura piramidal y sus dogmas arcaicos.

Debe generarse prospectivamente un intento alternativo de organización de un sistema global, que se independizara de los determinismos históricos, geográficos, ecológicos o económicos, para entonces moverse con alto vuelo a escala planetaria. No se puede construir futuro sobre la base de los modelos que entendimos como lógicos o racionales, en los que, por ejemplo, necesariamente a los depredadores se les supeditan todos los conformadores de un ecosistema. Ahora no somos miembros de tribus, en las que la evolución cultural está maniatada por jefes tribales que prestan buen cuidado a que nadie tenga mayor estatura que la de su pequeña humanidad.

Si permitimos que lo inercial nos continúe dominando, podremos perder el tren del futuro.

Pensamientos postrevolucionarios

Hemos organizado una sociedad basada en ciencia y tecnología, y nadie puede entender nada de ciencia y tecnología. Y esta mezcla de ignorancia y poder tarde o temprano va a explotar en nuestras caras
CARL SAGAN

Hay algo que dentro del ser humano lo impele a dejar su impronta en este planeta, ya sea biológica o intelectualmente. A este último es el que nos referiremos a continuación.

La construcción de edificio civilizatorio ha ocurrido de manera muy paulatina, trabajosa y sin unos claros acuerdos, métodos u objetivos. Se trata de un **constructo**, algo que se rehace permanentemente, sin un plan único y en mi presunción, sin un objetivo prefigurado por una inteligencia, pero si por un orden cósmico perfectible, no perfecto. El resultado terrestre no es idea de nadie, pero muchos se declaran padres de unas palabras, un libro, unos minutos de gloria. Y se reparten títulos, territorios, laureles, togas, orgullos y el botín del último asalto.

No es lo mismo que un individuo conciba algo, y que ese mismo individuo logre realizar su idea en la concertación social. El pensamiento vuela, los hechos reptan. El soñador levanta vuelo, el hacedor aterriza a como dé lugar y se lleva en su aterrizaje a veces forzoso lo que se le ponga por delante. Es muy peligroso el paso del soñador al realizador. Puede consistir en la diferencia entre el brujo de la tribu y el guerrero de los Khanes, entre el que cree en algo y trata de hacer el bien y el que solo cree en el filo de su espada. Ello puede explicar ese sacrificio sistemático que muchos grupos humanos han hecho de sus pensadores. Oscuramente, la masa de Sanchos suele evitar las quijotadas porque cuando el Quijote viene con su adarga a atacar los gigantes, puede derribar el molino de viento. Las sociedades, con frecuencia se auto diseñan para ser inmunes a la innovación. Con gran frecuencia en la historia, el innovador puede haberse visto excluidos y hasta condenado por la masa inculta y visceral, que no responde a "la razón" sino al requesón. Sorprendentemente, a veces la masa se abstiene de aplastar al innovador, y este pasa con su adarga.

Durante la prehistoria y gran parte de la historia, todo lo que hicieron los grupos humanos, sus culturas y por suma de sus partes, la civilización, es reparar una estructura que apenas se sostenía a veces y por lo general encontraba sus "razones" en su cimiento biológico. El paradigma perseguido era el piramidal: cada sociedad era concebida como una pirámide, con la masa en la amplia base y unos pocos elegidos en la cima. Los ecosistemas, También se orden así, piramidalmente.

Cuando una sociedad colapsaba, se venía al piso, por catástrofe natural o por cataclismo social, los seres humanos volvían a reconstruir el mismo mito: la pirámide. Cada vez se va haciendo más evidente que los sacerdotes egipcios, aztecas y mayas, se repetían alrededor de algo que ya no iba a ser lo que fue o a dar más de lo que dio. Mas hoy, los del "partido de la pirámide" no se si están errados en proyectarla como sueño de futuro.

El imperio de "la razón" que soñaron Voltaire y otros de su estatura y tiempo, quedó reducido a la habilidad de Napoleón de ser un buen jefe de las hordas republicanas francesas en contra de las falanges de los reinos circundantes. Pero el choque, fue entre pirámides. El "imperio de la razón" fue a parar en figuras tan dementes como Stalin, que anula primero y luego asesina a Trotski ¿Era la "revolución permanente trotskistas, el "imperio de la razón", era la evolución? ¿o siempre que al imperio de la razón se arribe por un sendero de violencia extrema, los Stalin se abrirán paso?

Tiendo a creer hoy que la funcionalidad de lo natural no se logra con comandantes o sacerdotes aztecas en el ápice piramidal, sino con estructuras fluidas, de nodos intercambiables. Su eficiencia reside más en ser oleaje que muro, se trata de balance orgánico no de rigidez de cristal, más flexibilidad incluyente que depredación excluyente, más del movimiento del alga costera con el oleaje, que de la rigidez del molusco y su concha.

Desde luego, que, desde la pirámide a la red como modelo de las sociedades, hay una serie de pasos, cada uno de siglos. En el medio, obviamos cómo el ser humano, lejos de ser sabio, valiente, actuar de manera racional o razonable, es o actúa de manera cobarde, embrutecida, obtusa y cortoplacista. Porque los individuos, aun declarando que son luminosos e intentando serlo, pueden ser una miseria humana y con frecuencia, hasta un pobre horror.

El ideal palabreado y virtual es uno, que se declara altruista, pero el móvil real es el egoísmo, la vanidad, la envidia. Las revoluciones, por esta vía, vuelven a ser la misma miseria que pretendieron negar. Y es que la propia palabra *revolución* indica que da vueltas alrededor de un eje. El concepto que siempre debió haberse enarbolado era el de **evolución**, que no lo inventó Darwin, sino que solo lo formuló, porque la dialéctica está implícita en muchos pensamientos, en los presocráticos con Demócrito, en Buda, en Hegel y hasta en Cristo.

¿Cuándo ha tenido que sufrir la humanidad para haber creado el tejido social donde un Voltaire fue capaz de cuestionar y burlarse de los poderes y dogmas de su tiempo, y no solo supervivir, sino ser considerado un héroe fundacional? La Francia que luego fue "revolución", era todo un ascenso de la civilización. Mas la Francia que luego fue terror y guerras napoleónicas es todo un descenso a la sinrazón. En China imperial o la Rusia de Iván el Terrible jamás hubiera nacido un Voltaire. Allá, los eternos señores de la guerra se lo hubieran comido desde su primera disidencia o quijotada. Allá pueden nacer un Confucio, un Lao Tsé o un Dostoievski, que hablan del cosmos y de la guerra cósmica, arrodillados al totalitarismo eterno de los imperios Ming, Qing, Romanov, etc.

Cuando la humanidad va encontrando energía en su propia debilidad y luego de la iluminación desde figuras como la de Voltaire y los de su estatura en la Francia, llega un momento en que la sociedad global se pueda preguntar: ¿podemos ser razonables y evitar el sendero que a un lado tiene la vieja maldad de los shogunes y al otro la sangreante guillotina? Esos dos senderos están más que gastados. O nos encaminamos por rumbos nuevos, en alas del pensamiento creativo, prospectivo, asertivo, inclusivo, humanista y cuestionador, o la gangrena social nos hará pobres moribundos sufriendo un largo final.

La manera revolucionaria que se pretendió partera de la historia, fue incierta, en realidad un legrado. Además, si nace la criatura, va enferma de contaminación de manos sucias e inexpertas, porque ni Robin Hood ni Robespierre eran comadrones, pero que eso, no se lavaban las manos.

Es tiempo de una vigorosa meditación dentro de los parámetros de lo intelectual.

Pero volvamos a la intención y al resultado de toda revolución: evacuar las mismas que a la sociedad hacen suciedad, pequeños feuditos del horror y del YO. Las revoluciones no fueron vacunas contra la proliferación de autoritarismo, asesinato, tortura, ya sea en los sótanos del castillo feudal o en una estación de policía, o en una cátedra universitaria.

Es tan desilusionante ver como un individuo o grupo de individuos van acumulando sus desechos y no los evacúan. Tomemos el caso de la vanidad, las personas en su inmensa mayoría solo escuchan lo que le es agradable y ajusta con su conveniencia previa. Ello, puede desembocar en la figura del gobernante megalómano, asesino, genocida, pero más usualmente, ocurre en la persona que tenemos al lado, el jefecito de cualquier departamentico, que, con sus bajezas y adaptaciones, se va convirtiendo en algo sucio y destructivo. O la pareja, que comenzó con bondad y luego es pura maldad.

Que cada cierto tiempo ocurra un "revolución" para evacuar toda esa pestilencia social acumulada, no sigue la "lógica biológica". Ni en el cuerpo humano ni en el de cualquier otro animal o ser vivo, se acumulan miasmas por semanas y luego se botan en un minuto. La evacuación desde la célula es un proceso continuo y activo. Lo vivo no puede permitirse ser revolucionario, estaría siempre al borde de la infección y la gangrena. Lo vivo, es esencialmente evolucionario, vive porque es sostenibilidad.

Si las sociedades y grupos humanos han sido y son tan imperfectos y negadores de su esencia biológica, es que, en algún momento, la *evolución cultural* tomó un rumbo divorciado o plenamente contradictorio con su *evolución biológica* previa e implícita. Y ese "momento" tal vez fue cuando la comunicación biológica, basada en hormonas y un control nervioso que respondía a pequeños sensores, fue maniatado por dos muy potentes, pero fácilmente desvirtuables medios: la palabra y la droga.

Y si la palabra nos ha estado enalteciendo, También nos lleva al abismo y si ahora que la podemos hacer muy precisa con computadoras e internet, no la domamos, la palabra nos arruinará como especie. Una especie que murió en sus mentiras.

Y si la droga no iluminó en algunos casos, no sé qué pasaría si se hace comida. No sé.

Tal vez lo sabía Huxley. Le llamó soma.

Industrialización de las revoluciones

El orgullo de quienes no pueden edificar es destruir.
ALEXANDRE DUMAS (PADRE)

Las revoluciones, siguen un guión originario y fatal, el de la Revolución Francesa. A vuelo de pluma es un ascenso paulatino de una intelectualidad iluminada (Voltaire, Rousseau, Montesquieu, Diderot...), cuestionadora intelectual del orden establecido, la ruptura de lo usual por masas enardecidas y su administración posterior por revolucionarios de acción que desde el poder (Robespierre, Napoleón...Lenin, Castro, Chávez, Ortega). Administración que siempre quiebra, porque no es gestión...Una cosa es protestar por injusticias y proponer cambios dinamitando la estructura social, otra gestar el cambio. Y en ello, en la gestión, los revolucionarios son especialmente incompetentes. Lo de ellos es la gestación, per a la criatura recién nacida la maltratan como huérfano.

Se insiste en que la historia se trata de momentos álgidos, de guerra, de heroísmo. Pero no. El tejido social se va enhebrando muy paulatinamente. Por ejemplo, se habla de la Independencia de las 13 colonias o la Revolución Francesa como un momento y lugar del cambio, pero el cuadro real es mucho más complejo. Deben mencionarse los hechos que estaban ocurriendo en el mundo en ese periodo, y que eran decisivas en lo que ocurrió entonces. Para situarnos en mundial contexto, la esperanza de vida en el siglo XVIII era de unos 30 años (promedio mundial). En el comercio mundial, el real de a ocho español era la moneda fuerte y la de mayor circulación en el mundo. Mientras Francia se encontraba en Revolución (1789-1799) y su rey Luis XVI era guillotinado (1793), lo que hoy son los Estados Unidos tenían una población de unos 4 000 000 de habitantes (más de 500.000 esclavos). Estaban regados por 15 estados en que no alcanzaban una cuarta parte de la extensión actual de ese pais. New York tenía unos 10 000 000 habitantes y la Habana unos 90 000. Alemania, Italia y Bélgica no existían como los conocemos hoy. Polonia estaba desmembrada entre Rusia y Prusia. El Imperio otomano ya estaba en decadencia, pero aun sus fronteras llegaban a Austria y Polonia y en África hasta Túnez, o sean, aun eran una potencia .

Por otro lado, es conveniente que nos detengamos en esa figura del hombre de acción, que es tan glorificado por historiadores y novelistas irresponsables. En realidad, planteamientos intelectualizados y discusiones teóricas, bien poco preocupan a cierto tipo de aventureros, asaltantes de camino y gamberros, que cuando oyen la voz llamando a "la revolución" ven los cielos abrirse, y en ese río revuelto, lanzan sus redes.

La acción es como un imán para los musculitos que solo saben ser brazos armados. Emplean, por lo general tergiversándolos, los planteamientos de algún idealista intelectual, pero lo de ellos es la adrenalina. Usan al intelecto y lo despojan de su sentido original, entresacan sus palabras y las hacen balas, cuando la mente originaria tal vez lo que más quería era confrontar ideas. Ellos solo entienden de tiroteos. Desde luego, el intelectual comprometido también ha dicho cosas que luego tal vez nunca hubiera querido decir si supiera el filo que le iban a sacar a su verbo. Y le despojan de toda generosidad, dejándolo en ser gritón social o periodista amarillista. Y los matones, toman sus palabras y asesinan a todo el que no se les arrodille cuando intentan llegar al palacio. Así han sido y son tergiversados Confucio, Nietzsche, Kant, Martí, Hesse, Mann...

Cada vez que un grupo humano se ha aproximado a grandes contradicciones estructurales de la sociedad, ha vuelto a repetirse el esquema: algunos pensadores cuestionan, viene una ruptura violenta, Robin Hood se hace ministro. El ministro endeuda el pais, que se queda arrastrando esa deuda. Pero todo se mueve aceptando la premisa de que la sociedad tiene forma, tiende naturalmente a ser pirámide social. Lo que debe hacer el "revolucionario" es quitar de allí a los malvados usurpadores, y depositar en la cima su visión y su bondad. Aunque sin dejar afuera sus hormonas. Ello los hunde. Las hormonas no son revolucionarias, son evolucionarias. Las hormonas no entienden de Voltaire ni de Marx, pero si del *Logos*.

Caemos en los graves problemas de una espiral de violencia.

<u>Primero</u>, la violencia atrae los violentos

<u>Segundo</u> la violencia transforma al cándido en asesino.

66

Tercero, cuando el ya no tan cándido se ve en la vorágine de acción, el inhumano violento es el que pone la pauta y ya no hay marcha atrás. El asesino disfruta matando.

Cuarto si esta fórmula llega a hacerse de un gran poder, se corrompe más y llega a ser igual y peor que lo que criticó. A veces, mucho peor.

La solución de la ecuación social, no puede implicar matizar la violencia o esconder un burdo territorialismo, o las manchas de sangre en nuestra ropa. Cualquier tipo de quítate tu para ponerme yo debe ser evitado a todo costo.

La solución implica hacer los Sistemas Educativos *sistémicos, orgánicos y autocontrolados* (ojo: plural, no un sistema centralizado sino una red de sistemas regionales) para que produzcan seres humanos integrales, hombres cultos, obreros, técnicos y profesionales de visión amplia y corazón abierto para interactuar en sociedades inclusivas y evolutivas. Eso, desde luego, no se logra con maestros desmotivados, fraudulentos o mal pagados, profesores de mente estrecha o caprichosos y pedagogías obtusas, que apunten a clonar ciudadanos cual soldaditos de plomo.

Para lograr sociedades saludables, la cuestión no es aceptar y organizar una matazón revolucionaria o golpes de respuesta del mercado cada cierto tiempo, sino ser muy exigente con los formadores de futuro. Porque hoy son los profes los que nos degradan desde sus estrados. Pero pudieran ser sembradores de futuro

La energía debe aplicarse en mantener una <u>pedagogía en evolución permanente,</u> que apasionadamente tienda a la excelencia académica, no tenga paz con los acomodados que se refugian detrás de los muros del liceo y la academia y que tienda a extraer de cada cual el máximo de sus potencialidades específicas.

Una de las cosas que hace a Latinoamérica ese asombroso continente atrapado en su pasado, son los millones de malos maestros que llenan las plantillas de los magisterios con familiares o amantes de los alcaldes, que luego no hay modo de sacar porque los defiende un sindicato. Los pobres alumnos, no tienen sindicato y los padres se complacen cuando les dan una nota aprobada que solo es un fraude.

También ese esquema degradador, puede ser la explicación de las diversas contradicciones que está enfrentando EE.UU. a principios del siglo XXI. Se trata de un sistema educativo que es y propone la mediocridad, apunta a la media, lo que queda claro con eso de *Don't Let a child behind*.

La mediocridad reside en maestros y funcionarios relativamente bien pagados pero acorralados en su idealismo por reglamentos absurdos, en que hasta deben soportar ofensas de los alumnos sin rechistar. La emergencia de China e India, por su parte, pueden ser explicados como resultado de sistemas de educación más integrales y holísticos, que preparan a los educandos para el mundo de manera más real y enfocado en conocimientos productivos.

El objetivo debe ser la excelencia académica, que puede ser asaltada desde otra vertiente, sin aceptar o pretender que las masas de educandos son recuas de vacas que se conducen por cuarterones hacia un matadero, como parecen asumir algunos profesorcitos mediocres y librescos, que nunca salieron de los muros de la academia y creen que el mundo es tan plano como las hojas de papel del único libro de texto que conocen.

La permisividad de la sociedad para con algunos de sus formadores o con el sistema educativo como tal, en el sentido de que no sea funcional, es lo que luego implica aceptar violencia para superar problemas sociales. Por lo tanto, no se puede permitir. El profesor que no sepa mantener el ritmo, que se busque otro trabajo.

Por ahora, el "pensamiento" se conforma con objetivos más humildes. Por ello, algunos manualeros poco originales, no por coincidencia refugiados detrás de los muros de la academia, desvirtúen los planteamientos de los auténticos que generaron todo este entramado intelectual de la civilización, aquellos Platón, Aristóteles, Nietzsche, Rousseau, Voltaire, cuya creatividad indiscutible no tuvo el privilegio del aire acondicionado pagado por otros.

Es muy importante recalcar que toda *Evolución Cultural* futura, tiene que sobrepasar el marasmo y el chantaje que está emanando de sistemas educativos ineficientes y complacientes, que insisten en medir resultados cuantitativamente (número de graduados, número de *papers*, número de libros publicados) cuando ello solo puede medirse cualitativamente: un solo alumno puede ser el fruto más excelso de un maestro (Platón Aristóteles-Alejandro) y un solo libro absorbido en la vida misma puede ser más innovador que decenas de ladrillos prepagados e inentendibles, hechos para ascender en la escala académica.

No es casual que actualmente, cuando en el mundo están en funcionamiento miles de centros académicos y profesionalmente activos millones de especialistas, adolecemos de planteamientos efectivos acerca de nuestra globalidad, aun cuando se suceden miles y miles de conferencias internacionales atrapadas en su distanciadora jerga profesional, que desemboca en una gran incoherencia de aquellos que fueron educados para ser especialistas inconexos. La palabra nos ha llevado a donde estamos, tanto en el sentido de ascenso como de posible caída.

En buena medida, la absurda necesidad de volver a la amarga playa de la solución violenta, la revolución, puede estar determinada por esas tres figuras que parecen inocentes, el maestro desmotivado, el profesor vanidoso y el experto de rama estrecha.

Evolucionarios

El dislate en el siglo XVIII francés de intentar encaminar su sociedad por senderos revolucionarios, ocurrió porque los Luises y su aristocracia lunática, les impidieron ser evolucionarios. Las luces del siglo se oscurecieron por el terror posterior, que dejó bien claro que aquello no es solución. Sin embargo, se ha repetido una y otra vez: la violencia "revolucionaria", siempre es administrada por jacobinos. Así, la posible solución social se desvanece en dolores diversos de todos.

Algunos intelectuales franceses de la época (Voltaire, Rousseau, Diderot, Condorcet...), habían estado previamente de acuerdo en hacer cambiar las estructuras improductivas y rígidas bajo la égida de aquella nobleza poco noble. Pero se trataba de unos orgullosos señores de la guerra y una población sometida al hambre. Que hoy, luego de los horrores de Robespierre, Stalin y Pol Pot, la intelectualidad y la academia en cualquier lugar del mundo vuelva a llamar a la dinamita revolucionaria, es cuando menos, estúpido. Llaman a la barricada, a la heroicidad, que en la actualidad consiste e derribar estatuas en aislados parquecitos. Empiezan dinamitando con suaves y confusas palabras académicas (explotación, igualdad, lucha, lucha de clases, justicia social...) y terminan poniendo piedras y cartuchos de dinamita en la mano de sus jóvenes estudiantes y aventureros que lo que quieren es serotonina. Comienzan con un moderno concepto intelectual y terminan en errores de violencia Cámbrica.

Puede que ocurran hoy, por vez primera en la historia humana, las circunstancias que permiten que las estructuras sociales (gobiernos, instituciones, organizaciones) sean cambiables de manera paulatina, transiente, civilizada, parlamentaria. Una humanidad más educada, informatizada y comunicada, que alcanza condiciones necesarias para evolucionar culturalmente, sin extrema violencia. Las soluciones violentas (guerras, golpes de estado, sublevaciones, revueltas, revoluciones) propias de la historia e histeria humana puede que sean innecesarias si finalmente la cultura se impone a nuestro comportamiento animal, a nuestro territorialismo ancestral, a nuestras envidias traducidas en política, a nuestros previos horrores caníbales y guerreros. ¿Hubiera sido bien difícil conversar con los Luises, con los Romanov o los Santa Anna o los Diaz? Padecían la "sordera del poder" y desde la posición de señores de la guerra. Creo que no. Entonces, tal vez había que forzarlos a irse. Pero nada justifica que la emergente sociedad civil francesa, aclamando La Razón, fuera a parar a guillotinamientos masivos, la sinrazón en estado puro.

¿Cómo operan los sistemas naturales en la Biosfera para cambiar? Tienen clara tendencia al cambio gradual, gestionado (es decir, gestado por madre), a minimizar la catástrofe. Son esencialmente evolutivos. Evolución que nunca tiende a la simplicidad del sistema sino a su complejización. Evolución que no tiende a la igualdad, sino a la diferenciación. Insisto: La naturaleza no tiende a la igualdad sino a la diversidad y a la discriminación de las diversas posibilidades creadas.

La evolución ocurre en un bosque a veces mediante algún incendio o trauma, otras una gran catástrofe. Pero la vida teme, evita el gran incendio. Nosotros los seres humanos tecnologizados debemos temerle más, evitarlos más. ¿Es posible?

Se pudiera decir que:

- Hemos favorecido la cultura de la reacción y no la de la previsión. Las sociedades, aun pretendiendo que se alimentan de la **Razón**, actúan de manera irracional y epiléptica.

- Que el llamado sentido común descansa en lo que ha sido usual y no en lo que parece más razonable en un contexto futural y redimensionado. Así, se acepta como lógica la beligerancia y confrontacionalidad, cuando éstas ya no tienen cabida en una civilización misilizada, cuyo centro de gravedad intelectual debe estar alrededor de conceptos como ecosistema, sistema, retroalimentación (*feed back)*, homeostasis, humanismo, cosmopolitismo, sabiduria.

- Si bien la cultura, la civilización y la ciudad son esenciales actos de concertación y convergencia, no se puede obligar ni manipular el ser social para acaballar al ser individual y eliminar la divergencia.

- Ninguna parte arrolla a otra en un (eco)sistema. La evolución, siempre descansa en la alternancia, en el margen. No hay nada que remotamente se parezca a lucha de clases.

- Hay que sostener y resaltar al individuo y al individualismo y/o la divergencia, para luego integrarse en la convergencia.

- No entendemos que somos evolutivos, es decir, que los subsistemas previos se transforman, gradual y amigablemente, en sistemas más funcionales.

- Desde el inicio de la civilización hemos errado en comprender la funcionalidad del todo, de nuestra propia vida y los mensajes cifrados en este mundo y desde el Cosmos.

- No nos podemos enfrentar a una situación inédita en su esencia y escala, con viejas herramientas melladas.

Lo exitoso ha sido históricamente la jugada corta, ejecutada por individuos que pueden ser aventureros o personas de vista corta (políticos, hombres de acción). Necesitamos una emergencia espiritual para desembocar en concertaciones de individuos que se mueven por ideales, que jueguen anticipándose muchas jugadas y conformen <u>sociedades conectadas en red</u>, que cosechan frutos diversos después de un tiempo.

Tenemos un gran déficit de maravilla, de creatividad, de metáforas. ¿Cómo es posible decir esto si hoy existen muchas más mentes educadas, pensantes y activas que en toda la historia humana previa? El hecho es que más que educados hemos sido amaestrados y nuestras mentes están condicionadas por lo primero que aprendimos: <u>vivimos encerrados en el corral de lo primero aprendido</u> (*imprinting* en Etología) El resto de la vida respondemos a aquellas primeras impresiones como perros de Pávlov. Era de esperar algo más en los orgullosos herederos de Prometeo.

La modernidad tiene muchas cosas reconfortantes. Si escarbamos un poco en la historia, se hace evidente cómo vivía un ser humano en etapas primitivas, por ejemplo, apenas pasaban los 25 años, luego habitaban sucias ciudades medievales o un polvoriento suburbio en las etapas tempranas de la industrialización. Nuestro problema actual es que las metáforas sociales ya no alcanzan para la metamorfosis, que está monopolizada por exitosos tecnocráticos, se concentran en pequeños problemitas tecnológicos y sus soluciones tecnológicas puntuales. En resumen, en apretar botones. El mundo no funciona así.

Realmente marchamos hacia una dictablanda globalista: la que quiere imponer como único modelo de éxito, aquel de individuos que se someten a vivir en pequeños feuditos de saber tecnotrónico. Y feuditos son ideas encerradas en pequeñas cajitas, el aula, la asignatura, la carrera, el departamento, el ministerio, mi propiedad el corral. Y ello desemboca en el catedrático, el partido o Hollywood haciéndonos ir al espacio público no como al ágora, cada uno con su criterio, sino como si fuéramos a un culto como oyentes. A un una y mil veces repetido culto a la violencia, aunque a veces se emplee para ello conceptos muy lejanos y nos hablen de amor y de derechos humanos.

El *Homo sapiens* evolucionante, ha ido histórica y trabajosamente edificando un *constructo* civilizatorio, en el que juega papel a la vez de sujeto y objeto biológico, que pivoteando sobre lo espiritual evoluciona hacia lo biológico-cultural. Ahora está deviniendo en cultural-biológico. Tal vez sentando las bases para luego evolucionar como virtualidad, en un plano meta-biológico. Pero la estatura de las metáforas parciales actuales se difumina en una felicidad *quimizada* y una pareja perfumada seleccionada en internet. Esto no alcanza para tumbar una estrella y eso es lo que estamos necesitando ahora, como siempre. Organizar una partida de caza de estrellas.

Lo vivo, para cambiar o evolucionar, primero se mueve en el sentido de crear una masa, se multiplica, se clona, crea un *pool* genético. A la vez "permite" que algunas opciones periféricas a ese centro hagan ensayitos y ensayos. Es decir, la masa, acomodada en el centro, deja que se sacrifique una y otra vez la periferia.

Periferia hecha de los más decididos proponentes del cambio. Los podríamos llamar mutaciones genéticas, marginales, innovadores, vanguardia, locos, revolucionarios... o mejor aún, evolucionarios.

El negocio de las revoluciones

La paciencia es la cosa más dura para el espíritu. Pero es lo más duro y lo único que merece la pena aprender. Todo lo que es Naturaleza, Desarrollo, Paz, Prosperidad y Belleza en el mundo descansa en la paciencia, requiere tiempo, silencio, confianza.
HERMANN HESSE

Las sociedades previas a la toma de la Bastilla, habían sido casi siempre manejadas por hábiles espadachines y aventureros de toda laya, que cuando arribaban al poder se autonombraban con títulos sonoros y rimbombantes o se declaraban parte de una dinastía o hijos del sol para así ocultar que eran vulgares HP. La Revolución Francesa, fue una manera de que llegaran al poder personajes e intelectuales marginales del momento, con nuevas perspectivas. Era la primera vez que intelectos tomaron las riendas sociales de una manera enérgica y violenta. Ese tipo de personas, por lo general antes habían tenido que ganarse la vida actuado como saltimbanquis, charlatanes de feria, adivinadores, a lo sumo como alquimistas, consejeros áulicos o abogadillos de provincia.

La ilustración y el racionalismo, habían facilitado el traspaso de conocimientos, que antes siempre habían estado celosamente en manos de sacerdotes-guardianes. A partir de la acción de los ilustrados (en el poder) en Europa industrializada surge toda una capa de la población, con educación e inquietudes intelectuales, que no tienen ya que ser por necesidad saltimbanquis del señor feudal. Pero a partir de entonces los intelectuales les imponen otra música de fondo, para que bailen otra danza, la de ser revolucionarios, humanitarios y llamarle a sus aspiraciones y prebendas derechos humanos. Y esto no es un proceso gradual y sostenido sino pleno de traumas. La Revolución Francesa fue secuestrada por el jacobinismo y todas las posteriores la imitaron, llaman a la violencia. Olvidan el gradualismo, la Evolución.

En sociedades en paulatino y a veces tenso proceso de industrialización, el contexto social pretendidamente favorece a los dueños de medios de producción (a saber, capitalistas), pero en los hechos, la modernidad ha creado (millones de individuos), que no participan en la producción, sino en cuestiones culturales y burocráticas. Su trabajo no es agotador, ni tenso, ni tienen que esforzarse porque factores objetivos destruyan sus propuestas y medios de vida (como si puede suceder a un Capitalista). Son toda una nueva clase social, en "lucha de clases" con los demás. Luchan por parasitar el cuerpo social.

En realidad, la industrialización crea las condiciones para el surgimiento de este tipo de seres sociales. En la edad media no existía nada parecido, millones de profesionales entrenados para ser funcionarios. Los más prominentes ocupan puestos acomodados en estrados académicos, con alto y ascendente sueldo según el número de papeles (*papers*) publicados. Su eficiencia no se mide en aportes concretos, sino en quien es más comentado dentro de los círculos académicos, que entonces pudieran llamarse *farándula académica*. En muchos países se han establecido leyes que les dan una patente de corso de por vida (*tenure track*), que impide sean expulsados y además disfrutan de libertad de cátedra, es decir, en su clase dicen e imponen lo que estiman, sin riesgo a ser reprimidos. Sus alumnos, sin embargo, si no se ajustan a los criterios de sus profesores, pueden ser reprobados. Resulta así que no están sometidos a ningún control social, y por el contrario, tienen medios de controlar la sociedad (les publican libros, aunque nadie los lea aparte de sus estudiantes durante el semestre que son sus alumnos; viajan por el mundo a dar la misma conferencia una y otra vez; cuando exponen sus tesis y supuestos, se dirigen al público con cara de artistas y una mezcla de arrogancia y condescendencia; Sus conferencias públicas de 2 horas, son seguidas de 15 minutos de preguntas; contestan lo que les dé la gana y rara vez dan tiempo al público a cuestionar sus afirmaciones.

En el caso de las ciencias duras, cuyos temas suelen ser basados en fórmulas y matemática y son densos e intrincados, realmente es difícil imponer criterios subjetivos y nimiedades. Y son temas solo del interés de especialistas y pares, sin mucha resonancia mediática. Pero en las humanidades, sus planteamientos centrales pretenden ser entendidos por amplias masas, otros que no sean especialistas, aun cuando pueden ir desde un registro lingüístico culto hasta uno vulgar. Su claridad, sin embargo, está tendiendo en la actualidad a sobresimplificar los hechos en formulitas realmente vanas y reduccionistas (Ej. la pretensión de Marx de que las fuerzas productivas (FP) chocan con las relaciones de producción (RP), y de esa contradicción emerge la nueva FORMACION ECONÓMICA SOCIAL (FES), o sea, FP $\rightarrow$ RP = FES)

A partir de la Revolución Francesa, en cualquier latitud del mundo, existen grupos de personas que se consideran y declaran pensantes, pero que actúan como ideólogos de los nuevos espadachines que quieren tomar el poder, en este caso en nombre de que son buenistas, o sea, <u>todos</u> somos buenos y <u>todo</u> lo hacen para "el pueblo".

Si proponen métodos violentos de evolución cultural, pero no es por maldad, es porque la historia necesita una partera. De esta manera, esos idiotas ilustrados, han creado todo un culto a la violencia. Y a la violencia le llaman Revolución y la adoran aun cuando la evidencia de sus desafueros es palpable.

Se trata de arrogancia intelectual en estado puro, cultivada en los jardines de Universidades y en conversaciones alcohólicas de las 6 PM. Filósofos y sociólogos, son especialmente los proponentes de la dinamita. Se pretenden racionales y científicos, pero cada vez se hace más evidente que solo son torpes dinamiteros intentando hacerse con mayor tajada del pastel social.

En Francia, la eclosión de la Revolución había emergido desde 2 personalidades cimeras: Voltaire y Rousseau, así como una pléyade de pensadores, científicos, inventores. Luego de la hambruna de 1888, los espadachines revolucionarios lograron descabezar a la nobleza y que gobernaran gentes de la Razón. Y ¡Sorpresa! Los intelectuales buenistas en el poder tomaron caminos locos y gobernaron a golpe de guillotina. El terror fue su método, la guillotina su herramienta de ingeniería social.

Cuando la Razón es sobrepasada por el trueno de la dinamita, todos padecen de sordera después. Toda revolución, es suicidio social y confusión de los que en esa tormenta se mojaron. Quedan todos humedecidos de sangre y lágrimas. Aun así, es un negocio para ese tipo de intelectos que, si no pescaran en la turbidez de ese río revuelto, serían algún tipo saltimbanquis modernizados. Lo peor es que se cae en el tobogán de "la revolución" porque se impide la *evolución*.

Ese fue el caso de la Cuba en los 50s. A un pequeño aprendiz de Romanov se opuso toda una intelectualidad dinamitera y "revolucionaria". Ya vimos el resultado. El país entero ha sido un laboratorio social y ha saltado por los aires. Un país de sordos. Ya ni se puede hablar de nacionalidad.

Ahora, en la Cuba de los 2020s, unos Luises de nuevo no escuchan alternativas. Pero los apoyan unos coritos de "académicos" del mundo y locales, parapetados en cátedras de Sociología, Filosofía, Ciencias Políticas y algunos de Economía. Son aprendices de ingenieros sociales. Pero viven refugiados detrás de los muros académicos, sin apenas tener contacto con la realidad. Tienen dificultad para cultivar el jardín de su casa si no es con un manual de horticultura. Pero quieren ser ministros de Agricultura. En San Francisco, París, Moscú, Pekín, La Habana o Caracas, pretenden que ellos saben cómo administrar las contradicciones de las sociedades. Su fórmula mágica es la igualdad y la justicia social, que fue una vez descubierta por jardineros sociales excelsos, el más usado y gastado: Marx y su libro El Capital, con sus formulitas sobresimplificadoras.

La evolución cultural pudiera tener algunas características que no están presentes en la evolución biológica, en su base. Pero no puede ocurrir llevándole la contraria a lo basal. En otras palabras, lo social no puede ocurrir **contranatura** . Y eso es exactamente lo que propone Marx, el comunismo, el socialismo y todos estos justicieros sociales, catedráticos-Robin Hood igualitaristas. Desconocen que la Naturaleza evoluciona creando (bio)diversidad y discriminado entre las más viables de los excepcionales.

Este negocio de las Revoluciones, solo ha sido productivo para saltimbanquis y payasos, y ahora para algunos catedráticos. Los aventureros de siempre andan por ahí con cara pintarrajeada, algunos más circunspectos, usan toga y birrete. Si no lo comprendemos pronto, vamos a perder hasta la carpa.

Algunas suposiciones sobre el proceso de colonización de América y su efecto en la industrialización posterior.

Las Américas fueron una refundación para europeos que querían escapar de las miserias materiales y de las miserables estupideces del pensamiento de otros seres humanos comprimidos en un pequeño continente, Europa. Los amplios espacios del Nuevo Mundo, permitieron nuevos bríos a la cultura europea. Luego además de la industrialización local, el empuje que le dieron algunos de sus hijos nacidos en nuevo contexto, reestructuró Europa. Ya no fue tan sucia y gris. La ciencia y la tecnología occidental fueron halando al mundo de sus cuarterones feudales. Pero algo de lo feudal quedó cimbrando en el *ethos* occidental, por ejemplo, en su tendencia a la guerra. O en las tesis centrales de su Sociología, que insiste en estudiar al fenómeno humano en cuanto a piara, como masa y no como individuos. O su Filosofía, que reincide en adorar becerros de oro y en entronizar verborrea como si fuera Ciencia. O su política, que aun da vueltas alrededor de las *polis* y en ningunear su *burguesía*, aun cuando en la actualidad el 95% de la población es citadina.

Las Américas han sido hijos pródigos, que devolvieron a sus matrices parte de sus esfuerzos genitores. La nórdica ha sido más obediente y floreciente. La América sureña, ha sido un poco el hijo descarriado, el que la matriz tiene que atender, incluso de adulto, asombrada de cierta incapacidad para caminar parado y aprender. Pero tal vez, no todo se trate de un acto volitivo, de inteligencia e intención de los ocupantes. Nos atrevemos a adelantar algunas hipótesis.

La América nórdica logró tomar el batón industrioso de Inglaterra, de la que estaba más cerca geográficamente y en tiempo. Cuando llego el momento de divorciarse de la corona inglesa, se distanció de sus modos aristocráticos, pero no del legado cromweliano, newtoniano, darwiniano. Pero al ser un *pueblo trasplantado*, como lo llamara Darcy Ribeiro, su cultura la injertó más eficientemente en similar latitud y ecología, la América nórdica se alimentó profusamente con el biberón europeo conteniendo productos de base científico-tecnológica. Los de base humanística, un poco los regurgitó. Allí no preponderaron ideas de los sofistas europeos, por ejemplo, las de Kierkegaard, las de Marx, las de Lenin. El colono europeo en Norteamérica tendió a trabajar el mismo la tierra y organizar pequeñas granjas para abastecer una familia nucleada. Siguió la tendencia de los ingleses a no mezclarse sexualmente con los aborígenes. Por el contrario, en gran proporción los eliminaron físicamente, a veces en cruentas guerras con notable superioridad técnica de los "caras blancas" sobre los "pieles rojas". No se encontraron grandes minas de oro o plata al inicio de la colonización.

La América sureña y continental se reconformó originalmente en una etapa más temprana, siglo XVI, a partir de hombres de gran valor, valientes guerreros y tenaces, pero con menor carga cultural y un *ethos* poco proyectado a la industrialización. Ello tal vez interactuó con la alta densidad de población que los hispanos encontraron tanto en lo que hoy es México como en Perú. Allí, los pisos climáticos favorecían poblaciones numerosas, que encontraron tanto Cortes como Pizarro. Por ello, aun a pesar de las altas mortalidades por epidemias en la etapa de conquista, aun supervivió una relativamente alta densidad de población indígena. La ocupación hispana se basó en que un encomendero al inicio o latifundista posteriormente, podía tener muchas personas trabajando para él, lo que aun en la independencia (siglo XVIII), mantenían ciertas tradiciones *cuasifeudales*. Otro aspecto es que España descubrió numerosas minas de plata y algunas menos de oro, en sus tierras conquistadas. Ello puede explicar su menor empuje hacia la industrialización y el comercio de otros productos. Su forma de evolución cultural apuntaba mayormente a sociedades pastoriles, agrarias. Aun así, consta que su población alcanzaba altos niveles de vida y de confort, incluso superiores a los europeos en algunas zonas, como lo atestigua Humboldt en su viaje (Véase, por ejemplo: Humboldt A. von y A. Bonpland, Viaje a las zonas equinocciales del Nuevo Continente, 1799-1804). Cuando llegó el momento de divorciarse de la corona española, Hispanoamérica se dejó llevar aún más velozmente por sus confusiones ecológicas tropicales. De esta manera, quedo atrapada en una productividad menor. Como lo llama Ribeiro, son pueblos nuevos, no exactamente trasplantados. A principios del SXIX se desmembró en grandes y pequeños feudos, en los que los padres administraban haciendas-feudos, mientras los hijos soñaban con Rousseau, Robespierre, Napoleón...y los nietos con Lenin......Stalin...y Mariátegui...y con los Castro.

El centro de las Américas, el área alrededor del Caribe, ni tan al Norte ni tan al Sur, es un inclasificable retoño de Europa, con su geografía insular más que continental, más marina que terrestre, sometida a complejidades ecológicas de los trópicos, más bachatera que industriosa. Allí, en zona intertropical, yacen una serie de países y paisitos, que apenas pueden articular culturas de carnaval, jolgorio y pachanga de playa. Como las adjetivaríamos: ¿isleñas, saladas, carnavalescas, acuosas, bailarinas, somnolientas, musicales, tardas?

El Caribe, fue históricamente la zona de paso de la extracción minera. Luego, ya en los siglos XVII y XVIII surgieron allí plantaciones de tabaco, café, y azúcar lo que se extendió hasta el siglo XIX en Cuba, Santo Domingo y Puerto Rico, dada la insistencia de España de retener estos territorios, sobre todo a la Habana, que entonces era un *hinterland* industrioso gracias a la tracción de la cercana Norteamérica, lanzada ya a una carrera industrializadora.

Cuando en el Caribe comenzó la penetración colonizadora de ingleses, franceses y holandeses, lo hicieron hacia el SXVI de manera informal como piratas y corsarios, apostados para participar de alguna manera del expolio de minerales preciosos. Luego, ya en el SXVII vinieron ya como ejércitos regulares y des hispanizaron grandes y pequeñas islas, las convirtieron en islas-enclaves-plantaciones francesas, inglesas, holandesas. Es entonces que se profundizó la confusión social caribeña. La presencia real de armadas y ejércitos Inglaterra y Francia, influyó en su confusa evolución posterior. Es absurdo, por ejemplo, que Haití fuera la más rica colonia del mundo en la segunda mitad del S XVIII, pero su industrialización se basaba en medio millón de seres humanos rebajados a ser bestias corta-caña. Luego, ese polvorín explotó y el trópico, en modo fiebre amarilla, derrotó a los ejércitos napoleónicos.

La intelectualidad evolutiva de Norteamérica, por su parte, se refundó en el siglo XVII a partir de un *ethos* más avanzado, de personas más heridas por la estupidez humana, pero a la vez mas adentradas en las luces y preparadas para mudar de piel social. Tanto fue creativa en Ciencia como en Arte o Humanidades. Mientras, la intelectualidad púber de la América tropical parió muy pocos científicos e ingenieros, pero muchos abogados, escritores, músicos, que iban a abrevar casi exclusivamente a ¡¡¡París!!! ¿Qué intelectual de las Latinoamérica, que se respete, no ha ido a soñar en una buhardilla parisiense? A repetir frases de

Voltaire, Rousseau, Diderot...Dumas, ... Derrida, Camus, Sartre, Foucault. *¡Le lumiére! ¡Le culture!*

Cuando Norteamérica se desgajó en 1785 de su matriz Inglaterra, lo hizo para darle curso a su ímpetu industrialista, a la creatividad científico-tecnológica. Se trataba de un trasplante de cultura, mientras al sur se trataba de una resiembra. De ello, la mejor muestra es que entre los padres fundadores estaba un gran inventor, Benjamín Franklin Mientras, el desgajamiento del imperio español hacia 1820, no ocurrió como un impulso endógeno sino como resultado de la invasión napoleónica y los notables que se hicieron cargo de las provincias desmembradas poco empapadas en ciencia e ingeniería, sostuvieron una mentalidad cuasifeudal y grandes latifundios. En primer lugar, la adaptación cultural de emigrados europeos era más fácil a los territorios de América del Norte, que son subtropicales, que, al Caribe y América del Sur, que son tropicales.

En nuestro criterio, la herencia anglo se movió más rápidamente hacia el cientificismo e industrialismo, mientras la herencia hispana continuo atrapada. Para solo mencionar algo, la *Royal Society of London* se fundó en 1663 como un proyecto del monarca. Es por tanto la más antigua academia científica dedicada a promover la excelencia en las ciencias y contó desde sus inicios con fondos cuantiosos. En el imperio español se fundó la Sociedad de Amigos del País en 1763 como una iniciativa provinciana las Juntas Generales de Guipúzcoa. No es extraño que a las planicies subtropicales de Norteamérica se trasplantó a James Watt, Newton o Darwin, lo mismo que a Voltaire, Diderot y los enciclopedistas. En los Andes y a los bosques tropicales, se resembró a Rousseau, Saint Simon y a Comte. Nada extraño que luego fueran tan bienvenidos Lenin, Stalin, Mao....

Pero si los hijos del Caribe soñaron con Rousseau, Robespierre y Napoleón, También recibían por osmosis la influencia del gigante en crecimiento al Norte. La tradición cuasi-feudal latifundista en Suramérica, se vio mediatizada por la industrialización incipiente en el área continental norteña.

Lo anterior es una torpe explicación de por qué el Caribe se convierte en destino turístico, y no es un área industriosa. Se suceden en las playas caribeñas épocas alternas de carnaval y de terror guillotinesco. Porque la intelectualidad caribeña, casi unánimemente, es alérgica a la Ciencia, a Newton, a Leibniz, proclive a Rousseau, al colectivismo saint-simoniano, prefigurada para aceptar como buenos los errores de Marx y organizarse en partidos políticos, que más recuerdan a las turbas parisinas conducidas por incultas pescadoras que a la evolución cultural conducida por los Lunáticos de Plymouth.

Rousseau fue un soñador del siglo XVIII, quien en vida llegó a ser un intelectual fundador. Descansa en el pabellón nacional de Francia. Hoy, el personaje es una pieza de museo y las más de sus ideas, sin validez, un derroche imperdonable si se les analiza científicamente. Esos que lo absorbieron en la buhardilla, deben considerar que, al exportarlo al trópico, se descompone. ¿Por qué? Porque antes y allá es un escalón hacia arriba. Pero ahora y acá, es un resbalón escalera abajo. ¡El salvaje inocente! Rousseau nunca conoció antropológicamente los salvajes del Caribe ni de ningún lado, en especial los caníbales Caribe. ¿inocentes? Los aborígenes caribeños siempre estaban en guerra, en especial las SS-Caribe. Científicamente y con los parámetros de hoy, Rousseau fue y es una nulidad curiosa, con todo derecho un escalón en la emergencia civilizatoria, pero basar algunos de nuestros proyectos culturales actuales en su comprensión del mundo, es cuando menos aventurado.

Pero es cierto que los caribeños tenemos nuestro París del Caribe: La Habana. París caribeño en que se representó la sangrienta toma de la Bastilla con influencia del coloso del Norte, a manera hollywoodense. Errol Castro hizo un papel estelar, con un ejército de extras.

La Revolución Francesa fue olímpicamente rectificada por Napoleón Bonaparte, restituyendo el *ancien régime* bajo su código napoleónico. La "Revolución Cubana" tuvo su *"Rectificación de errores y tendencias negativas"* bajo código camaleónico, restituyendo en el poder las maneras feudales de Felipe II, sobre las botas rusas de F. Castro.

Nada extraña que Jean Paul Sartre, en los 60s fuera a la Habana a ver si la habitaban algunas pescaderas. No las encontró. Creo que, en Francia, un intelectual de calibre es un *rock star* perseguido por bellas universitarias, y Jean Paul, con un ojo estrábico y cuerpo enclenque había sido poco solicitado de joven, pero ya había tomado revancha. Además, estaba viejito en su aventura caribeña y ya no le eran útiles las jineteras. De todas maneras, dio su apoyo a la Revolución. Como no. Afirmó, se trataba de un eco existencialista de la gloriosa revolución francesa, y nada de contaminadora revolución industrial.

Al menos en el Caribe, en especial en La Habana, jamás Wellington venció a Napoleón. Allí, hay que dedicarse a la música, al carnaval y al turismo.

Política

Decimos claramente ¿cuál será, en definitiva, el destino político de los industriales? Los industriales se constituirán en la primera clase de la sociedad; los más importantes de entre los industriales se encargarán, gratuitamente, de dirigir la administración de la riqueza pública: ellos serán quienes hagan la ley y quienes marcarán el rango que las otras clases ocuparán entre ellas; concederán a cada una de ellas una importancia proporcional a los servicios que cada una haga a la industria. Tal será inevitablemente, el resultado final de la actual revolución; y cuando se haga este resultado, la tranquilidad quedará completamente asegurada, la prosperidad pública avanzará con toda la rapidez posible, y la sociedad disfrutará de toda felicidad individual y colectiva a la que la naturaleza humana puede aspirar.

Saint-Simon Catecismo político de los industriales (1824)

©Antuan Rodríguez

Políticos ¿para qué?

La guerra es el arte de destruir hombres,
la política es el arte de engañarlos.
JEAN D'ALEMBERT

Los políticos no constituyeron gobiernos de sabios en tiempos de Sócrates, Platón y Aristóteles. Tampoco después. Desde el principio se auto propusieron como salvadores y secuestraron y ralentizaron la evolución cultural mediante teatro, militarización, inquisición, revuelta o revolución. Pero los políticos, con gran histrionismo, parecen ser los que empujan la sociedad sendero arriba. Ello es falso, ascendemos apoyados en los hombros de los grandes genios de la ciencia y la tecnología. La política, a veces se organiza para no sacrificarlos. Es entonces que la humanidad evoluciona culturalmente de manera más evidente.

Las siguientes elucubraciones, son especialmente aplicables a la República de Cuba, que históricamente ha sido tan maltratada por la política y los políticos.

Actualmente, se profundiza la disyuntiva ser pasado o ser futuro. Ya no podemos escapar de ambos patinando en un inestable presente improvisado, porque estamos armados de tal arsenal de avanzada tecnología que, si continuamos empleándola como arma, nos arriesgamos a desmontar el edificio civilizatorio hasta de sus raíces.

Que dicho edificio es una Torre de Babel, no implica que haya que dinamitarlo, porque no tenemos otro y con toda y su disfuncionalidad, tiene sus encantos. Lo que hay es que repensarlo y como *constructo*, de ahora en adelante rediseñando con ahínco, para que más de lo bello oculte paulatinamente más de lo feo. ¿Qué constructor ha querido que su obra luzca así?

Los maestros de obra para llegar a este presente confuso han sido los adoradores del poder, en especial, los políticos. Lo mejor que podríamos hacer es prescindir de sus servicios, agradeciéndole lo que han hecho. Fueron el mal necesario de una época. Y poner manos a la obra nosotros mismos, sin intermediarios ni profesionales del servicio público.

Un cambio tal deberá ser civilizatorio, no solo cosmético, nada farandulero. Tendrá que ser holísticamente pensado, a una escala sin precedentes. Para ello, necesitamos deshacernos junto con los políticos, de muchos viejos métodos y esquemas, hoy rígidos encofrados que no solo afean el edificio, le restan organicidad en nombre de la experiencia o en nombre de que *yo sí sé lo que hay que hacer, dadme el poder.*

En política lo posible se ha engullido generalmente lo probable. Para evolucionar civilizatoriamente, hay que hacer lo imposible probable. Lo primero, es adecentar los sistemas electivos, que no llevan al poder los limpios sino a hábiles palabreros. Lo segundo, es restablecer la educación, hacerla alejarse del burdo entrenamiento.

¿Por qué hemos de ser gobernados por los menos dignos? Pero puede haber un segundo cuestionamiento preocupante ¿Son capaces los menos dignos de encabezar sociedades cada vez más complejas?

La política y el político no siempre existieron. En estadios primitivos de civilización, los grupos humanos miraban al pasado o hacia el cielo para legitimar que unos u otros pretendieran ser "detentadores del derecho" o "defensores" de una comunidad, un territorio, una ideología conformada nebulosamente alrededor de un Dios, un culto al poder en forma de rey o dinastía. Entonces, ninguno manejaba complejos conceptos intelectuales o sociales, ni tenían otro planteamiento que ser tribales, territoriales y brazos ejecutores de "designios celestiales", lo cual cumplían a veces con una prolijidad de *khanes* y otras convirtiendo en dogma la estupidez de decir "el Estado soy yo".

La fecha de nacimiento de la política pudiéramos ubicarla hace unos 25 siglos en las *polis* griegas, la pequeña ciudad-Estado helénica. Desde su origen, fueron discutibles y discutidos. Ya fue sacrificio de lo imposible a lo posible en la figura de Sócrates y el sofismo, o las decepciones de Platón, que herido por la mediocridad de los sofistas generó lo que podemos llamar la utopía primigenia: su libro *La República*, a la que han seguido tantas otras, queriendo proponer opciones al tedio de más de lo mismo, lo realizable. La política sistemáticamente ha cortado las alas al sueño humano de ser gobernado por los más sabios, siempre siendo el arte de lo posible, el *areté*, la antiutopía.

Por siglos hemos estado bajo el imperio de los menos dignos. Una vez más cabe la pregunta ¿Hasta cuándo es necesario que esos gigantes molinos nos ensucien el horizonte?

Los políticos no constituyeron gobiernos de sabios en tiempos de Sócrates, Platón y Aristóteles, y desde entonces ralentizaron la evolución cultural mediante la inquisición, la revuelta o la revolución y la apropiación indebida de los bienes públicos. Los políticos no resolvieron el nudo gordiano en el período de preguerra a principios del siglo XX y desembocamos en la matanza de la Primera Guerra Mundial, luego volvieron a confundir la ecuación y no evitaron una Segunda Guerra Mundial. Hoy, con similar olímpica incapacidad fallan en evitar que el mundo se deslice paulatinamente hacia la ingobernabilidad como resultado de un clima encabritado.

Aun cuando los políticos cobran por estar enterados, son los últimos que se enteran de que ya no se puede estar al sol al mediodía en una playa y se agarran de cualquier subterfugio para no aceptar que desarrollo no es industrialización y que la industrialización desbocada está alterando profundamente nuestro entorno, incendiando la atmósfera, provocando migraciones masivas, guerras ecológicas, etc. Están encerrados en sus sofismas, en sus pequeñas ambiciones, secuestrándonos y facilitando que luego tenga que venir otro político salvador a salvarnos del de antes.

Desde su pretensión de manejar la cosa pública en las polis hasta hoy, siempre, el político ha sido hábil en enterarse en el último instante de lo que debieran conocer desde el principio: que error conocido no es error, que hombre precavido vale por dos, que a ellos se les paga para que sean prospectivos.

Del líder al político

> *Un esclavo es aquel que espera por alguien*
> *que venga a liberarlo.*
> Erza Pound

El político no es el heredero del líder. Porque el jefe de la horda fue una continuación en contexto humano del macho alfa animal. Estudiemos un poco una bandada de monos. El que va a la cabeza, el alfa, es el que ocupa el primer rango en el sistema jerárquico de organización social (*pecking order*). Por este orden, el animal alfa come primero, se reserva el harem, castiga toda insubordinación de los machos jóvenes que pueda advertir. Pero ello implica que, si aparece un depredador, el primero que va a defender a "su" manada es el alfa. No es de extrañar que es el que tiene mayor probabilidad de ser eliminado. De esta manera, se garantiza la "fluidez social". El macho alfa es el que primero muere.

¿En qué se parece un político moderno al líder de la manada? Tal vez, en que algunos desean para si un harem y le discuten liderazgo a toda joven opción. Pero si aparece un peligro, el político se las agencia para ser el que menor probabilidad de ser eliminado. Ello, a la larga, va determinando que hacen política los viejos zorros, los que se valen de artimañas para que otros carguen con las culpas o enfrenten las situaciones peligrosas.

Si la vocación por el poder es sospechosa y preferentemente los superegos y miopes transitan por estos senderos, ¿cómo evitar que arriben a situaciones de mando zorros autoritarios, que luego se van haciendo sordos a la crítica? Y ese invento de las izquierdas o las derechas es otra excusa para que unos autoritarios sustituyan a otros autoritarios.

Un grupo humano puede organizarse para una sustitución fluida de los funcionarios y evitar que se perpetúen en el poder funcionarios que no funcionan, a no ser a la hora de llevarse una buena tajada. Hoy, cada vez más tenemos una población y en especial una juventud educada y capaz. ¿Por qué no hacer que el ocupar un cargo público sea muy rotativo, se representen movimientos y no individuos, se sancione con rigor todo enriquecimiento a costa del erario público y se convoque a cargos aleatoriamente?

Esto último, es algo que ya potencia la informática: por qué no dar un número aleatorio a todo ciudadano, y anualmente hacer elegible a algunos seleccionados al azar, los que luego son sometidos a algunos test que eliminen los delincuentes o evidentemente retrasados mentales.

Seguir hasta la cima con esto no es fácil. Han fracasado en el empeño soñador, falansterios, filosofías, ideologías, imperios, utopías, academias, ramas científicas y partidos políticos. Quizás porque pretendieron la concertación de grupo y olvidaron por el camino que, si bien todos somos distintos, todos lo somos a partir de similitudes esenciales. No se justifica ya tomar el rumbo equivocado, empleando las herramientas como armas contra los "otros".

La construcción del edificio humano ha sido gesta milenaria, pero todos los días una erupción de soberbia se puede llevar en un solo golpe lo que antes se cultivó y estructuró con tanto trabajo. Lo poco que ha perdurado de los ríos y mareas de lágrimas resultantes, está en directa proporción a cuanto lo generoso e inclusivo pudo sostener esas arremetidas.

Cuando Aristóteles afirmó que "el hombre es un animal político", para nada se refería a lo que hoy entendemos por política. El filósofo ateniense, apuntaba al gregarismo, la tendencia del ser humano, a vivir en comunidad, en ciudades entonces denominadas *polis*. Es totalmente falso, que el ser humano y sus sociedades deban depender necesariamente de hacer política como actualmente la entendemos, y mucho menos, que las sociedades necesariamente tienen que ser gobernadas por castas de profesionales de la política y por partidos políticos, partidocracias. Si en la actualidad, no rompemos esta suerte de sortilegio, los políticos nos mantendrán en un estadio de permanente confrontación y duda, como ocurrió durante la mayor parte de nuestra historia como civilización, pero ahora con una magnitud de problemas acumulados y un poderío tecnológico, que podría dinamitar la civilización.

Ese debe ser el objetivo de Cuba republicana: Evitar personalismos y controlar la vanidad humana de los tomadores de decisiones. Es imprescindible establecer una rotación fluida de los que gobiernan, a todos los niveles. No debe haber nadie "imprescindible".

Ya no es una pregunta: No tenemos que ser gobernados por los menos dignos. El político es prescindible. Por ello, manos a la obra: !abajo los políticos como profesionales, que sean servidores públicos temporales!

La enfermedad social del igualitarismo

Piedad a los culpables es crueldad a los inocentes.
Adam Smith

Por millones de años el ser humano primitivo (¿*Homo sapiens?*) conformó sociedades comunales o comunistas y partidas de caza con tendencias igualitarias, que recorrieron los bosques con un riesgo parecido para todos, compartiendo en porciones más o menos iguales su hambre, lo poco que cazaban y recolectaban y el peligro. Una porción o parte de la captura se transportaba para la aldea, a alimentar niños, mujeres y viejos. Se puede decir que la solidaridad es parte del DNA humano, está grabado en nuestro "contrato social" originario. Procedemos de la igualdad en la miseria, en la intemperie, en enfrentar al gran depredador. Es de suponer que el ser humano se hizo más humano cuando el comportamiento solidario intragrupal (partida de caza, tribu, clan, fratria...), se sobrepuso a otros grupos menos integrados. Es decir, existió una competencia y selección del más adaptado por ser cooperante. Es de suponer que los grupos humanos más unidos, salieron adelante como grupo, mientras los que abandonaban al débil, herido o anciano, se hacían más escasos por actuar más aislados. Vale señalar que los seres humanos primitivos apenas sobrepasaban los 20 años de esperanza de vida, es decir, la mortalidad individual era altísima, por lo que el individuo era apanas un escalón en la escalera de la supervivencia. La tribu o el grupo de "caza" más cohesionado, venció mediante su acción mancomunada, su sinergia positiva. Pero en algún momento del ascenso civilizatorio humano, ya no solo se trataba de cohesión para la caza o el ataque, sino en lograr que varios miembros del grupo llegaran a cierta edad y acumularan mayor sabiduría (el anciano era entonces la biblioteca caminante y su reunión, el consejo tribal). Tal vez lo que somos en la actualidad, fue una selección de los grupos humanos más solidarios, que conservaron mejor sus "bibliotecas".

El ser humano tendió en los orígenes de la civilización a organizarse en grupos emparentados en que existía una especie de comunismo intuitivo. Pero la genética es un poco aleatoria y caprichosa, a unos cazadores da gran puntería y fuertes músculos, otros son enclenques o enfermizos. El macho alfa y cazador más eficiente que sobresalía, así tenía acceso a más hembras y dejaba más descendencia. Así, aun cuando el más fuerte (el mancho alfa más enérgico), en cierta proporción tenía que sostener a los más débiles (el menos dotado, el hijo pequeño, el enfermo, el anciano), su descendencia era más numerosa.

También los animales de grupo (gregarios) tienen comportamientos que evitan el más fuerte sea el único que se alimente, cuando alcanzan la presa o la comida (orden de picoteo, *pecking order*). La más fuerte arriba primero, da unos mordiscos, y se retira, no se queda a impedir que otros se alimenten. Y los machos alfa, igualmente tienden a dejar descendencia más numerosa.

Nada extraña que en los albores de la civilización se tendía a la propiedad comunal, y que actualmente existan remanentes de ello (monasterios, ejidos, indigenismo, bosque comunal de una aldea, sistema de parques nacionales en EE. UU.).

Pero una cosa es un contrato social establecido entre parientes, humanamente, en los sinos de la emergencia civilizatoria o en pequeños grupos humanos (la familia). Otra, la imposición igualitarista y comunal, que pretende imponerse desde gobiernos autoritarios en la actualidad. Una cosa es que se permita el comunitarismo a los que lo deseen y otra que se les imponga a grandes grupos humanos como son las naciones actuales, para colmo industrializadas y basadas en una gran cantidad de nichos en sociedad.

¿De dónde sale el igualitarismo que nos proponen la mayoría de los sesudos intelectuales actuales, sobre todo los académicos? Bueno, ya referimos que hay ciertas formas del comportamiento animal y de las sociedades primitivas que pueden ser consideradas una forma de colectivismo primitivo. Pero que intelectuales, ante las numerosas contradicciones e injusticias que tienen una sociedad moderna, pretendan que la solución es volver atrás en la historia, habla muy mal de su conocimiento del mundo y de la historia. Nada casual que casi todas las utopías, pretenden que la solución es el igualitarismo del que emergimos. Platón, Moro, Campanella, etc., etc., plantean sus utopías sobre bases científicas muy cuestionables. En los hechos, sus planteamientos utópicos no son más que propuestas a volver al pasado comunal.

Que hoy miles de Sociólogos, Politólogos y Filósofos, sostengan que grupos humanos de millones de desconocidos tienen que adaptarse obligatoriamente a formas de igualitarismo y colectivismo, es una total irracionalidad. Eso ocurre porque Sociología, Politología o Filosofía NO son ciencias, por lo tanto, no tienen métodos eficientes para entresacar la verdad de la paja de la historia. Emplean como herramientas de discernimiento solo cerebro y palabra. Pretenden que pueden imponer socialmente sus asertos. Pero no son más que una serie de trasnochados intelectualoides, pretenciosos que su proto-ciencia es Ciencia.

Pero los datos empíricos del igualitarismo son demoledores. Es tan extremadamente difícil elevar al inferior a lo superior, que para lograr la "igualdad" la ingeniería social se concentra en descabezar los excepcionales y entonces colocar en los altos altares de lo social a una serie de mediocres y ambiciosos inflados. En los hechos, ello implica la degradación de la alta cultura. Y eso es lo que está degradando a Occidente.

El culto al ser humano común. Es decir, *light communism*. Comunismo envuelto en papel de regalo. Cuando pretenden imponer la propiedad comunal como la central e incluso, como la única, la Utopía denigra en Distopia. Caemos en "1984". Olímpicamente, académicos e intelectuales buenistas, se saltan las evidencias de que los ecosistemas naturales tienden a la complejización (evolución, sucesión ecológica, emergencia). No tienden a la simplificación ni a ser estructuralmente estáticos.

El colectivismo promediador, desindividualizador y descabezador del creativo (del *entrepreneur*) desconoce como progresa la naturaleza. Mediante la tendencia a la complejidad. En los hechos, pretenden que la historia humana ha caminado sobre una cinta de correr, y que llegamos al mismo lugar en que estuvo el ser humano primitivo. Porque al inicio de la civilización, lo que existía era un comunismo primitivo, con comunidad y bienes. Se dicen progresistas, pero nos empujan para atrás.

Por otro lado, hoy en los países industrializados ejércitos de burócratas recargan a los ciudadanos productivos con impuestos, reglas y multas, se han convertido en un lastre para la evolución social. Se trata de miríadas de políticos, funcionarios, inspectores y tecnócratas en los gobiernos centrales y municipalidades de Occidente, generalmente gente ordenada pero no creativa, las más de las veces hábiles en crear e imponer reglas, ordenar papelitos o escenificar capacidad en público. Para colmo se reservan para ellos muy altos sueldos y retiros, que al final pagan los contribuyentes, inversores e inventores. Es como una igualdad a golpe de papeleo y de intrincadas estructuras y reglas burocráticas. Ya no se enarbola la hoz y el martillo. Pero de todas maneras es un golpe bajo a eso que confusamente llamamos Capitalismo, que se ha ido convirtiendo en Burocratismo.

Y lo más preocupante es que estos burócratas improductivos no tienen limites, tienden a reproducirse, a hacerse cada vez más numerosos y a imponer al resto de la sociedad impuestos cada vez mayores y más automáticos. Mientras, ellos viven en un "Socialismo del funcionariado": No tienen riesgos de quebrar, pero viven en la tranquilidad laboral, la opulencia y representación impropia. Y luego de su paso mediocre por las estructuras gubernamentales, tienen altos retiros, asegurados por los gobiernos. La carga impositiva de esto, tiene quebradas muchas ciudades de EE.UU.

Por otro lado, existen innumerables equipos de trabajo científico-tecnológico (*scientific academy, team work, start ups...*), en que personalidades selectas por su *IQ* (coeficiente intelectual. No es su fortaleza física, el tamaño de sus garras, no es asesinar a otros. Es atrincherarse en un buró con un intrincado papeleo. Es cobrar altos impuestos), interaccionan entre sí y crean cada vez más métodos, inventos, sustancias, que han ido elevando sobre bases científicas el *standard* de vida general. Se trata de un proceso que podemos llamar *industrialización*.

La creciente productividad industrial de emprendedores e inventores, es la que ha cambiado el mundo, no masas de obreros luditas (los que destruían las máquinas en la Inglaterra del siglo XIX, en su inicial proceso de industrialización), ni utopías de biblioteca. Esos equipos de trabajo basados en la ciencia y la tecnología, son los que multiplican la productividad industrial actual, mucho mayor que en todo sistema de trabajo previo, y eso es lo que permite sostener a todos esos "funcionarios" o "académicos", inimaginables en sistemas sociales previos, como el feudal.

Se ha creado toda una capa de la población que, sin contacto con la realidad, se puede entregar a una serie de sueños y utopías. La vida igualitariamente incierta del cazador recolector parece ser su añoranza, encerrados en sus torres de Marfil. En especial, la Academia humanística se ha convertido en un bastión desde el que se bombardea al estudiantado y a la ciudadanía con una serie de estupideces y locuras, que no se pueden comprobar pero que ellos imponen a la sociedad valiéndose de su libertad de cátedra e imposibilidad de sustituirlos (*tenure track*).

Los grandes intelectuales de la historia (Víctor Hugo, Voltaire, Rousseau, Balzac, Dostoievski, Tolstoi, etc., etc....) estaban sometidos a grandes percances en su propia vida y su sabiduría era la manera en que lo enfrentaban y racionalizaban. Tomaban el pulso de la sociedad con su sensibilidad en medio de la tormenta. ¿Qué puede aportar a la humanidad un individuo que nunca ha salido de los muros universitarios, donde sus propias concepciones equivocadas y reales estupideces, interactúan y se refuerzan con las de otros equivocados, cultivados todos en tantos invernaderos académicos que ha creado la civilización industrial?

La Ilustración y el Racionalismo europeo, implicaron una real Evolución Cultural. Emergió entonces, desde gobernantes ilustrados, una forma de pensamiento y estructura social que daba valor a la información y al saber, acumulada de manera similar a como actúa un ecosistema. Porque los seres vivos, no son más que reservorios de información y saber. La llevamos, muy concentrada, en los genes y cromosomas.

El llamado Capitalismo, aun con sus grandes defectos, es la forma social que más se asemeja a cómo actúa un bosque, un arrecife o la biosfera: acumulando información. Aun lastrados por ciertos militarismos obtusos, después de la Ilustración y el Racionalismo, ciertos lugares en Europa dieron un salto cósmico hacia la ciencia y la sabiduría. Ejemplos, el París de Luis XIV, el Reino Unido isabelino, la Prusia de Bismarck.

Evolucionaron hacia ser sociedades que dejaban paso privilegiado a los más creativos tecnológicamente, sobre todo los capaces de abstraerse y proyectarse, los que son más capaces de exprimir la materia gris de su cerebro. Y a eso hemos llamado, confusamente, Capitalismo. Pero se creó un subproducto: "humanitario", que se han hecho de micrófonos, instituciones culturales y burocráticas. Y se han encaprichado en pintar al mundo de un solo color, el rojo. Así dibujan al ser humano como un mamarracho, no un ser vivo, proclive a la vida. Por ejemplo, occidente está avanzando hacia una debacle poblacional, porque el mito ahora es el cuerpo y el sexo como calistenia, y no el alma y el sexo sagrado de una pareja que sabe puede verse continuada en un vástago perfecto.

Si queremos avanzar hacia la sostenibilidad y gobernabilidad planetaria, hay que continuar invirtiendo en la evolución del individuo humano. Solo después, con total voluntariedad y como subproducto, la de sus grupos. *El orden de los factores SI altera el producto.* Se trata de cultivar la Cultura (valga la redundancia) con métodos científico-tecnológicos. No de imponer a como dé lugar utopías, tal como como pretenden los buenistas e igualitaristas actuales, desde trincheras intelectuales o asaltando los gobiernos a golpe de voto, fraude o masa adocenada.

Lo biológico crea excepcionalidad, diversidad, mutaciones y cabalgando sobre lo raro, llega a la innovación y lo nuevo. La evolución biológica no se afinca en lo mayoritario. ¿Pretenden Uds. una evolución cultural *contranatura*? ¿No se enteran, buenistas e igualitaristas? ¿Pueden comprender que su planteamiento es desmembramiento social?

Decisores: ¿miopes, indecisos y corruptos?

Los hombres libres tienen ideas;
los sumisos ideologías.
Teócrito

En primer lugar, debemos prestar atención a la forma en que se han estado tomando las decisiones por los llamados decisores, tomadores de decisiones o *decision makers*. Destacaremos algunas de sus características:

- En países con instituciones arcaicas y/o débiles (subdesarrollados), con bajo nivel de trasparencia, la profesionalidad y ética está totalmente supeditada a intereses de grupos especiales y al mejor postor.

- Rara vez en algún país o en niveles internacionales los decisores son directamente científicos. En la inmensa mayoría de los casos los científicos, sean individuos o comités, ¡¡¡están relegados a recomendar!!! a instancias políticas o burocráticas. No deciden ni ejecutan. Los que deciden están en dichas posiciones seleccionados no según sus experticias sino por sus lealtades personales o políticas, con títulos que poco o nada aportan a decisiones sopesadas. La mayoría de los decisores estudian humanidades y son alérgicos a fórmulas y números: abogados, políticos, comunicadores, sociólogos, literatos, artistas. Otras veces son economistas y financistas, entrenados para obtener réditos en el corto plazo. Sus decisiones son por negociación, lealtad o conveniencia. Con esa base, frecuentemente desnaturalizan y sesgan cualquier medida que apoyen. Por lo general escogen vías efectistas, con muchos fuegos artificiales y rápido rendimiento monetario. Evitan proyectos cuyo resultado no es efectista o no puede ser constatado en meses o pocos años. Jamás se puede esperar que atenten contra su permanencia en el cargo o contra los intereses que representan. Y aspiran a permanecer indefinidamente en el cargo, debido a cierto narcisismo inherente a la farándula política.

▪ Los abogados tienden a pretender solucionar problemas con regulaciones y leyes. Papeleo. Estas son tantas y tan contradictorias, que simplemente son disfuncionales. En algunos países el cuerpo de leyes es tan enmarañado y contradictorio, que las leyes actúan como lastre a la evolución social.

▪ La ciencia adoptó desde su inicio una estructura disciplinar, está atomizada, y se intenta realizar en conciliábulos de especialistas. Ha fallado en comunicar las características y envergadura del cambio climático. Un error interno de los científicos y académicos es que tienden a hablar para sus iguales, sus pares (*peers*) y a despreciar trabajos y artículos que se "rebajen" a un lenguaje entendible por los no iniciados.

Por lo anterior rara vez se puede llegar a propuestas incontaminadas y desinteresadas. Las sociedades, los gobiernos, no están pudiendo trabajar con visión sinóptica. Ello tiene implicaciones sociales y políticas.

Capitalismo: ¿sistema o avaricia gerenciada?

No es lo mismo el capitalismo agrario del SXIX, que el industrial del SXX, que el especulativo o de casino actual. Vislumbramos que está emergiendo un cierto un cierto metacapitalismo supertecnológico, que no sigue la misma ecuación que los anteriores. La pura especulación y prestidigitación financiera del último, está atentando contra la propia esencia capitalista: acumular valor, porque ahora se obtienen enormes cantidades de dinero por actos de prestidigitación en las bolsas de valores. Y ello, subrepticiamente, es la negación de los principios del propio sistema capitalista: La acumulación paulatina de valores, de capital y su utilización posterior para crear más riqueza.

Capitalismo se deriva de Lat. *capitalis*, *caput*: cabeza. Está relacionado con la ciudad principal, con mando, pero más que todo con la acumulación de ganado entre los terratenientes romanos, cuando el número de cabezas era el índice de su importancia y riqueza. El capitalismo como sistema no fue inventado, siempre ha existido. La naturaleza es capitalista. Lo natural es la tendencia a acumular capital y con este a perfeccionar la estructura del sistema.

Muchos han tratado de explicarlo *a posteriori*, el más destacado Adam Smith. Otros, ante las imperfecciones de los capitalismos, han tratado de crear *a priori* alternativas intelectuales, por lo general utópicas (Socialismo, anarquismo, comunismo, tecnicismo, industrialismo, posthumanismo, etc.). Esos planteamientos artificiosos, si quedan encerrados en sí mismos, se convierten en dogmas, del todo inviables. Operan como reversores de la evolución si tratan de imponerlos y se hacen en nombre de "la revolución", que es una solución mágica que dan algunos intelectuales trasnochados, que alejados de la realidad planean cosas inviables. La naturaleza en pleno acumula capital [genes (especies), número de especies (ecosistemas), ideas (cerebros, culturas), información, energía o calor (los eco-sistemas)].

El planeta La Tierra es tozudamente capitalista: ejemplo, el efecto invernadero acumula calor solar que llega a la estratosfera. Es cierto que entre los seres humanos la acumulación de capital puede degenerar en avaricia o latrocinio. En la medida que ello ocurra, es más imperfecto como sistema, como capitalismo, degradado en monetarismo. Eso es lo que hay que tratar de evitar. Lo apropiado es la acumulación de valores.

Como explica von Bertalanffy (Teoría General de Sistemas), un sistema tiende a sostenerse en el tiempo y lo hace mejor en la medida que es más complejo, o sea, tiene una estructura más terminada, que evite que la energía que alberga (que puede llegar a ser vida) se vuelva a escapar al entorno, al espacio. Acumular energía e información. Lo que hace un árbol, un arrecife coralino, la biosfera. Una ardilla guarda nueces para el invierno. Una mujer acumulada en sus glúteos energía (grasa) para su criatura gestante.

La concepción del Capitalismo como sistema social, a la pura especulación financiera es en principio su degradación, y en casos extremos, su negación. Las sociedades que se han dejado dominar por la especulación financiera pierden contacto con los factores reales, deja de ser importante la acumulación de información u otros valores, ante la magnitud cambiante de los montos financieros manejados y la facilidad de su traspaso. Ello entronca con nuestros problemas ambientales, porque mentes muy fértiles y poderes extraordinarios están ocupados en los malabarismos de las bolsas. Un corredor de bolsa afirma *Such is life* , se equivoca, esa no es la vida.

Encadenados por la academia

Existen tres clases de ignorancia: No saber lo que debe saberse. Saber mal lo que se sabe y saber lo que no debe saberse.
F de la Rochefoucauld

En las "universidades" de Occidente, hoy miles y miles (¿millones?) de profesores en "claustros" (en latín *claustro* significa cerrado). Se les llama en conjunto "la Academia". Pretenden estar creando arte, cultura, ciencia, tecnología. Sus integrantes nunca salen del sistema educativo y de los invernaderos universitarios. Algunos fueron graduados a los 23 años, Master a los 26 y Doctores a los 30. Apenas reciben el control de calidad que es la vida y la calle. Son Doctores que no son doctos, y no han vivido y luchado por ese conocimiento en la vida.

Muchos permanecen en las universidades estudiando toda su vida. Cuando son profesores de carrera, pueden tener un perfil especializado y superespecializado, que suele corresponderse con la estructura disciplinar de las ciencias (en campos científico-tecnológicos), pero que cuando se trata de humanidades desemboca en un caos laberintico e inentendible, porque lo unitario e indivisible lo pretenden abordar con visiones puntuales y subjetivas, hasta personales, pero saltando de un campo o periodo a otro, mezclando gimnasia y magnesia, minimizando lo universal a su sensorialidad. Se les ha implantado saber cómo un chip, proveniente de profesores que previamente estaban ellos mismos bastante alejados de la vida. Sus mentes y conocimientos parecen más un conjunto de piscinas de especialización que un mar del saber, para nada un océano de sabiduria.

Ahora tenemos varias generaciones de jóvenes formados por estos "claustros académicos". En ciencias e ingeniería, el mal es mucho menor porque el profesor tiene que acarrear conocimiento sólido, exponer cosas concretas y comprobables. En humanidades, no. Al contrario, en algunos casos nos podemos topar con planteamientos totalmente dementes desde el estrado. Pero toda la academia humanística transita por la ruta que repetir afirmaciones asertivas de los previos (generalmente comenzando por los presocráticos y terminado por vacas sagradas modernas)

Las universidades, la academia, tiene numerosos, palpables y objetivos aportes en ciencia, tecnología, medicina, donde no se puede crear conocimiento desenraizado, no sistémico. Las ideas son constantemente sometidas a duda sistémica y cribadas. En las Humanidades, la situación es la opuesta. Es un verdadero caos de criterios, subjetividades y nimiedades. De esta manera, han estado y están inculcando en sus estudiantes una serie de ideas que pueden ser tóxicas o cancerígenas socialmente.

Hoy en las sociedades industrializadas de Occidente, vamos camino de hacer implosionar los cimientos sobre los cuales se establecieron nuestros mitos fundadores y nucleadores. Además, en las sociedades industrializadas de Oriente han surgido núcleos académicos, que ahora compiten en cuanto a creatividad, con mucho énfasis en lo ingenieril e industrioso y poca perdida de energía y tiempo en subjetividades humanísticas, que allá están subyugadas por dogmas confucianos, maoístas y marxistas, sobre los cuales apenas se permite alguna duda. Son verdades dadas, y el diletantismo y revisionismo suele ser castigado.

Esto no es un malgasto o un vicio de la modernidad industrializada, en realidad es un cáncer porque las personas formadas con tales ideas suelen ser muy activas y eficientes en reclamas derechos, y totalmente desacertadas y desmemoriadas a lo hora de sus deberes. Creen merecer todo, por aportar a cambio ensayos extraterrestres, y obras insulsas, poco originales. Pero para crear eso creen merecer una subvención tras otra y cumplen su cometido al pagar impuestos y presentar *papers*. Padecen de una enfermedad intelectual que se ha dado en llamar *Pensamiento Alicia*.

Esto es lo que ha estado pasando en Occidente en los últimos 50 años y que hoy hace crisis tal vez por algún interés oscuro de desmontar el edificio cultural occidental. Su academia, se ha constituido en una Quinta Columna, dedicada a confundir y subvertir la estructura social creada por milenios, en base a una serie de subjetividades y algunas evidentes estupideces.

Han convertido a las Universidades en centros de vigilancia e intriga contra la cultura occidental. Los que lo hacen desde las Humanidades, son especialmente entrenados para tener habilidades en comunicación y cultura general. Con estas habilidades pueden confundir y adormecer a un joven auditorio o a un país. Si además acumulan muchos títulos y verborrea, es muy difícil hacerlos entrar por razones. Ellos, con su pensamiento Alicia, son "La Razón". Se pretenden científicos, y de facto los agentes del cambio social. Usando los muros de la academia como barricada y facilidades de los medios de comunicación masiva como catapulta, se comportan con arrogancia intelectual.

Se declaran intelectuales y académicos de alto nivel, pero se dedican a una serie de nimiedades intelectivas y no tienen un conocimiento integral (holístico, sistémico) del mundo. Son intelectuales aislados, que asisten a congresos (torneos de verborrea) y generalmente solo usan sus cerebros e imaginación para preparar explicaciones confusas que solo entienden o dicen entender unos pocos de sus colegas. Algunos, sin embargo, se las dan de grandes generalizadores, poseedores del Abracadabra de la viabilidad del mundo. Los peores de todos estos, son los Filósofos Marxistas.

Un aspecto más que sorprendente es la supervivencia del marxismo en el siglo XXI. Que lo sostuvieran académicos, escritores o intelectuales de los años 1960s-2000, pudiera ser interpretado como un proceso de duro aprendizaje social porque los horrores del stalinismo no se hicieron públicos hasta después de 1953. Aun no se conocían del todo los Gulags rusos, la Gran marcha de Mao o los métodos de Pol Pot. Pero nada puede justificar que hoy las cátedras y medios de difusión masivas estén masivamente habitadas por sofistas

Cuando son Académicos con poder llegar a la prensa y facilidad de palabra, pero con horror a los números, a las fórmulas, a la ciencia cierta, el resultado puede ser un Frankenstein. En los hechos, el alto edificio de la cultura occidental, sus mitos, sus hitos, su moral, montados modularmente como algo coherente y viable en todo un proceso civilizatorio de siglos, está siendo desmontada desde la arrogancia incompetente de algunos "académicos".

¿Como es posible que señores que desaprobaron matemáticas y físicas, luego pretenden ser expertos en concebir el hipertecnologizado mundo actual, para colmo escudándose detrás de Marx y atrincherados aun en su libraco El Capital, ese bodrio inviable? El libro, fue concebido en el siglo XIX, mucho antes de los acelerones tecnológico de los que hoy somos testigos, con planteamientos centrales como el Materialismo Histórico o la Lucha de Clases, que nos deshumanizan y nos convierten en masas ciegas y obtusas batallando bajo "leyes" económicas.

El marxismo es una propuesta para que en la cultura prosperen personas de capacidad limitada, mediocres gritones y roba cámara, que en una competitiva economía de mercado serían poetas hambrientos, bibliotecarios o lleva y trae documentos de lo más capaces. En la dictadura del proletariado gloriosamente concebida por Marx durante algún adormecimiento en una biblioteca londinense, estos incapaces devienen funcionarios, dirigentes, *Aparatich*,

En Humanidades, es difícil delimitar la verdad. Hoy debaten casi lo mismo y con similares inexactos métodos con que debatió en su momento Confucio, Homero, Platón o Aristóteles Palabras y más palabras. Asertos y más asertos. Poesía y más poesía.

Las hipótesis y libros de Marx, se tratan de asertos, ninguno demostrable en un libro. Están llenos de inspiraciones y *wishful thinking*, convertidos en resultado científico por arte de magia de la KGB y la Internacional Comunista. Es un becerro de oro entronizado para evitar con asertos que otros intelectuales puedan alcanzar notoriedad y ripostar los intereses "igualitarios" del marxismo.

No se trata de uno que otro académico que haga mal uso de su libertad de cátedra y los privilegios de su *tenure track*, sino de planteamientos generalizados y comunes entre este tipo de profesionales, filósofos, sociólogos, politólogos y de muchos economistas. Están completamente seguros de sus afirmaciones, impidiendo a otros expresarse, negando hechos históricos (número de asesinados por Hitler, Stalin o Mao; desastre económico dondequiera que se han impuesto estas ideas) o ninguneando los que los contradicen (para publicar en ciertas revistas tienes que citar a otros 20, no son tus ideas, tienes que leerlos y citarlos a ellos. No se trata de ensayos, sino de fotocopias interminables).

Los que enaltecen a Marx, es porque aquel en su arrogancia intelectual, d ya fue el primero que pretendió que sus (indemostrables) rejuegos de palabras, eran fórmulas científicas. Pero es obvio que sus interpretaciones son del siglo XIX. Para poner un solo ejemplo: El llamado MATERIALISMO HISTORICO es un rejuego de palabras, pero un bodrio científico. En la historia de la humanidad, no hay una sustitución fatal y lineal de formas sociales, sino una complejización de los ecosistemas sociales, cada vez más *cultudiversos*, del mismo modo que los ecosistemas naturales tienden a ser más biodiversos (evolución, sucesión ecológica). Y en ningún caso, se trata de un fatalismo económico, es acumulación de información, como es propio de los ecosistemas naturales.

Utopía comunista e idiotez academicista

Jorge Luis Borges.

Hoy el mundo avanza subido en el tren de la Ciencia. Porque la Ciencia tiene métodos eficientes para discernir lo falso de lo verdadero, dentro de cierto rango, sobre todo terráqueo. Nunca hay una verdad inamovible en Ciencia. La verdad científica es un *constructo,* no se crea en raptos o fogonazos, no se pare en súbitas iluminaciones, sino es modelada paulatinamente con pedazos de verdades y mentiras, sometidas a feroz duda sistémica. Arte, Filosofía y Religión, son otros modos de auscultar el universo, menos palancas y más ensoñación.

El problema actual de la ciencia es que se han declarado toda una serie de cuerpos de saber, que sin sus métodos y sin su coherencia, se declaran científicas también. Se trata de las llamadas ciencias blandas. Las humanidades, generalmente, se declaran forma de redefinir el mundo. Es indudable la necesidad que tenemos de soñadores, pero que una novela sea una herramienta ingenieril o que un poeta sea ingeniero social, es un error mayúsculo y una arrogancia. Esto es exactamente lo que está pasando en las sociedades industrializadas, que por su enorme productividad pueden tener amplios sectores de su población dedicados a elucubraciones y a creatividad difusa, entre estos numerosísimos claustros en universidades. Con simples asertos y suposiciones, pero hoy valiéndose de privilegios académicos, bulla farandulera o falta de recursos de otros, imponen sus ideas a las sociedades industrializadas. Actuando como emisores privilegiados, algunos pretenden que pueden "reorientar" el mundo. Estos "ingenieros", son personas con evidentes agendas desde sus educaciones y traumas personales, sesgos culturales y mentales. Este es el caso de los grandes referentes intelectuales actuales como Marx, Sartre, Foucault. Es por haberlos ingerido, que nuestra cultura occidental se ha envenenado, llena de resentidos, mediocres entronizados, falsos humanistas

¿Como es posible que, desde el Humanismo, y parapetados detrás de las murallas universitarias se ametralle a lo Humano? Por orgullo, vanidad y arrogancia intelectual, que puede estar implicando el desconcierto globalista de seres previamente erosionados en su humanidad e identidad. La concertación global no puede hacerse pretendiendo un ser humano igualitariamente ovejuno en todas las latitudes y longitudes. Nos deshumanizan en nombre del humanismo. Resaltan lo común, pretenden borrar al individuo, descansar en la masa, martillar la excepcionalidad. Apunta a lo gregario y lo masivo como lo esencialmente humano, cuando la manada es degradado comportamiento animal. Ello es muy evidente en el comunismo, pero está presente en el buenismo laxo que permea actualmente el Arte y Humanidades. Por ahí, es por donde hoy se nos está colando la ingobernabilidad planetaria, con muchos emisores machacones, muy pocos receptores oteando concienzudamente el horizonte. Lo que somos de humanos, lo debemos a los excepcionales, no a los promedios ni a la numerosidad de las proles.

Industrialismo

Históricamente, muchas estructuras sociales se habían basado en el predominio social de militares exitosos, que se poseían territorios o feudos y generaban estirpes pretendidamente portadoras de "nobleza" (Grecia, Roma, Japón, los Otomanos...). Como bien destaca Escohotado son sociedades clericales-militares y no se enfocaban a la producción si no a la rapiña. Hasta en siglo XV, medieval, los grupos humanos estaban hechos en la guerra y para la guerra. En el centro, habitaba una casta de preeminentes guerreros, pretendidamente descendientes de los astros, en especial del Sol (Ra en Egipto, Amateratsu en Japón, origen divino de los nobles dondequiera). El resto de la población eran esclavos, lacayos, siervos de la gleba, sacerdotes, eunucos, jóvenes para ser convertidos en soldados, las mujeres todas eran vientres de alquiler para darle hijos al general macho o a sus soldados, es decir, futuros guerreros. Esta estructura social, se correspondía con la arquitectura medieval y estructura social de un señor viviendo en un castillo de altas murallas, sus compañeros de armas una guardia pretoriana en las áreas periféricas del castillo, los lacayos en la aldea que circundaba al castillo y los siervos en los campos aledaños. La riqueza era metálica: oro, plata, piedras preciosas.

Cuando comienza a emerger la industrialización, la productividad artesanal (un artesano hace todas las partes de un producto) es sustituida por la productividad industrial (un operario acciona una máquina y hace alguna parte de cada producto). Ello implica una multiplicación de la productividad y el desplazamiento de miles de personas hacia las inmediaciones de las industrias.

Las aldeas medievales empiezan a crecer de manera muy visible, pero desordenada, sin reglas de urbanización. En algunos lugares de Europa, donde confluían los caminos se construyeron fábricas y, los asentamientos se transforman en burgos. Los siervos devienen en aldeanos y luego en burgueses. Se reproducen más que antes, tienen mucha prole. También son proletarios. En el burgo se supera la rígida estructura social militarizada del feudo, separadas en clases, comienza a haber una cierta movilidad social.

En otras palabras, el proceso de industrialización implicó el abandono de los campos de miles de campesinos. El burgo es urbanísticamente una mejora de la aldehuela rodeando el castillo en la altura y el cerebro del feudo. Sus condiciones de vida eran difíciles, pero ya no eran una piara feudal. ¿Es esto lo que molesta tanto a C. Marx cuando se refiere a los burgueses? ¿Cuándo se están acabando las rígidas capas sociales históricas, es que ¿Marx concibe la lucha de clases como dinamizador de lo social? ¿Dónde están las clases sociales en EEUU? ¿Y en otros países industrializados, con fáciles vías para la educación y la movilidad social?

El buenazo de Marx, tratando de mejorar a la cultura, la descabeza. Algunos otros intelectuales erraron igualmente, también con gran desconocimiento de causa. Y cero de ciencia. Tomemos el caso del salvaje inocente de Rousseau, al que tendríamos que volver para ser buenos otra vez. ¿Vivió Rousseau en alguna tribu, o sus ideas son puras elucubraciones de buhardilla? Hoy se sabe, que los hombres y mujeres tribales, por milenios morían mayormente en pequeñas confrontaciones con otros pobres miserables de las aldeas vecinas. Apenas alcanzaban los 20-25 años. Así que incluso, las relaciones sociales en la etapa y lugares feudales eran mejores que aquellos guerreros salvajes nada inocentes matándose por piltrafas. Rousseau, como investigador, es un farsante. Como hombre, un valiente.

La abyecta servidumbre propia del medioevo, a una macho alfa montado a caballo, dio pasó a relaciones menos rígidas, menos homínidas y más productivas: *aburguesadas*. Es en Ámsterdam primero y en Londres después, donde por primera vez la cultura se concentra en la habilidad manual y mental de los habitantes. El significado que damos a Capitalismo está equivocado. Es Capitalismo porque tiene cabeza. Es capitalismo porque usa la cabeza. La sociedad comienza a girar alrededor de un ser humano que de artesano deviene industrioso y así mucho más productivo, evaluado para ello en nuevos y diversos roles y oficios. Habilidades manuales de artesano y mentales de artista, pero lo que se mide es la capacidad creativa del cerebro, no por casualidad ubicado dentro de la cabeza y ubicado en posición cimera y vigilante.

Es decir, sin burgo y odiado burgués, seríamos aun piaras o salvajes acuchillando las tribus colindantes semanalmente. Lo que guiaba a aquellos a la miseria eran sus sentimientos, en especial la envidia. ¿Eso les recuerda algo? ¿Si les menciono que era justicia distributiva primitiva, estarán de acuerdo? ¿Comprenderían esto, en su arrogancia, los miles de PhD atrincherados en universidades de Occidente, empeñados en dinamitar "el Capitalismo" y hacernos "progresar" hacia los modos en las culturas aborígenes? ¿lo verían así Platón, Rousseau, Marx, Aldo Moro y los utopistas? Cuando estas ideas intelectuales se transforman en estrategia de guerra y toman el poder, ya vemos lo que han hecho, descabezar la sociedad y retrotraerla al medioevo, a veces hasta el comunismo primitivo.

Si la evolución cultural que antes delineamos, la queremos expresar en términos ecológicos, se puede decir que ha habido una *sucesión ecológica* en que aparecen nuevas especies y el ecosistema se hace más completo y más eficiente en su gestión de la energía. En términos científicos, esto puede ser la *Teoría General de Sistemas* (de Von Bertalanffy). Decimos que ha habido una evolución estructural del **sistema** para ser más funcional, más sistémico.

En los nuevos ecosistemas que eran los burgos, el personaje central sobre el que gira la estructura social ya no es un macho alfa militarote, el señor feudal. En los burgos aparecen nuevas "especies", y no se trata solo de burgueses, como pretende Marx. Complejizan y hacen más eficiente el ecosistema social toda una serie de nuevas posiciones y roles: comerciante, industrial, banqueros, médicos especializados, pero por vez primera en la humanidad surge una pléyade de científicos, inventores e ingenieros (capaces de reproducir industrial y milimétricamente lo que habían generado los anteriores). Esta sociedad en que vivió y estudió Marx, sus errores y horrores, eran nada al lado de los errores de la historia. ¿Es posible aplicar los simplismos de Marx a nuestras sociedades actuales, mucho más evolucionadas, donde han aparecido miles de nuevos roles? (programadores, matemáticos, dentistas, mecánicos Diesel, maestros de escuela, choferes, mecánicos industriales y profesores de "sociología", "filosofía", etc., etc.). Se trata de nichos dentro del ecosistema social, cada uno con una función para que el todo sea más orgánico.

Gloria a la revolución gloriosa

Mientras los serviles trepan entre las malezas del favoritismo, los austeros ascienden por la escalinata de las virtudes. O no ascienden por ninguna.
José Ingenieros

Las monarquías europeas, que por allá como el siglo XII habían comenzado siendo señores feudales con un poco más de poder que sus pares, hacia el siglo XV se habían enriquecido y concentrado poder. Evolucionaron hacia ser monarquías absolutistas.

Lo que se ha dado en llamar Revolución Gloriosa en el Reino Unido, alrededor de la personalidad y las circunstancias de Cromwell, no fue más que una vacuna al autoritarismo en ese reino. Ello condujo al parlamentarismo, que permitía cierto grado de discusión automática de los problemas sociales, entre estos, las contradicciones de la propia industrialización. Recordemos que esto, no fue solo un proceso social, político, educativo o de industrialización, fue un conjunto de acciones en favor de la evolución cultural. Eso que también llamamos Progreso. Pero progreso basado en múltiples coadyuvantes, no en lo que se les ocurre a algunos filósofos, utópicos, economistas y políticos.

Progreso que no ha ocurrido en China, que importó y robó *know how* de occidente, sin madurar socialmente, como si había pasado en Europa durante varios siglos. En China, aún están repitiendo como sabias frases de Lao Tse, Confucio, Marx y Mao, mientras nos inundan de productos y objetos de plástico que no duran 3 meses.

La Sociología, en cuanto a ciencia moderna, fue fundada entre otros por el francés Augusto Comte, notablemente permeado por Saint Simon, un socialista utópico, del que era secretario personal. Los Sociólogos se han enfocado en explicar el fenómeno humano, (el Ser) como un hecho de grupo. Creen que lo humano reside en la manada y no en el individuo excepcional. Y al grupo le han planteado remedios sociales utópicos. Se han saltado, buenamente, posibilidades y características de cada individuo, más aún del fuera de serie, del fundador. La Sociología lleva plomo en el ala desde su fundación comtiana.

Los "estudiosos" de la sociedad olvidaron y olvidan lo esencial de la sociedad: !es un acuerdo entre *individuos*! Cuando no prestan atención a que existen individuos excepcionales (física, mental y/o moralmente), sus análisis dejan de ser objetivos y mucho menos científicos. <u>Porque son los excepcionales los que van conduciendo al *Homo sapiens* de ser un salvaje-caníbal-tribal a ser un civilizado-omnívoro-ciudadano.</u>

Arguyendo con los buenistas

Ya no somos más manadas superviviendo gracias a la partida de caza y al héroe que le corta la cabeza a la bestia depredadora o "al otro", al enemigo. Ahora somos una enorme manada planetaria, en estampida biosférica, imbricados cada día más en cultura global, proyectados hacia la evolución cultural por mandato científico, o sea, por equipos (*team work)* de cerebritos excepcionales. Es por ello que no prosperarán el comunismo y el igualitarismo en sus variantes, así como los métodos colectivizantes. Una manada planetaria de iguales, igualitos soldaditos de plomo, sería un desastre cósmico. Mataría el humanismo, lo humano y la humanidad.

La igualdad es idea agazapada y recurrente en muchos, por limitaciones de sus raciocinios, que subducen a sus pasiones. Pero no a las buenas sino a las malas pasiones: envidia y vanidad.

La idea de la igualdad como Norte social es absolutamente insostenible y está en contra toda evidencia empírica, geológica, biológica o histórica. Partimos de la igualdad del comunismo primitivo. Mientras más evolucionados seamos, más nichos y tipos de individualidades tendrán las sociedades, de manera similar a como sucede en la Evolución en general y en la sucesión ecológica en particular de un ecosistema. Evolución y sucesión son tendientes siempre a la complejización, no a la simplificación.

Los igualitaristas obvian lo anterior. Se guían más por sus deseos, sensaciones y atavismos, que por su raciocinio. Pero una lectura cuidadosa de la historia humana muestra que es nuestra tendencia ancestral el que las sociedades se vayan haciendo más complejas. Es mucho más complejo la Grecia de Demis Rousssos que la de Pericles y el EE.UU. de Elon Musk que el de Franklin (las XIII colonias).

Nos cuesta trabajo comprenderlo, sentados hoy, cómodos en un sofá, a escuchar un locutor de noticiero o ver una película, en la que el que habla pretende tener una agenda "humanista" y "buenista", que es propuesta muy arraigada en nuestros mitos y "la cultura". Los emisores de cultura, sea locutor, guionista, escritores, generalmente hablan en términos de *todos somos buenos* o todos merecemos una vida digna o un auto de último modelo. No hacen más que pretender que sin mucho esforzarse, todos los que vivimos en sociedades industrializadas merecemos una vida llena de lujos, objetos y sustancias. Pero no olvidemos que cualquier ser humano que, en la actualidad, maneje un auto con un motor de 300 caballos, tiene 50 veces más potencia en su pie que el cochero de Luis XIV que conducía una carroza de 6 caballos. Y este Rey era el más poderoso de su época.

Las sociedades humanas ya no son partidas de caza de una decena de valientes, han evolucionado haciéndose más numerosas y cualitativamente muy complejas, liberadas dentro del entramado de la cultura de aquellas condiciones externas extremas. Pero vivimos dudando entre tener un comportamiento socialmente responsable o caer al pantano de la anarquía. Pretender hoy que nos reunamos alrededor de la hoguera, plenamente responsable cada uno de su palabra y sus acciones, es un imposible.

En todo caso, está claro que ya no hacemos la vida igualitariamente incierta del cazador recolector, aunque esa no sea la añoranza de tantos intelectuales trasnochados y académicos que con su *tenure track* han perdido el pulso de la sociedad en nombre de su "libertad de cátedra". En sus fábulas sociales, pretenden las condiciones sociales del comunismo primitivo, la igualdad de la manada, ahora arbolados con una serie de ingenios tecnológicos y comiendo *garbage food*.

Pero una cosa es fabular y otra gestionar una humanidad tan numerosa. Si queremos una sostenibilidad planetaria, se trata de crear las condiciones para que los mejor dotados mental y físicamente (no olvidar lo que creían los griegos clásicos: "*mente sana en cuerpo sano*") sean los que primero suban ligeros al Olimpo del saber, y manejen los hilos de una humanidad cada vez más tecnologizada y compleja. Solo así se podrá empujar la humanidad montaña arriba. Entretejiendo ese difícil saber, no se confiere esta función a los muchos (los proletarios). Ahora se pretende que la ingeniería social provenga de algoritmos y sus bonachones creadores, ingenieros de sistemas y programadores. Pero no, es la hora de la evolución del individuo humano y de diversos grupos, con métodos científico-tecnológicos y no con tecnocracia o filosofía, utopías, *to er mundo e güeno* y demás sandeces de los buenistas.

La nueva ¿lucha de clases?

Ten cuidado con el conocimiento falso, es más peligroso que la ignorancia.
George B. Shaw

La industrialización ha hecho muy ricas ciertas sociedades (Europa, EE.UU., Japón, Corea del Sur, Holanda, Suiza...). La concertación científico-ingenieril-financiera ha llevado a elevadas cotas el primitivo grupo de trabajo que fue la partida de caza. La transmisión de información, en ese caso, puede ser muy modular, muy a larga distancia, muy socializable. La productividad de las industrias ha ido creando y expandiendo en países industrializados toda una capa social de profesionales e intelectuales (¿le podemos llamar una CLASE y suponerla abocada a la lucha de clases?). Son millones de personas que ofrecen servicios del intelecto: profesores, maestros, artesanos, artistas, funcionarios. Son receptores y hacedores masivos de proyectos culturales, subvenciones, exenciones, becas, *grants*. Algunos son creativos cuyo sustento depende no de su propuesta y talento, sino de sus contactos con los mecenas (particulares o gubernamentales). Algunos son genios proponiendo nuevas vías, pero la mayoría son operadores sociales que ni remotamente existían hasta el medioevo. De esta manera, hoy una gran masa de personas que han acercado su hambre al cuerno de la abundancia industrializado. Pero la arrogancia de algunos los hace encerrarse en sus torres de marfil y, sin contacto con el mundo real, ser incompetentes, improductivos y mediocres. Hoy actúan en el mundo moderno como masas de sanguijuelas chupando del cuerpo social. Son lujos que se permiten las sociedades desarrolladas, más tal vez su cáncer. Antes, había que ser genio, cuando menos necesariamente un talento, para ser artista, creador, escritor Y luchar con gran riesgo por su pasión. Hoy, las universidades pretenden estar llenando al mundo de profesionales "educados", que han aprobado exámenes de verdadero o falso, y que proponen verdades industrializadas, académicas, repetitivas, artificiales, caprichosas. Muchos tienen su patente de corso, y operan como masas de cortesanos cortejando funcionarios chantajistas, mediocres y banales, a veces llegando hasta el comercio sexual, llenando papeles para solicitar una subvención de mecenas indiscriminados, sobre todo gobiernos.

Los subvencionados y sostenidos, son por lo general parte masificada de las sociedades industrializadas actuales. En cada país puede tratarse de millones de personas, algunas muy talentosas y educadas, otras, entrenados para un rol parasitario, mediocres llenos de certificados de asistencia a eventos y postgrados, ningún logro concreto producto de su talento, educación o valor. La cosa puede agravarse cuando esta "clase" desciende hacia la lucha de clases. Entonces, son generalmente a su vez activos en los rejuegos políticos, dado que su vocación y método es gritar y pedir. De esta manera, han convertido los partidos en lanchas de desembarco para llegar a las playas de la hacienda pública. Luchan por colocar sus expertos en gobiernos centrales, regionales y locales, y se dedican a desmembrar el cuerpo social histórico. Imponen desde la burocracia su "ingeniería social" plena de subjetividades, una injusta justicia social, desde sus complejos de segundones y mantenidos.

Estas masas de "ingenieros sociales" les tienen horror a los números y rara vez estuvieron entre los primeros de su clase. La igualdad es su fórmula mágica porque su origen y destino es el promedio. Y hoy, con *cancel culture*, vigilan, embridan y ensillan a los más capaces, a los talentos, a los genios, para que se unan al contrato social que ellos consideran viable. Pero ello, no prospera en ecosistemas sociales en las barriadas de las ciencias duras, en los equipos de trabajo de científicos o ingenieros. Ello prospera entre los "humanistas" y sus innumerables subjetividades.

La estructura social que fue levantando Occidente desde la miseria medieval, se basó en la individualidad, lo industrioso y la familia nuclear. Ello está siendo ahora doblegada desde la demencia, inmoralidad e inexactitud de algunos intelectuales y catedráticos "humanistas", que proponen desestructurar los ecosistemas sociales para sustituirlo por una estructura liquida (con más exactitud, semilíquida porque incluye excrecencias sólidas).

En la modernidad se han ido constituyendo en capa social hiperhumanista, que ofrecen servicios inservibles. Aunque en teoría son igualitaristas, se diferencian por mucho del resto de la población, tienen experiencias e intereses bien demandantes (un carro moderno, una buena casa, una pareja exitosa). Constituyen burocracias y profesorados (*faculty*).

¿Imaginaría Marx que podría ser clonado y millones de sus avatares injertados en el cuerpo social , sermoneando incontestables desde cómodas cátedras? ¿Como es posible que estos señores, sostengan hoy desde el estrado, las inviables ideas de Marx? ¿Son una nueva clase?

Biología y comunismo

Es característico de la vida la falta de permanencia de las estructuras materiales. Aunque la cantidad total permanezca semejante en su misma, algo entra y algo sale.
Ramón Margalef

Las personas podrían aprender de sus errores si no estuvieran tan ocupadas negándolos.
Carl Jung

La biología (rama científica) y el comunismo (pretendido Sistema Social), no se llevan bien. La razón fundamental es que el comunismo es anticientífico, aunque insistentemente pretende ser ciencia. Esta afirmación, les parecerá horrorosa y sin base a los miles de intelectuales, profesores y aventureros disfrazados de justicieros, que en el mundo viven de sostener lo contrario.

Una fábula sobre la Sra. Selección natural

En la pasarela del Arca de la vida, se ubica Noé, un viejito inteligente y bonachón, que deja subir a muchos de los que se presenten. A otros los rechaza, sin violencia, porque sus acciones tienen ritmo geológico.

Para subir por esa pasarela de los milenios, cada entidad tiene que haber demostrado una gran capacidad de ajustarse a las condiciones del momento, pero, además, adaptabilidad ante condiciones del futuro. De comprobarlo se ocupa la asistente de Noé, llamada Selección Natural, que es más puntillosa que su jefe. Cuando un aspirante recibe de ella su nota, rara vez la cambia. Aun así, muchos de los rechazados, luego intentan subir de todas formas. ¿Cómo lo hacen? Se cambian de disfraz, careta, nombre y hasta de su acervo genético.

La Sra. Selección Natural, no se deja engañar. Realmente el que regresa, tiene que ser otro. O no sube por la pasarela. Ella es a la vez conservadora y liberal. Pero no es izquierdista ni derechista, sino todo lo contrario. Ella es una llama danzante, con áreas de altísima temperatura, propias a la forja del acero, y otras de muy poco calor, apropiadas para estatuas de mármol, de madera y hasta de cera. Esta puntillosa Sra. es a la vez celosa sostenedora de su estirpe con una prolija selectividad, pero reservada vía abierta a los aspirantes que puedan ir surgiendo con el tiempo y demuestren fortaleza.

Selección Natural no es de malos sentimientos, instruye a cada especie que se acerca a la pasarela, a que sea elástica y dual, con un centro consistente en una gran mayoría de individuos repetitivos de su acervo, muy conservadores y mediocres, pero una periferia de individuos distintos, alocados, desfasados, algunos muy pero que muy brillantes.

En otras palabras, los pasajeros de la nave Biosfera, de manera enérgica y extenuante, van emergiendo por los laberintos del planeta, siendo a la vez conservados y cambiados. Conservan muy celosamente su información en cromosomas, que guardan en un cofrecito en cada célula (el núcleo). Pero ello no impide totalmente que algunas partes de los cromosomas sean afectados y cambiados en ciertos momentos, dada la acción de ciertos agentes mutágenos (tiempo, sustancias químicas, radiactividad, rayos ultravioletas...).

Generalmente toda mutación es muy riesgosa, hace inviable al individuo que lo porta. Las mutaciones, son casi siempre un suicidio del mutado, una condena a muere del que se separa del montón. Pero el entorno (el ecosistema, el planeta Tierra o biosfera, la sociedad como ecosistema cultural) no es estático, sino cambiante, y ahí reside la ventaja de los raros. A la entidad que se aferre a las condiciones del presente o de un lugar, le está vedado el futuro.

La alta bio-diversidad se alcanza manteniendo a cada entidad tal cual es, pero a la vez permitiendo que algunos ejemplares se conviertan en otra entidad (otra especie, proceso de especiación). De los genes que mutan (es decir, se vuelven "locos" a los ojos del presente y de los mediocres), surgen nuevas entidades (especiación, negación de la negación, de lo posible nace lo imposible).

Con esos juegos y contradicciones, la vida no es una alquimia única y estática sino un experimentar constante y una ampliación del número de los participantes en su fórmula.

La Sra. Selección Natural (de guardia frente a la escalerilla del Arca de Noe, tal vez por órdenes no solo de Noe, también de demiurgos varios), está favoreciendo constantemente nuevas variantes, para las próximas singladuras de la gran nave. Los biólogos, llamamos a estas entidades que entran al juego de la vida especies, razas, subespecies, variedades, clones, cepas, etc.

Interrelación, desigualdad, sistematicidad

<u>A la Naturaleza NO le conviene la igualdad, NO favorece lo uniforme</u>. Si un demiurgo obligara a un bosque a actuar bajo el slogan *"Libertad, Igualdad, Fraternidad"*, en una semana se desmantelaría. Por el contrario, todo ecosistema busca crear y fomentar diversidad. A partir de lo diverso y variado, lo natural (y basal de lo social) selecciona las opciones más viables como portadoras de futuro.

La Madre Natura busca la biodiversidad como forma de evitar que catástrofes la eliminen. Su método apunta a que más entidades (*especies, géneros, familias*) la conformen, disminuyendo así la probabilidad de que una catástrofe la borre de la faz del planeta. En caso de que ocurran varias catástrofes, eso la empuja al borde del precipicio, la aproxima a la extinción o a ser insostenible. En este planeta periódicamente ocurren catástrofes como la caída de un rayo o la erupción de un volcán. Ello implica retrocesos en la biodiversidad. Pero son retrocesos parciales y regulados. Sin embargo, a veces las cosas se van de las manos. Ocurren, han ocurrido, algunas catástrofes de envergadura planetaria, que han llevado periódicamente a una situación comprometida a la vida sobre el planeta. Se conocen al menos 5 grandes catástrofes planetarias, la más conocida la del meteorito que chocó con el planeta en Chicxulub (actualmente Banco de Campeche, Yucatán). La resultante emisión de grandes cantidades de calor y polvo, determinó un enfriamiento de la atmósfera que casi eliminó la vida sobre este planeta, de lo que recordamos a los dinosaurios, pero olvidamos otros muchos.

La naturaleza es muy selectiva. Es discriminatoria con total crudeza. Al enfermo y al débil en un grupo, simplemente los elimina primero. No tienen una segunda opción. Es el humano el que crea opciones desde su humanismo. Cura a sus enfermos, cuida a sus ancianos, alimenta y defiende a sus críos, les incrementa la probabilidad de supervivencia. Eso es humanismo. Eso es parte de la esencia humana. Pero una cosa es humanismo y otro idiotismo. Una cosa es solidarizarse con el que cae herido, más aún si ese ha sido un individuo valiente, inteligente, arriesgado. Otra es favorecer que el lento, el lerdo, el vago, o el enfermizo estén en iguales condiciones reproductivas que el que se arriesga o el que evidentemente es más capaz. Y eso es exactamente lo que plantean las actuales tesis de estos buenistas perdidos en la realidad del mundo, la mayoría de ellos atrincherados detrás de muros académicos, sin ningún tipo de consecuencias por sus disparates y desaciertos, disparando humanismo con ametralladoras de gran calibre de palabrerío, pero ninguna evidencia factual. Es así, que poetas y filósofos travestidos en científicos sociales están desmontando la cultura Occidental.

El llamamiento al imperio de lo común, no es razón sino pasión, es emotividad, no efectividad. Meter a la fuerza toda la sociedad en la comuna, el comunitarismo, el colectivismo, el igualitarismo, el socialismo o el comunismo, se trata de darle voz privilegiada a la lentitud, la envidia y al odio del que se queda atrás. Y es *contranatura*. Eso no impide que, en determinadas actividades y circunstancias, se trabaje y viva en comuna.

Queda claro que los eco(sistemas), generalmente eliminan al "raro" pero a la vez son permisivos con algunos especialmente dotados para lo que viene. Los que mejor se adaptan a condiciones externas en un momento y lugar son la mayoría, pero siempre existe una minoría de reserva, preparada para el cambio. *La supervivencia no es un número sino una fórmula compleja.* La evolución biológica es un proceso muy lento, que puede ser llamado, especiación, adaptación. Desemboca en el caso de los seres humanos en la evolución cultural. Porque lo biológico está en la base de lo cultural.

La Biología, en cuanto a ciencia, es antidogmática, pero que el cambio ocurre gracias a las mutaciones y a darle valor a lo raro, es un principio genético muy estudiado y casi un dogma.

Mandarines vs Sires

El *fenómeno humano* (expresión y concepto de Teilhard de Chardin) va dejado finalmente atrás el igualitarismo viral del Comunismo Primitivo (microbiano, aleatorio y cruel) y emerge de sus miserias en un *proceso civilizatorio* (expresión y concepto de Darcy Ribeiro), principalmente mediante la *industrialización* (muy mal llamada Revolución Industrial. Es un proceso científico-tecnológico por etapas, modular, no es "revolucionario" e incinerador. Y aunque las propuestas intelectuales pueden en parte moldearlo, no es lo que dice uno u otro intelecto lo que se convierte en tejido social. Es tejido, nates de que los seres humanos adquiriéramos consciencia de nuestra existencia.

El fenómeno humano es en los hechos una lenta y cuantitativa acumulación de información cultural (evolución cultural). Pero cambios cuantitativos determinan cambios cualitativos. Se inicia como modorra geológica, luego pasa a ser sistematicidad biológica y finalmente también es vuelo cultural. Lo cultural es más acelerado, pero el problema es ¿Hasta cuándo? Apretando el acelerador, puede llegarse a la ingobernabilidad. Tal como está sucediendo.

La aceleración fue muy significativa y visible en el SXVIII, en la Inglaterra de los **Sires.** Ello no fue otra revolución desenrraizadora, sino efectivo salto empoderador. El salto no ha terminado, es parte ya del proceso civilizatorio mundial. Empoderamiento que no surgió de uno u otro sociólogo o poeta, sino de la Ciencia y Tecnología.

Era y es costumbre en Inglaterra o Reino Unido, nombrar **Sir** a un eminente y resaltarlo socialmente. No es casual que muchos de estos Sires fueran inventores y científicos, que con apoyo del Rey se nuclearon hacia 1660 en la primera academia de ciencias. Eso es parte de lo que ahora llamamos meritocracia, una serie de métodos para escoger al más capaz y tratar de que ocupe prominentes posiciones sociales.

La cultura acumulada en un país tiene una parte visible, lo que se ostenta (joyas, palacios, ciudades, carreteras, herramientas, carnavales, libros significativos) pero la riqueza de un país reside mucho más en la calidad de sus elites intelectuales vivas, instituciones culturales y científicas, universidades, centros de investigación, bibliotecas, *think tanks.* Esa riqueza se puede medir por el reconocimiento social que ameritan y reciben sus eminentes y lo que devuelven.

Es muy importante que las elites sean abiertas, evolutivas y seleccionadas por méritos reales, no resultados guerreros, trampas, pamplinas, azares o puras vanidades. Por cumplir con estas premisas, más aportó al Capitalismo inglés la *Royal Society of London* o la *Lunar Society of Birmingham,* que la City, el Army o la Royal Navy. La fortaleza del capitalismo inglés es material y comercial, pero más aún tiene nombres propios: James Watt, Francis Bacon, Isaac Newton, Charles Darwin, Maxwell, Charles Lyell,

Richard Owen, Henry Cavendish, Joseph Priestley, Alexander Fleming, Lord Kelvin, Edmund Halley y otros muchos

Pero todo es parte de un proceso. A partir del S XVI-XVIII se sucedieron en Inglaterra una serie de hechos, que hicieron el *ecosistema* social mucho más *"cultu-diverso"* y sabio. Veamos: Enrique VIII desvincula al reino de la corrupta Roma papal y da a sus súbditos una religión (anglicana), que no propendía el pobrismo. Luego en la Revolución Gloriosa, Cromwell convierte al reino en una monarquía parlamentaria. Paralelamente está ocurriendo una enorme migración del campo a la ciudad (al burgo. Todos los siervos-aldeanos pretendía ser *burgueses,* para sorpresa de Marx). En el tumulto ocurren muchas injusticias y en las ciudades se amontonaban en míseras viviendas insalubres, pero personalmente preferían romper las ineficientes relaciones ancestrales de servidumbre (señor feudal-siervo). Recordemos que un señor feudal es necesariamente un señor de la guerra, un bruto con buenos bíceps.

Aunque el Reino Unido no dejó en el S XVII y XVIII de tener rey, nobleza y una estructura social guerrera y piramidal, pasó a funcionar con un autoritarismo atenuado y cuasi-meritocrático, que políticamente se dirimía en un parlamento, con relativa descentralización, donde diversas cabezas buscaban soluciones a los asuntos, no solo un rey absolutista y sus ministros (es decir, la elite cerrada y centralista da paso a elites abiertas y más o menos meritocráticas).

Repetimos. Lo esencial en el complejo proceso de evolución cultural inglés, no surgió desde el mito del oro o la creación mágica de máquinas y técnicas, sino se basa en la complejización y agilización de su (eco)sistema social. Entraron a equilibrar su ecuación social nuevos jugadores. El principal de todos, ese que ahora oscura y peyorativamente llamamos *capitalista,* que en realidad eran y son varios arquetipos: financiero, inventor, científico, armador (mercantil), intelectual libresco, intelectual de la calle, pícaro, explorador, viajero, turista, profesoral (la actual Academia) y cientos más. Y el más significativo, uno que es difícilmente traducible al español: el *entrepreneur*. Emprendedor se queda corto. Y todos eran *"burgueses"*.

Poco se destaca la importancia de estos nuevos jugadores en la sociedad inglesa, mucho más compleja que todas las previas. En especial su vigor reside, no en un viejo avaro y gordo contando monedas en el sótano de un banco, sino en el inventor-científico-emprendedor, que antes existía de manera muy primitiva, separada y fugaz como artista (recordar que Da Vinci era un artista, aunque actuaba como inventor-arquitecto-ingeniero).

Ese inventor-científico-emprendedor en Inglaterra, a veces coincide también con el capitalista y es entonces que se convierte en catalizador a la evolución cultural en forma de *industrialización*. Su ejemplo cimero: James Watt.

En aquel archipiélago anglosajón aislado del continente, el militarote señor feudal dejó de ser la figura única que decidía todo rumbo. Ya no fue más el único que podía imponer sus criterios en sociedad, tal como había ocurrido previamente en el mundo (véase Escohotado: "Los enemigos del comercio").

En Inglaterra sucedió un auténtico florecimiento cultural, diversificación social y el parto de la Ciencia moderna. Su emergencia provino de millones de mentes educadas, excepcionales y creativas. En realidad, la Revolución Industrial ocurrió en la mente de algunos ingleses, más que en los bancos y fábricas de algunos ingleses. Ello se nota en su cantidad de luminarias de la ciencia, medicina, etc. Muchos más que las arriba mencionadas.

La concreta acumulación originaria ocurrió en las sesiones de la Royal Society of London (1660), la primera academia de ciencias del mundo. Pero también en el *British Museum* (1753), que fue uno de los primeros museos públicos. Riqueza era la precisión de mapas y exactitud de cronómetros del Almirantazgo. Riqueza era Oxford y Cambridge, que mantenían desde temprano una posición de liderazgo universitario mundial.

Sobre la base de todo ese capital cultural antes mencionado, aunado al parlamentarismo y un contexto legal y contable auspiciador, los ingleses victorianos pudieron y supieron (por primera vez en la historia) acumular activamente una masa crítica de conocimientos, que les permitió dominar al entorno y al mundo. Herencia, que traspasaron a sus posesiones y fructificaron en los actuales ESTADOS UNIDOS Canadá, Australia, Nueva Zelandia. Pero fueron especialmente las XIII Colonias las que tomaron la antorcha industrializadora.

Liberalismo

Históricamente las sociedades se habían supeditado a glorificar la heroicidad y la violencia, resaltando sus militarotes. Desde tiempos primitivos, la preeminencia la tenían hombres musculosos y aguerridos. La rapiña guerrera era la principal industria de un país (Caso de Roma, de los Otomanos, de Rusia). El resto de los miembros de la sociedad se debían supeditar a esos machos alfa (esclavistas, señores feudales u hombres a caballo) al frente de la horda, de comportamiento controlador y territorialista. Dentro de su feudo, dueños absolutos. Si un siervo (un individuo humano, pero casi un cerdo entonces) creaba algo, era de propiedad de su amo. El comunitarismo feudalista, en nada ayudaba a la creatividad. La feudal era una sociedad de clases y el individuo se concebía como una hojita, que arrastraba el viento, su destino.

La Industrialización no solo implicó crear ingenios y fábricas, dio libre albedrio a los *burgueses* (o ciudadanos). Aquello fue una gigantesca ***Evolución*** en las mentes humanas y de la estructura social, que dejó de ser rígidamente militar-autoritaria y comenzó a ser medianamente liberal-evolutiva Del erial cultural medieval emergieron miles de talentos y genios.

Esos que hoy se enervan con solo oír la palabra liberalismo, debieran saber que lo previo fue un control absoluto de todos los senderos de los hombres. Los que hoy adjudican un tono peyorativo a la palabra neoliberalismo, lo que proponen es un retorno hacia el absolutismo de Felipes y Luises.

España imperial

¿Por qué no fue la España Imperial la que logró la acumulación originaria de capital, aun cuando extraía grandes cantidades de plata y oro de sus extensos territorios en el Nuevo Mundo? El tesoro español recibía algo así como el 80% de la plata que se producía en el mundo entonces. Pero por ello mismo, el reino no se vio obligado a una evolución cultural industrializante, como sucedió con la Inglaterra isabelina, el margen, el David del siglo XVI europeo. La España imperial gastó gran parte de ese flujo metálico en cosas no productivas, aunque a veces muy necesarias (guerras, fortificaciones, palacios, barcos) decididas por el único que pensaba, su Rey, que tanto con los Austria como con los Borbones era un monarca absoluto, es decir, que tomaba decisiones inapelables. Pero no se puede olvidar el enorme papel que jugo España en contener las tropas sarracenas, en especial las de Solimán el Magnifico, que llego a conquistar varios reinos cristianos del Este y llego a poner en jaque la zona austro-húngara y hasta sitiar .

España se convirtió en un pais militarista, un reino de soldados y curas. Su estructura social era de ordeno y mando, de arriba abajo. Mantuvo esa estructura autoritaria, casi plenamente feudalista, en medio de las costosas guerras religiosas de Carlos V y Felipe II, en que incluso perecía lo mejor de su juventud, por lo que su población apenas podía ocupar los vastos territorios del imperio. Un pequeño pais insular, el Reino Unido, marginal, tomo ventaja de esta situación, desarrollo una vía industrialista y lo sustituyo como hegemonía.

China

China había quedado autoexcluida de la emergencia civilizatorian por su propio autoritarismo, desde hace miles de años. Sus emperadores, hijos del Sol, gobernaron sin vasalla réplica, y alguna vez decidieron cerrarse al comercio y permanecer como autárquica sociedad de miles de aldehuelas aisladas subsidiarias de castillos-ciudades. Solo los militares se desplazaban por todo el país y tenían una visión dc conjunto. Pero su visión era la de estrategas militares, no de edificadores del edificio cultural. Ello quedó grabado indeleblemente en su cultura, idiosincrasia y estructuras sociales y aún en la actualidad tienden a ser grupales, con muy poca preeminencia del individuo, cuasifeudales. Y su ejército continúa siendo la columna vertebral social.

Como la herencia de estas estructuras arcaicas y no evolutivas, hacia los años 1980 aún China padecía de hambrunas y su paquete industrial era pequeño y poco tecnologizado. Su Ciencia y Tecnología eran, por decir algo, descriptivas, parvularios y artesanales. Adoraban a un dios viviente, Mao Tse Tung, quién actuaba autoritariamente como un emperador, con un sistema de ordeno y mando militarista, todo apuntalado en una confusa filosofía Confuciano-marxista-maoísta.

En los años 1970's ocurrió un acercamiento a EE. UU. por una política diseñada por Henry Kissinger. Al parecer el objetivo inicial era desvincular el maoísmo de los Soviets (aun stalinistas). Luego se pretendió que las inversiones en aquel país lo harían democratizarse, o sea, incorporarse a las concepciones modernas de sociedad, evolución cultural y gobernabilidad internacional. Luego de la muerte de Mao en 1976 Deng Xiao Ping redirecciona la economía, que aun presentaba estructura sociopolítica y condiciones históricas anómalas, pero era un mercado enorme y millones de personas educadas, capaces, pero subpagadas, que por su aprecio de la educación estaban bien habilitados para absorber el *know how* occidental. Nada asombra que el muy acelerado proceso de industrialización china, , sea tan inestable, atípico y al final un engendro, un Frankenstein social-industrial corrupto, contaminante y productor de grandes cantidades de basura plástica. En realidad, este proceso de industrialización ha consistido en importar, copiar y robar el *know how* (patentes, planos, métodos) de occidente, pero sin cambio social paralelo como ocurrió en Europa y luego en EEUU. Nada de liberalismo, nada de racionalismo, nada de positivismo, o las duras pruebas al inventor creativo enfrentado a la incomprensión social, pero imponiéndose contra viento y marea, nada de democracia, nada de parlamentarismo.

China no cambió nunca el modo de concebir el poder en sus cúpulas gobernantes, que son militaristas y se proclaman aún autoritarios iluminados en nombre de Mao, de Marx y hoy de Xi. En China, toda actividad tiene que estar fiscalizada por el Partido Comunista (PCCh) y hasta los empresarios y virus son nombrados y/o controlados desde ese PCCh

Nos enfrentamos a la inusual situación de que la Revolución Industrial y el liberalismo en Occidente fue un proceso en contra del autoritarismo previo (de reyes absolutistas: Enrique VIII......Luis XVI), pero en China la "Revolución industrial" se ha hecho para sostener e incrementar el milenario autoritarismo absolutista de sus mandarines, sean amarillos o rojos. La creatividad del emprendedor (el *entrepreneur*, la joya de la corona del Capitalismo) se ha recreado allá, trasplantando a sus universidades tecnológicas la cultura y el acervo tecnológico occidental.

Los chinos, actualmente roban todo tipo de patentes y están efectuando un sistemático espionaje industrial, el más blando de los cuales es enviar millones de alumnos a formarse en universidades de occidente para habilitarlos como choferes de su salto tecnológico. Pero cumplen sus contratos en apariencia, con muy deficiente control de calidad. Su éxito se basa en masividad y pagarle una misera a operarios sin derechos laborales, evitan las protestas de su mano de obra explotada y cautiva, para reproducir con baja calidad y precio todo tipo de "productos".

El mega-Estado hace las veces de gran carcelero, es un Gran Hermano que ya vigila hasta un hipertecnológico nivel real-orwelliano, contamina y destruye su propio medio ambiente y el del planeta, coopera en llenar al mundo y en especial los mares de pedazos de plástico de sus productos baratos que se descomponen fácilmente. Compite agresiva y deslealmente con empresas capitalistas de Occidente, que no son santas pero que han tenido que emerger lentamente, con duro trabajo, controlados por leyes que evitan grandes desastres ecológicos y creando su *know how* desde el turbio medioevo (*dark era*) hasta en búsqueda actual de la sociedad del conocimiento y del bienestar.

La enorme creación de riquezas que ocurrió en Europa luego del siglo XVIII (el de las Luces), **NO** se basa solo en la acumulación de lingotes de oro en la City londinense (como apunta el concepto de la acumulación originaria que inventara Marx), sino que radica fundamentalmente en la enorme acumulación de conocimientos y ciencia. La industrialización, más que crear chimeneas para el escape de gases, creó un sistema de captación convergente de la inventiva, y así los conocimientos-fluidos desembocaron en el Océano de la Ciencia. Y todo ello se basó en dar libertad a las mentes más avispadas, resaltándolas para evitar la mayoría los aplaste por envidia.

La emergencia de Europa fue un producto de dejar atrás formas sociales serviles, feudales, que eran muy improductivas y que subyugaban la creatividad (artística y científica) al capricho y la ruda miopía de hombres de armas, los señores feudales. Cuando miles de personas se mudaron a los burgos (o sea, se hicieron burgueses), quedaron atrás los señores feudales, hombres de a caballo y sus mosqueteros, samuráis y guardias de corps. Si queremos ubicar este proceso en un hecho, sería muy bien representado en la figura de Cromwell destronando a Carlos I, un Rey absolutista. Emergió entonces el parlamentarismo, el liberalismo, la ciencia y la tecnología.

La última de las epidemias originadas en China (Covid-19), ha detenido al mundo. Es momento de bajarnos del tiovivo en que felizmente íbamos y sacar cuentas.

¿Es lógico ahora tener un competidor desleal, pero que a bajo costo ha importado toda una tradición occidental y ahora proclama que su ideología y sociedad es superior? ¿Tendrá China condiciones sociales para aceptar gobernar con autoritarismo atenuado, parlamentarismo y respeto de los derechos humanos, como alguna vez aceptó Europa? ¿o está imbuida la cultura china de un milenario autoritarismo?

Históricamente China estuvo muy lejos de la evolución social de Occidente, encerrada en sí misma, poco transparente, confuciana, lenta, colectivista, autoritaria. China es un confucianismo sostenido. Son intocables las jerarquías (privadas, públicas, familia y Estado), tiende al colectivismo y autoritarismo, mistifica el amor filial (*xiao*) y el respeto a los superiores (*di*). Allí nunca ha florecido el liberalismo.

Hoy han importado todo el *know how* occidental, pero no han agradecido a Occidente. Por el contrario, se reafirman en su tradición: sin implementar el más mínimo cambio liberalizador o democrático, ha establecido un control electrónico total sobre su población. Compite deshonestamente, trampea patentes, exporta productos de baja calidad. La neolengua del Gran Hermano toma como base el dialecto mandarín. Es ya un orwelliano 1983.

Mas su sistema de educación ha evolucionado, incluso avanza más rápido que el de occidente. No se enfoca en las humanidades, como insiste Occidente, que permite que muchas de sus mejores mentes sean abogados. Apunta preferencialmente a formar millones de ingenieros y científicos. Aunque en China ha resurgido un "proletariado", otra vez hacinado en tugurios, han elevado considerablemente el nivel de vida de todas las capas sociales, con respecto a las periódicas hambrunas que presentaban hasta los 1980s.

La sociedad china, con su medieval colectivismo promediador, hubiera sido totalmente incapaz de crear de modo propio todos esos detalles en ciencia y tecnología moderna, que Inglaterra y Occidente fueron creando durante más de 500 años. En los hechos, China ha importado desde Occidente métodos ya maduros de la Ciencia y miles de sus patentes. De otra manera jamás hubiera podido acumular *know how* y emerger desde su estructura permanentemente dominada por mandarines, por siempre torpes señores de la guerra.

¿Cómo China ha dado un salto enorme en apenas medio siglo? Lo ha hecho enviando millones de estudiantes a educarse en las Universidades de Occidente, mediante espionaje, robando o copiado patentes y con la complicidad de muchos inversionistas occidentales, que con mentalidad cortoplacista prefieren pagar sueldos mínimos y contaminar libertinamente, aunque luego pierdan sus secretos industriales y despierten al dragón dormido.

Sus estructuras sociales, no se han movido hacia una sociedad democrática. La meritocracia funciona en sectores científico-técnicos, donde hay que emplear fórmulas, planos y complicadas abstracciones matemáticas. Ello sustenta su emergencia industrialista, aun siendo en lo político un extraño refrito de Confucio, Mao y el estalinismo de la Rusia bolchevique de principios del Siglo XX.

Pero el acelerón se refleja en inestabilidad de la nave. Y su opaco sistema político desemboca en situaciones ambientales y laborales críticas, que en otros países serían atajadas por una prensa libre. Ese secretismo envuelve también a las sucesivas epidemias, que son golpes de respuesta ecológico (*ecological backlash*) virales. Se hace cada vez más evidente que China ha manipulado informaciones.

Occidente vs Oriente

La igualdad es una idea que se enarbola por ciertos círculos intelectuales y académicos como la solución a los males del mundo, y muy especialmente del "Capitalismo". Miles de intelectuales librescos, profesores que tienen un alto sueldo no por sus aportes concretos a la cultura sino por arreglos entre Rectores, Decanos y comisiones sin fin dentro de los muros universitarios, se dedican actualmente a odiar a los capitalistas, a las corporaciones y a ¡los burgueses! La "academia" vive en el país de las maravillas.

Desconoce u oculta intencionadamente (no sé qué sería peor. Por lo primero serían unos brutos; por lo segundo, unos maquiavélicos). , que los grupos humanos en su emergencia desde la barbarie, fuimos haciéndonos paulatinamente humanos y También liberándonos del flagelo de nuestras miserias (y la de los microorganismos), gracias a evolución cultural y moral que impulsaba el individuo, su higiene, la familia nuclear, el sexo regulado como parte del potencial biológico de los grupos humanos y sus culturas. Con el *"creced y multiplicaos"* las sociedades occidentales se encaminaron a hacerse más complejas, más diversas, más desiguales, por tanto, más (eco)sistémicas y productivas. Pero no, muchos de estos intelectuales se dedican a crear nuevos e indemostrados mitos, dentro de estos meten al amor en un gran saco, indiferenciado y fácil de encontrar en internet, mediante unas preguticas de compatibilidad. Y luego dicen que...¡El amor es un derecho humano!

Marx, un hombre aislado en una biblioteca

Un hombre se puede equivocar muchas veces, pero no se convierte en un fracasado hasta que no comienza a culpar a los demás de sus propios errores.
John Burroughs

Tú, Marx, te equivocas cuando explicas que el meollo de la sociedad es solo un asunto de economía, monedas y barras de oro o plata y de acumulación originaria de capital. Luego de ti, se ha pretendido medir el desarrollo social en términos absolutos de economía y finanzas, en número de televisores o autos per cápita, en reservas de divisas, pero en los hechos crecer no es hincharse, *¡crecer es evolucionar!*

Marx generó el concepto de "acumulación originaria" como central en el surgimiento del Capitalismo inglés, que él vio como resultado de expoliación de sus colonias. Y supuso que todas las sociedades sufren de cierto fatalismo económico, que los seres humanos aceptan pasivamente y como masa. Para Marx, solo hay masas e inercias. No existen seres humanos individuales y excepcionales ni cambios cualitativos con respecto al tiempo. A la masa le llamó proletario. A la historia, lo encajonó en un fatalismo economicista, que denominó materialismo histórico. De repetir y explicar esos dislates, viven hoy miles de profesores de filosofía, sociología, etc.

En las "Ciencias" Sociales y en la literatura socialistoide y buenista, intoxicada toda de marxismo, tiende a destacarse lo económico como la quintaesencia del Capitalismo. Se piensa especialmente en términos de cosas materiales, de fatalismos y de esquemas simplistas, el más común de los cuales es pretender que una sociedad, que es un cuerpo mutidimensional, tiene izquierda y derecha, como nuestro cuerpo que sí tiene simetría bilateral.

Las "ciencias" sociales se envenenaron (o fueron drogadas) con información sesgada. Además, tienden a describir la "Revolución Industrial" en la Inglaterra del siglo XVIII y los movimientos derivados, como proceso histórico lineal, únicamente de maquinación, al que luego sucede la automatización, hasta desembocar en la robotización actual. Pero la realidad no corre linealmente y en un solo sentido. Por el contrario: es la mente de algunos soñadores, idealistas, creativos adelantados y emprendedores, la que se proyecta en al menos 3 dimensiones, por delante de las mundanas inercias y de las miserias zoológicas y humanas.

Así superamos nuestra animalidad: con sinergia entre espíritus elevados, que es mucho más catalizadora y cultivadora de lo humano, que el mercachifleo que Marx consideró nuestro Norte absoluto.

El proceso civilizatorio NO es mero asunto economicista, de hierros o variable dependiente de la tecnología. Es el espíritu humano el que emerge y evoluciona, acercándose a cotas superiores.

Marxismo: catecismo para resentidos

Los hombres libres tienen ideas; los sumisos ideologías.

El Capitalismo emergió luego que Iluminismo, Racionalismo y Liberalismo aflojaran las tuercas a las previas relaciones sociales medievales, militaristas, improductivas, rígidas, clasistas, artesanales, de subsistencia. Antes, el ser humano había sido miserable animalillo que venía a este mundo a arrostrar lo que le trajera el destino. Un individuo rara vez sobrepasaba los 25 años en las etapas neolíticas y paleolíticas, los 40s años de edad en el medioevo. Todo era tan injusto e inexplicable, que tenía que existir un ser superior que lo explicara.

La emergencia desde los abismos sociales del feudalismo, sucedió por vez primera en la segunda mitad del siglo XVIII en el Norte de Europa, con su epicentro en Inglaterra, que luego se irradió a Francia, Prusia, Holanda...y más tarde a USA, Canadá, Australia, etc. Exactamente en el período cuándo la producción y productividad se están incrementando y cuando por vez primera en la historia humana una parte significativa de la sociedad tiene un aceptable *standard* de vida, es cuando un señor sentado meditando en una biblioteca londinense, un tal Karl Marx, pretende que los defectos del desorden inicial de la industrialización que le rodean, son la característica del futuro. Al presente le llamó Capitalismo porque se trata de acumulación de capital, pero bien pudiera haber sido en referencia a que la sociedad se hace menos amorfa, se estructura con una parte que hace el oficio de cabeza y piensa (el significado en latín de *capita*), mientras antes las sociedades eran manadas que se debían a simple instinto gregario y territorialista. Una cosa que Marx nunca supo, es que *la*

Naturaleza ES Capitalista, acumula Capital, en forma de información (genética, cerebral, cuántica, ...)

Muy poco racional y dialéctico fue Marx, aunque pretendía lo contrario. Sintetiza su resentimiento personal en una ideología que propone la sociedad sea rehecha desde una "clase", que elimina y absorbe a otra. Y la sociedad es simple, tiene 3 clases. Esto no es más que sobre-simplificación y propuesta de genocidio ¿A quién se le puede ocurrir llamar a eliminar masivamente seres humanos, en nombre de una pretendida justicia social? A un genocida, por ejemplo, a Marx o a sus alumnos Lenin, Mao, Pol Pot...y a los académicos marxistas actuales.

Nada asombra que, aduciendo ideas de un resentido, algunos locos hayan instaurado paredones o gulags (campos de concentración) o expulsiones masivas, como herramientas para tornear la sociedad. Y que todas las veces que estos experimentos marxistas aterrizan en algún país, lo descabezan, desestructuran y ralentizan. Porque la igualdad, en todos los casos implica que guardias rojos enrojezcan las calles. Igualdad de todos aterrorizados, incluso los guardias rojos. Solo el genocidio genera igualdad. Las sociedades, de manera natural, tienden a diversificarse, no a hacerse un coloide de almas.

El Capitalismo, la "Revolución" Industrial, o más exactamente el industrialismo, fueron los tractores que nos sacaron de la histórica miseria material, no tanto de la espiritual. Si bien es cierto que implican algunas injusticias, nunca antes del "Capitalismo", en la historia humana había habido tantas personas accediendo a una vida digna, con un alto nivel de vida, con una alimentación diversa y atención médica adecuada.

Gracias al Capitalismo, la mayoría de los actuales ciudadanos de países industrializados, tienen acceso rutinario a diversas comodidades que en el siglo XVII hubieran parecido lujo extraordinario a Luis XIV y sus cortesanos. Por ejemplo, este se movía con una carroza de 6 caballos. La mayoría de los occidentales tienen un automóvil de cientos de caballos de fuerza. Estamos vacunados contra múltiples enfermedades. Vamos a un baño donde agua corriente permite el aseo. Lujos que no tenían ni los inquilinos de Versalles.

Marx, un intelectual de biblioteca, se inventa toda una serie de conceptos y juega con estos en sus hipótesis (clases, lucha de clases, proletarios, plusvalía, formación económico social, etc.). Sentado en una biblioteca pública londinense, es todo un *think tank*, aunque únicamente cuenta con algunos libros, su cerebro e imaginación. En base a sus intuiciones propone una fórmula para la evolución de las sociedades: Las fuerzas productivas (FP) chocan con las relaciones de producción (RP), y se pasa de una a otra Formación Económica Social (FES). Sin conocer ni una pizca de Cálculo diferencial ni de estadística, Marx se declara ingeniero social e impone su formulita FP X RP = FES. ¡Que cerebro el de este ratón de biblioteca!

Era evidente que en la Francia de los Luises había 3 estamentos o clases: aristócratas, sacerdotes y plebeyos, representados en los Estados Generales (su parlamento). Pero pretender que esas son "clases" eternas y que todo lo social es, fue y será **lucha de clases**, es estupidez rayana en el retraso mental. Por ejemplo, hoy en EUU es muy difícil determinar la clase de una persona. En los hechos, no existen.

Cuando vemos hoy a decenas o cientos de profesores universitarios pretendiendo validez actual a Marx y repitiendo sus incongruencias como mantras que deben repetir sus alumnos, solo podemos pensar que la estupidez es más dañina que la pura maldad. ¿Cómo es posible que, en numerosas universidades de Europa, EE. UU. e Hispanoamérica, sociología o filosofía quieran decir marxismo, *únicamente* marxismo? ¿Se trata de universidades o de madrazas? ¿las evidencias empíricas no les importan a estos "académicos"? ¿No se enteraron de que el marxismo en el poder ha degradado TODAS las sociedades que lo han padecido y recientemente ha hecho implosionar un imperio? ¿Cuán doctos son estos vanidosos doctores en nimiedades? ¿No ha pasado el tiempo, ni existe evidencia empírica irrefutable para estas personas que se dicen profesores y doctores?

Aplican una ingeniería social verborreica. Y pretenden que el futuro es una determinación del pasado y un fatalismo económico. Y nos reducen a los seres humanos a ser ratoncitos buscando su queso. Nos hablan hoy de "lucha de clases", exactamente cuando las clases están siendo diluidas y algunos casos, ya no existen del todo, como tiende a suceder actualmente en los países industrializados.

Los "marxistas" y "buenistas", resentidos todos (Lenin, Mao, Castro, Chávez...) cuando han llegado al poder con estas ideas en mente desvencijaron el tejido social, demeritando y eliminando a sus contrincantes intelectuales y políticos (primero el fusilamiento moral con adjetivos diversos: aristócratas, enemigos del pueblo, gusanos, escuálidos). Y llegan al nivel de genocidios (Stalin, Mao, Pol Pot) o *culturicidio* y expatriación masiva (Castros, Chávez, Maduro). El marxismo resulta ingeniería social frankesteiniana. Solo odio intelectualizado.

Uno puede pensar, que en la IIGM y poco después (los 50's), los amplios partidos comunistas o socialistas en Francia, Italia, Portugal, etc. pudieran estar mal informados de los que estaba entonces pasando en los *gulags* rusos. El propio Kruschev en 1953 denunció a un demente genocida de la estatura de Stalin. Y la literatura ha generado obras como "1984" (George Orwell) o "Archipiélago Gulag" (Soltshenitzin). Pero es inadmisible que hoy cientos de "académicos", "filósofos", "sociólogos", pretendan vigencia al marxismo y la inoculen mortalmente en la mente de sus alumnos. ¿Son Uds. educadores o siguen una agenda? Llenan las cabezas de sus estudiantes y audiencias de conceptos marxistas o se declaran abiertamente marxistas. Veamos la biografía de algunos de los "grandes pensadores" de referencia en las cátedras de humanidades marxistoides.

Michael Focault. Drogadicto, practicante activo del sadomasoquismo homosexual, con varios intentos de suicidio. Militante del Partido Comunista. Murió de sida en 1984.

Louis Althusser, filósofo comunista francés, estranguló a su esposa, y terminó en un hospital psiquiátrico.

Georges Bataille, Antropólogo francés. Primero intentó ser sacerdote, luego asistía religiosamente a los burdeles de París. Proponente del satanismo.

Wilhelm Reich Médico marxista, impulsor de la revolución sexual, un masturbador compulsivo, practicó la zoofilia y un fuerte odio a su padre. Su madre se suicidó por ser acusada de mantener relaciones sexuales con un niño de 13 años. Murió en la cárcel en 1957. Padecía de esquizofrenia progresiva.

Se trata de una serie de odiadores con un padre abusador, resentidos con traumas infantiles, personas con sexualidad exacerbada y degenerada. Es como si los manicomios fueran plácidos cafés para la disquisición intelectual. Allí se discuten ideas que van degradando la cultura occidental, incluso la están llevando a un callejón sin salida demográfico.

Hoy en internet hay cientos de documentales y libros aclarando los hechos, las muertes, la miseria, las persecuciones. ¿No se han enterado profesorcitos?

Usando los muros de la academia como barricada, títulos rimbombantes para obnubilar la audiencia o enceguecer a un alternativo y facilidades de los medios de comunicación masiva como ametralladora, vemos desfilar personas cultas, pero intelectualmente de vuelo bajo o que no quieren tomar grandes riesgos, publicando trabajos (*papers*) y libros que son pura paja, con innumerables citas, poco de original, pero con una elaborada verborrea con que pretenden tener puntos de contacto con otros autores verborreicos. Normalmente hacen referencia al gran precursor, o a sus apóstoles y luego un planteamiento que es un galimatías. Para esto viajan, les publican libros que solo les leen 5 colegas y tienen recursos y métodos de silenciar los no iniciados. En Humanidades, Filosofía y Sociología un autor puede citar a otro, y olvidar totalmente un tercero que no le gusta. Un autor puede interpretar una situación de manera completamente opuesta a otro. Un autor puede subjetivamente considerar irrelevante unos datos y significativos otros. Es decir, se trata de criterios que no corresponden con métodos científicos. Pero los sociólogos y filósofos insisten en que ellos hacen ciencia.

Solo se puede explicar la insistencia en la estupidez de estos señores, por una mezcla de incompetencia, arrogancia y vanidad. Dicen tener una "plataforma científica" para declararse "a favor de las mayorías", pero ocupan cómodos puestos, de donde no pueden ser expulsados, con altos sueldos fijos y una serie de prebendas. Los grandes intelectuales de la humanidad, sacaban vivencias de la vida, no de aire acondicionado, libros y *papers*.

Es posible, además, que la pretendida vigencia de Marx, sea parte de un plan de subversión desde algún interesado, como en algún momento fue la Internacional Comunista y puede ser impulsado desde los enemigos de Occidente, tal vez la inteligencia rusa, china o iraní.

Marx se equivocó en casi todo. Sus premisas, métodos y conclusiones son muy cuestionables a los ojos simplemente del sentido común y más de la ciencia moderna. El barbudo pensador pretendió poder conocer un bosque, estudiando algunos árboles y caracterizar la historia humana con su experiencia personal en una época atípica. Observó el capitalismo inicial de Inglaterra, pero de ello no puede inferir que toda la historia del "capitalismo". En Ciencia, el uso de estadísticas y el tamaño de la muestra es básico para llegar a una conclusión. Lo que afirmó Marx no es Ciencia. Es mera especulación teórica individual, desde una biblioteca del S XIX. Su resonancia actual, solo puede ser explicada por el interés de algunas entidades oscuras, en tener una referencia intelectual, un santón. ¿Que se proponen?

Que hoy existan tantos académicos (sociólogos, economistas, filósofos...), repitiendo sus barrabasadas, no puede ser achacado un simple error de cálculo. En esta incompetencia sorprendente de personajes "marxistas" ametrallando a sus alumnos en pleno siglo XXI con ideas malamente sostenibles en el S XIX, podemos vislumbrar un gremio de cuentistas que se pretenden científicos. NO lo son.

El marxismo clásico conduce al precipicio social, pero también algunos planteamientos ahora relacionados con la degradación de la cultura occidental: transhumanismo, ideología de género, hipismo, zoofilia, pansexualismo, exaltación de la pedofilia. Sorprende la relación que puede tener estas ideas con la drogadicción , y los tantos disidentes, asesinados o suicidados (Trotski, J. A. Mella, R. Luxemburgo).

Pero hagamos un esfuerzo. Olvidemos el dolor de 100 000 000 de personas que han fallecido en *gulags*, hambreados en los campos o con tiros en la cabeza de guardias rojos y checkistas. Volvamos a salones donde se puede tener una conversación de café con un intelectual que hoy se declara revolucionario marxista. ¿Cuál es la causa de su inconformidad? cualquiera de los participantes tiene un nivel de vida muy superior al de los aristócratas de los luises. Y ello se debe a métodos de producción capitalistas ¿Qué es lo que desean los inconformes, igualdad en que el creativo y *entrepreneur* esté al mismo nivel que el lerdo e incompetente?

Otro aspecto son las mafias "marxistas" en el poder. El poder omnímodo y heredable de un emperador en Corea del Norte. Mantienen al país al borde del hambre, pero desarrolla armas nucleares y cohetería. Al Assad en la socialista Siria, lleva adelante una guerra devastadora. Y las nuevas e incompetentes aristocracias rojas: Isabel Dos Santos en Angola, Mariela y Argenis Chávez en Venezuela, los Castro en Cuba. La nobleza guerrillera en Cuba es la única autorizada a tener algunos emprendimientos.

En general hemos visto a estos intelectuales buenos y buenistas, cuando toman el poder. Asesinan o neutralizan toda disidencia. Y entran a saco en lo público. Están atrincherados en sus cátedras universitarias. Si no buscamos la manera de sacarlos de allí y evitar que continúen convirtiendo a la juventud en confundidos marxistas, van a echar abajo lo que lograron James Watt, Benjamín Franklin, Steve Jobs, Elon Musk....

El mundo actual, está en manos de la Ciencia. Los que no puedan comprender nada de ciencia, debieran estudiar o apartarse. Pero hay muchos señores vanidosos que roban cámara, con cara de ser grandes sabios, citando al santón de Tréveris. Políticos y académicos (a veces lo son al mismo tiempo o alternativamente), se declaran poseedores del abracadabra social que generó un individuo aislado en el SXIX. Es el caso de muchos: Pablo Iglesias, Inigo Errejón, Juan Carlos Monedero, Gustavo Bueno; Arturo López-Levi, Noam Chomsky; Enrique Dussel, Oscar de la Borbolla y Alfredo Jalife (México); Atilio Borón, José P. Feinmann y Darío Sztajnszrajber, Roxana Kreimer; Gabriel Salazar , etc., etc., etc.

¡Sorprendente! La intelectualidad y la humanidad enfrenta ahora a sofistas, de manera que recuerda a los que enfrentó Sócrates.

Marxismo 4.0

Una persona puede equivocarse muchas veces, pero no se convierte en un fracasado hasta que comienza a culpar a otros de sus propios errores.

John Burroughs

La "Revolución" Industrial ocurrió inicialmente en la segunda mitad del siglo XVIII en el Norte de Europa, con su epicentro en Inglaterra. Sucedió luego que Iluminismo, Racionalismo y Liberalismo aflojaran las previas relaciones sociales clasistas, improductivas, militaristas, rígidas.

Antes, el ser humano había sido un miserable animalillo que venía a este mundo a arrostrar lo que le trajera el destino. El industrialismo fue lo que nos sacó de la miseria material, pero no tanto de la espiritual.

Exactamente en el periodo cuándo se están desmontando las clases, es cuando un "eminente investigador social", Karl Marx, pretende que el futuro será igual al pasado. Él no lo vislumbra, él lo sabe. Y lo propone desde su asiento en una biblioteca londinense. Sin conocer ni una pizca de Cálculo diferencial, se declara ingeniero social.

Era evidente que en la Francia de los Luises había 3 estamentos o clases: aristocráticos, sacerdotales y plebeyos, representados en los Estados Generales (su parlamento). Pero pretender que esas son clases y que todo lo social es, fue y será lucha de clases, es de un grado de estupidez que raya en el retraso mental.

Pero de esas estupideces que son más dañinas que la pura maldad.

La maldad extra pura es evidente si luego sabemos que algunos "marxistas" llegaron al poder con esta idea en mente y la aplicaron en desmeritar a sus contrincantes intelectuales y políticos internos y externos (con adjetivos diversos: aristócratas, gusanos, escuálidos, enemigos del pueblo), y sin dudar asesinarlos cultural, moral y físicamente (genocidios a lo Stalin o a lo Pol Pot; culturicidio a lo F. Castro o Chávez). Declararon "enemigo del pueblo" a importantes sectores de su propio país y los decimaron. Eso es ingeniería social dirigida por el Dr. Frankenstein.

¿Cómo es posible que, en la actualidad, en numerosas universidades de Europa, EE.UU> e Hispanoamérica, sociología o filosofía quieran decir marxismo, únicamente marxismo? ¿Las evidencias empíricas, de cómo el marxismo en el poder ha degradado tantas sociedades y ha hecho implosionar un imperio no les importan a estos "académicos"? ¿No ha pasado el tiempo, ni existe evidencia empírica irrefutable para estas personas que se dicen profesores? ¿Cuán doctos son estos vanidosos doctores en nimiedades?

Uno puede pensar, luego de la II GM, los amplios partidos comunistas o socialistas en Francia, Italia, Portugal, etc.... pudieran estar mal informados de los que estaba pasando en los gulags rusos. Pero luego que el propio Kruschev denunciara y degradara póstumamente a un demente genocida de la estatura de Stalin, y que ahora en internet hay cientos de documentales y libros aclarando los hechos ¿es racional que tanto "filósofos" se declaren marxistas?

Sartre, Simone de Beauvoir, Marcuse, Derrida, por la época en que vivieron, los 50s e inmediatamente después, pueden haber quedado atrapados entre dos fuegos, y no tener información y tiempo para recapacitar. Pero, ¿cómo calificar los cientos de profesores e intelectuales que, en este momento en universidades o medios de difusión masiva de todo occidente, llenan las cabezas de sus estudiantes y audiencias de conceptos marxistas y aun se declaran abiertamente marxistas? ¿Qué podemos pensar de Pablo Iglesias, Juan Carlos Monedero, Enrique Dussel, Atilio Borón y Darío Sztajnszrajber?_

Pero hagamos un esfuerzo. Olvidemos el asesinato de 100 000 000 de personas que han fallecido en gulags, hambreados en los campos o con tiros en la cabeza de guardias rojos y checkistas. Volvamos a salones donde se puede tener una conversación de café con un intelectual que hoy se declara marxista.

Solo se puede explicar su insistencia en la estupidez, por una mezcla de incompetencia, arrogancia y vanidad. Necesitan una "plataforma científica" para declararse "a favor de las mayorías" y ocupar sus cómodos puestos de profesores y creer que en su verborrea y asertos reside la solución de los males del mundo. Es posible, además que esto sea parte de un plan de subversión desde algún interesado, como en algún momento lo fue la Internacional Comunista y hoy puede ser impulsado desde los enemigos de Occidente, tal vez la inteligencia rusa, china e iraní.

En ello, no podemos ahondar. Solo mencionar que son sospechosas algunas coincidencias en los extraños actos de protestas recientes en Francia, Chile, Colombia, EEUU. Pero, además, ¿cuál es la causa de la protesta? cualquiera de los participantes tiene un nivel de vida muy superior al de Luis XVI y toda su corte. Y ello se debe a métodos de producción capitalistas ¿Qué es lo que desean los protestantes, igualdad en que el creativo y *entrepreneur* esté al mismo nivel que el lerdo e incompetente?

Marx se equivocó en casi todo. Premisas, métodos y conclusiones son muy cuestionables a los ojos de la ciencia moderna o simplemente del sentido común. El barbudo pensador pretendió poder conocer un bosque, estudiando algunos árboles. Observó el capitalismo inicial de Inglaterra, pero de ello no puede inferir que toda la historia del "capitalismo", que no es uno solo y menos formulable en una ecuación

En Ciencia, el uso de estadísticas y el tamaño de la muestra es básico para llegar a una conclusión. Lo que afirmó Marx no es Ciencia. Solo su especulación teórica individual, desde una biblioteca del S XIX. Su resonancia actual, solo puede ser explicada por el interés de algunas entidades oscuras, en tener una referencia intelectual. Nombraron a Marx a su santón, para imponer sus conveniencias.

La ciencia es, en su más pura esencia, diversa y cuestionadora de las verdades establecidas. En ciencia, lo que encontró Newton es empleado por Einstein. Einstein supera a Newton, pero queda válido algo de su previo nivel de conocimiento. Actualmente, la física cuántica supera a Einstein, pero queda aún válido algo de su nivel de conocimiento previo. Edward O Wilson pueden discrepar de algún aspecto de Darwin, pero no lo ningunea o dice que fuera un incompetente. A Mendcléicv, nadie le cuestiona su Tabla Periódica, aunque la han rectificado e ido ampliando. La ciencia es un edificio modular, se le van adjuntando módulos, y va creciendo. Las fórmulas superiores incluyen las previas, las adaptan a ciertas condiciones. En el caso de los marxistas, pretenden imponer los planteamientos de Marx como inamovibles por más de 2 siglos. Y son simple palabrería.

Las sociedades humanas, son cada día más complejas e inimaginables desde los zapatos de Marx. Es una vergüenza que "académicos" y "filósofos" hoy intenten ocultar tantos errores conceptuales y las terribles consecuencias sociales que han tendido sus elucubraciones. Usando los muros de la academia como barricada, títulos rimbombantes para obnubilar la audiencia o enceguecer a un alternativo y facilidades de los medios de comunicación masiva como catapulta, vemos desfilar la arrogancia intelectual de personas cultas, pero intelectualmente de vuelo bajo, publicando trabajos (*papers*) y libros que son pura paja, tienen poco de original, con innumerables citas y una elaborada verborrea con que pretenden tener puntos de contacto con otros autores. Normalmente hacen referencia al gran precursor, o a sus apóstoles: que si Derrida, que si Marcuse, que Foucault y luego un planteamiento que es un galimatías. Para esto viajan, les publican libros que solo les leen colegas y tienen recursos y métodos de silenciar los no iniciados.

En Humanidades, Filosofía y Sociología un autor puede citar a otro, y olvidar totalmente un tercero que no le gusta. Un autor puede interpretar una situación de manera completamente opuesta a otro. Un autor puede subjetivamente considerar irrelevante unos datos y significativos otros. Es decir, se trata de criterios que no corresponden con métodos científicos. Pero los sociólogos y filósofos insisten en que ellos hacen ciencia.

Algunos pueden debatir y citar a Lao Tse y a Confucio, a Homero o Cicerón, Platón o Aristóteles, a Hegel o a Kant. De manera absurda, hoy debaten con similares pobres métodos que debatió en su momento Homero, Confucio o Lenin. Enaltecen a Marx porque necesitan uno más arrogante y con cara de Moisés, que pretendió que sus rejuegos de palabras (indemostrables) son fórmulas científicas.

En Humanidades, en arte, en filosofía, la propuesta no es rediseñada y reformulada. Se intenta adorar a un becerro de oro y luego se le destrona y adora a otro. Cuando al final resulta evidente que ninguno era oro, sino madera carcomida y pintura dorada, se insiste en buscar otro tótem. Y a bailar alrededor de la nueva deidad.

Hay sin embrago, una extraña excepción: El becerro de oro Marx se mantiene en el altar por casi 200 años. ¿De qué se trata, de un genuino santón, de un genio insuperable o de una figura creada desde algún interés oscuro?

Se pretende que sus series de asertos, indemostrables, permanecen incólumes en el tiempo. Lo que pasa es que Marx, y su El Capital, pretendiendo que apelan al raciocinio, lo hacen a 2 de los peores pecados capitales La Envidia y la Vanidad. La envidia, del mediocre, que le dicen que su mediocridad es culpa de los creativos, que son unos estafadores todos. Y la envidia de personas formadas en humanidades y hábiles en comunicación, pero que temen a las fórmulas como si fueran brujería, y con una muy débil comprensión del planeta y del mundo, pretenden poder darle soluciones verborreicas. Y se roban micrófonos y cámaras. para afirmar sus incoherencias y nimiedades. Incluso devienen políticos de largos discursos.

El mundo actual, está en manos de la Ciencia. Los que no puedan comprender nada de ciencia, debieran apartarse o ponerse a estudiar. Estos señores, lo que se proponen es robar cámara, y para ello con cara de ser grandes sabios, citan al santón de Tréveris. Políticos y académicos (a veces lo son al mismo tiempo o alternativamente), se declaran poseedores del abracadabra social.

Volvamos al origen. Cuando en un proceso de ruptura y complejización de la sociedad inglesa y del norte de Europa, está ocurriendo toda una metamorfosis (industrialización, desarrollo, capitalismo), un pretendido estudioso de lo social, un tal Carlos Marx, "descubre" las claves de las sociedades. Y crea unas formulitas sencillas. Emplea 2 herramientas muy simples: su cerebro, para soñar, y su barba, para parecerse a Moisés. Oye a un tal

Darwin hablando de lucha por la vida y lo extrapola a la sociedad. De esta manera, en el mismo momento que están desmontándose las clases, Marx pretende que en la sociedad hay una intensa "lucha de clases".

Que hoy existan tantos académicos, sociólogos, economistas y filósofos, repitiendo sus barrabasadas, no puede ser achacado un simple error de cálculo. Esta incongruencia sorprendente no puede ser explicada como la acción de unos cuentistas pagados. Tantos "marxistas" ametrallando a sus alumnos en pleno siglo XXI con ideas malamente sostenibles en el S XIX, puede ser parte de un plan oculto de servicios secretos o de instituciones como El Foro de Sao Pablo.

Muy poco dicen del resultado concreto de las mafias "marxistas" en el poder. Nada dicen de qué produjo el concepto marxista de lucha de clases: los millones de asesinados de Lenin, Stalin, Mao y Pol Pot. Nada dicen del al poder omnímodo y heredable de un emperador en Corea del Norte. Mantiene su país al borde del hambre, pero desarrolla armas nucleares y cohetería. Nada dicen del poder heredado de Al Assad en la socialista Siria, llevada a una guerra devastadora. Nada dicen de los hijos multimillonarios de la aristocracia roja: Isabel Dos Santos en Angola, Mariela Chávez en Venezuela, Antonio Castro en Cuba.

Hemos visto a algunos de estos intelectuales buenos y buenistas, repartidores de lo que no son capaces de crear, cuando toman el poder. Asesinan o neutralizan toda disidencia, pero se reservan altos salarios por su cotorreo o robando al tesoro público.

En fin, la intelectualidad enfrenta a los mismos sofistas que enfrentó Sócrates. Si no buscamos la manera de sacarlos de sus cátedras y evitar que conviertan a la juventud en confundidos marxistas, van a echar abajo lo que lograron James Watt, Benjamín Franklin.... Steve Jobs, Elon Musk... y...

Marxismo: ¿ciencia?

La ciencia es en su más pura esencia diversa y cuestionadora de las verdades establecidas. En ciencia, lo que encontró Newton es criticado y a la vez empleado por Einstein. Einstein supera a Newton, pero queda válido algo de su previo nivel de conocimiento. Actualmente, la física cuántica supera a Einstein, pero queda aún válido algo de su nivel de conocimiento previo. Mendeléiev y su Tabla Periódica de elementos químicos ha sido rectificada y ampliada Edward O. Wilson pueden discrepar de algún aspecto de Darwin, pero no lo ningunea o dice que fuera un incompetente o prepara una campaña de desprestigio. Esos métodos tan ineficientes y primitivos, son los que aun hoy día se emplean para solventarlos problemas sociales. Y seres humanos salen a protestar de manera pacífica, y otros seres humanos -en nombre del poder y del orden- los reprimen e incluso los asesinan, tal como se ha hecho desde que tenemos uso de conciencia como especie.

La ciencia tiene métodos para exponer y cribar la verdad. Es un edificio modular, o sea, se le van adjuntando partes o módulos y va creciendo orgánicamente. Las fórmulas superiores incluyen las previas, las readaptan a contextos y condiciones nuevas. Ese no es el caso de las "ciencias sociales" o la Filosofía, que generalmente resulta una reexposición de ciertos filósofos clásicos, que entre ellos tienen muy poco en común y nada de sistema holístico, aunque algunos se pretenden la cumbre del pensar.

Las sociedades humanas, son cada día más complejas e inimaginables desde los zapatos de Marx. Es una vergüenza que "académicos" y "filósofos" hoy intenten ocultar tantos errores conceptuales y las terribles consecuencias sociales que han tendido las elucubraciones de este individuo. En el caso de los marxistas, pretenden imponer los planteamientos de Marx y los consideran como inamovibles por más de 2 siglos. Enaltecen a Marx porque necesitan uno más arrogante y con cara de Moisés, que pretendió que sus rejuegos de palabras (indemostrables) son fórmulas científicas.

La filosofía y la escritura de ficción es muy etérea, gaseosa. Algunos pueden debatir y citar a Lao Tse y a Confucio, otros a Homero o Cicerón, Platón o Aristóteles, a Hegel o a Kant. De manera absurda, hoy debaten con similares pobres métodos lo que debatió en su momento Homero, Confucio o Lenin.

En humanidades, en arte, en filosofía, la propuesta no es rediseñada y reformulada. Se intenta adorar a un becerro de oro y luego se le destrona y adora a otro. Cuando al final resulta evidente que ninguno era oro, sino madera carcomida y superficial pintura dorada, se insiste en buscar otro tótem. Y a bailar alrededor de la nueva deidad.

Hay, sin embargo, esa extraña excepción. El becerro Marx, se mantiene en el altar por casi 200 años. Se pretende que sus series de asertos, indemostrables, permanecen incólumes en el tiempo. ¿De qué se trata, de un genuino becerro de oro, de un genio insuperable o de una figura creada desde algún interés oscuro?

Lo que pasa es que Marx, y su El Capital, pretendiendo que apelan al raciocinio, lo hacen a 2 de los peores pecados capitales: la Envidia (y el resentimiento) y la Vanidad. La envidia, del mediocre individuo, que le dicen que su mediocridad es culpa de los otros, y su persona siempre una víctima. Y la envidia de personas hábiles en comunicación, generalmente formadas en "humanidades", pero que temen a las fórmulas y los números como si fueran brujería. Con una muy débil comprensión del planeta y del mundo, pretenden poder darle una solución verborreica desde cátedras lunáticas. Y se roban estrados, micrófonos y cámaras para decir sus incoherencias y nimiedades. Ese es el caso de la mayoría de los políticos modernos, de largos discursos, pero cojos recursos.

Volvamos al origen. Cuando está ocurriendo toda una metamorfosis (industrialización, el desarrollo de capitalismo), un individuo cree que descubre leyes "científicas" de la evolución cultural. Pero solo asistió a un proceso de ruptura y complejización de la sociedad. Entonces, el pretendido estudioso de lo social "descubre" las claves de las sociedades. Y crea unas formulitas sencillas. Para tamaña labor emplea 2 herramientas muy simples: su cerebro (para soñar) y su barba (para figurar como un Moisés fundador). Oye a un tal Darwin hablando de lucha por la vida y lo extrapola a la sociedad. En el mismo momento que están desmontándose las clases, pretende que en la sociedad hay una intensa "lucha de clases". Crea otros conceptos que solo existen en sus abstracciones: plusvalía, proletariado, capitalismo. Y se aboca en toda una farragosa explicación (El Capital), solucionando los problemas del mundo y las sociedades, con un llamado a la masa a eliminar los excepcionales. Y ya hemos visto lo que ha resultado.

No señores de la academia, NO. Si les hace falta una referencia, no es este santón. Sus ideas, son rechazadas por los hechos. Salgan de los libros y las citas interminables entre Uds., lean el libro del mundo. ¡Ni Marx ni el marxismo funcionan en este planeta!

Otro molde social, otro amoldamiento social

Mientras los serviles trepan entre las malezas del favoritismo, los austeros ascienden por la escalinata de las virtudes. O no ascienden por ninguna.

José Ingenieros, El Hombre Mediocre.

No es el fin ni la posibilidad de esta aproximación ensayística, entrar en análisis de cifras, en citas de otros trabajos, ser otro *paper* académico, sino una reflexión donde se discuta a grandes rasgos ideas, discutibles en todos sus aspectos y aristas, en la medida de lo posible ser entendibles por los no entendidos.

Ante la profundidad y diversidad de problemas mundiales que nos atenazan, que parecen no tener solución, sino que van avanzando hacia una crisis generalizada y no parecen estarse tomando medidas adecuadas, es procedente entrar a cuestionar, de manera general, los sistemas de preparación de los individuos para una sociedad tal, global, compleja y en crisis metamórfica.

La ancestral estructura piramidal de las sociedades y países, la hemos heredado de nuestros remotos comienzos civilizatorios, gobernados por unos pocos como masas de constructores de diques en zonas desérticas. Ello facilita que el equilibrio en el ápice del poder sea inestable porque tiene que estar asentado en el dominio y la subyugación de los muy muchos por los muy pocos. El pedestal antes o después se rebela.

El gran problema es que las rebeliones han sido un "quítate tu para ponerme yo", que han colocado en el ápice de la pirámide a otra casta o generación de varones guerreros que entonces se declaran "nobles" y herederos con derechos "divinos" al ser hasta hijos de los dioses. Normandos, hunos, incas, aztecas, la casa real japonesa, no eran más que tribus guerreras invasoras que se hicieron del poder y nos dejaron como legado civilizatorio la glorificación de la violencia desde la punta de la pirámide.

Miles de veces se ha rehecho la estructura piramidal, con apenas algunos retoques de la «nomenklatura » en el poder. Nuestro gran problema en la modernidad, es que ello continúa ocurriendo bajo ideologías, nombres y declaraciones de intenciones que dicen haber solucionado el nudo gordiano, cuando lo que han hecho es desenvainar la espada, cortar el viejo nudo y luego hacer otro.

Los que toman el poder, siguen considerando que han secuestrado la sociedad ¿qué es sino un grupo que se organiza como partido político y fuerza los resultados de las urnas, el golpe de estado de un grupo de militares o la toma del poder por un grupo de guerrilleros? ¿qué son sino los reinados familiares de Corea del Norte, Siria y Cuba? Son grupos de ambiciosos, que una vez en el poder lo usan, disfrutan y corrompen. Toman riesgos y los muertos de sus grupos de choque que dejan en el camino, son considerados "héroes" para resaltar la heroicidad de los que quedan vivos. Una y otra vez las sociedades son secuestradas por ciertos aventureros, los que la vacían en ese molde piramidal y corrupto. Es tiempo de hacernos de otro molde, en la Sociedad del conocimiento, de grupos humanos organizados cual telarañas, en red.

Tal vez si releemos la historia, exista una manera de evitar que nos desgobiernen desmedidos, desde aventureros y militarotes hasta banqueros e industrialistas intrigantes, bonachones mientras pueden sentirse heroicos y retribuidos, amasando fortunas o en "la gloria", aún al costo de destruir la vida de muchos, la atmósfera y el océano.

La especie humana existió antes que las revoluciones así que no desaparecerá cuando ya no ocurran más. Este planeta y tal vez el cosmos en pleno, está habitado por una tendencia hacia la evolución, y ésta continuará ascendiendo incluso si nuestra miopía nos hiciera desaparecer.

Durante milenios, la estructura social perfecta que hemos aceptado y perseguido es piramidal. Castas de guerreros, jóvenes enérgicos y ambiciosos, pero sin mucho intelecto, han luchado por ubicarse en el ápice de la pirámide social. Así lo hicieron incas, gentilhombres, shogunes, *gentleman*, caballeros. Se puede decir, que fuimos gobernados por los que, siendo idiotas, podían sostenerse por la fuerza, creando una estructura y un mito que los aupaba.

En la problemática actual, es un inalienable deber de la intelectualidad, escarbar hasta que aparezca otra solución que no sea periódicamente incinerarnos en guerras y revoluciones, para continuar girando alrededor del mismo tótem.

El pensamiento es intrínsecamente evolucionario porque facilita ver las situaciones en virtualidad, y en lo virtual diseñar una post-realidad. Las estructuras sociales a las que se adaptó o que se autoimpuso el *Homo sapiens*, en gran proporción desaprovechan esta posibilidad del pensamiento. Disciplinaban a todo el que no respetara la autoridad establecida, que se concebía en el tope de una pirámide(y a veces literalmente vivía, como los sacerdotes mayas). Todo el que no se sometiera a esa utopía dominante, por los siglos de los siglos fue barrido.

Las castas guerreras vencedoras y sus sacerdotes, aducían un origen y/o mandato divino, Dioses con los mismos vicios que los constructores de pirámides. Es a partir de la Revolución Francesa, que el pretendido origen estelar del Dios Sol ya no se pretendió más y la autoridad la otorgaba "el pueblo" y radicaba en "la razón". Pero, sorprendente, las castas guerreras, los machos alfa que hicieron dicha revolución, como las que luego le han continuado y repetido, luego quisieron adoptar otra vez a la pirámide como estructura social. "La Revolución", pasó a ser otro "quítate tu para ponerme yo" y nuevos sacerdotes fueron aleccionados para colocarle una **r** delante a la palabra evolución.

Y hoy, ¿esperamos la próxima epilepsia social, el próximo sacudón comandado por otra casta guerrera, disfrazada con otro desvarío intelectual? O ya podemos aspirar a una <u>sociedad</u>

evolucionaria, con cambios paulatinos y cotidianos, que no se adapten a un futuro complejo por sustitución de líderes y castas sino, de la propia pirámide convertida entonces en red. Esa es la estructura de la Sociedad del Conocimiento, de bienes no tangibles, post industrial. Una red donde no cabe Bastilla alguna, con nodos en que no se acumularán contradicciones para ser arregladas visceralmente en una semana incendiaria.

Las inercias sociales son de tal magnitud que podemos hablar de un secuestro de la civilización por los aguerridos, por los osados, por los lanzados. Es decir, existe un "Síndrome de Estocolmo" de la gran masa humana, secuestrada por unos pocos. El retraso que le están imponiendo como "líderes" y "políticos" al ser humano, es tan descomunal, que nada se le puede comparar. Y su actitud, no puede ser explicada con parámetros de seres humanos evolutivos, sino de unos pocos desequilibrados, ambiciosos, machos alfa apenas vestidos con traje y corbata. Este es el método que le permite a los menos dignos hacerse dignatarios. ¿Qué puede explicar esto? Solo una profunda inercia de la masa, una tendencia a no actuar y a no dejar que actúen otros.

Ello solo se superará si las discusiones entre intelectuales dejan de estar encajonas en el viejo esquema bipolar, y enfrentan la profunda complejidad del caso.

Actualmente, se profundiza la disyuntiva: ser pasado o ser futuro. Ya no podemos escapar del pasado en un presente mágico, inestable e improvisado, porque estamos armados de tal arsenal de dura tecnología que, si continuamos empleándola como arma, nos arriesgamos a desmontar el edificio civilizatorio hasta en las raíces.

Que dicho edificio ha sido y es una Torre de Babel, no implica que haya que dinamitarlo, porque no tenemos otro y con toda y su disfuncionalidad, tiene sus encantos. Lo que hay es que repensarlo y como **constructo**, de ahora en adelante rediseñando con ahínco, para que más de lo bello oculte paulatinamente más de lo feo. ¿Qué constructor ha querido que su obra luzca un engendro?

Los maestros de obra para llegar a este presente confuso han sido los modernos adoradores del poder, los políticos. Lo mejor que podríamos hacer es prescindir de sus servicios, agradeciéndole lo que han hecho. Y poner manos a la obra nosotros mismos, sin intermediarios ni profesionales del servicio público.

Un cambio tal deberá ser cósmico, no solo cosmético. Tendrá que ser holísticamente pensado, a una escala sin precedentes. Para ello, necesitamos deshacernos junto con los políticos, de muchos viejos métodos y esquemas, hoy rígidos encofrados que no solo afean el edificio, le restan organicidad en nombre de la "experiencia".

¿Por qué hemos de ser gobernados por los menos dignos? ahora tiene un segundo cuestionamiento preocupante ¿Son capaces los menos dignos de encabezar sociedades cada vez más complejas y en situación de crisis global?

La política y el político no siempre existieron. En estadios primitivos de civilización, los grupos humanos miraban al pasado o hacia el cielo para legitimar que unos u otros pretendieran ser "detentadores del derecho" o "defensores" de una comunidad, un territorio, una creencia conformada nebulosamente alrededor de un Dios, un culto al poder, una dinastía. Entonces, ninguno manejaba complejos conceptos intelectuales o sociales, ni tenían otro planteamiento que ser brazos ejecutores de "designios celestiales", tribales, territoriales, lo cual cumplían a veces con una prolijidad de *khan*, otras torturando su cuerpo (como los líderes mayas) y otras con la mayúscula estupidez de decir como Luis XIV "el estado soy yo".

La fecha de nacimiento de la política pudiéramos ubicarla en las *polis* griegas, la pequeña ciudad-estado helénica. Desde su origen, los políticos fueron discutibles y discutidos. Ya fue sacrificio de lo imposible a lo posible en la figura de Sócrates y el sofismo, o las decepciones de Platón, que herido por la mediocridad de los sofistas generó lo que podemos llamar la utopía primigenia: su libro "La República", a la que han seguido tantas otras, queriendo proponer opciones al tedio de más de lo mismo, la mediocridad ramplona de los sofistas inescrupulosos.

La política sistemáticamente ha cortado las alas a todo grupo humano, siempre siendo el arte de lo posible, el *areté*, la antiutopía. Por siglos hemos estado bajo el imperio de los menos dignos. Una vez más cabe la pregunta ¿Hasta cuándo es necesario que los más tramposos nos secuestren el futuro? ¿Padecemos tranquilamente nuestro "Síndrome de Estocolmo civilizatorio"?

Los políticos no constituyeron gobiernos de sabios en tiempos de Platón, y luego han ralentizado la evolución cultural mediante la inquisición, la intriga, la revuelta o la revolución. No resolvieron el nudo gordiano en el período de preguerra a principios del siglo XX y desembocamos en la matanza de la I GM, luego volvieron a confundir la ecuación y no evitaron una II Gran Matanza. Hoy, con similar incapacidad fallan en evitar que el mundo se deslice paulatinamente hacia la ingobernabilidad global, cuando la biosfera muestra indudables signos de profundo *stress*. Algo de ello deriva de su pretensión arrogante o bufonil de que pueden solucionar las cosas, cuando en realidad no pueden. El mordaz Bernard Shaw los retrató muy bien cuando dijo *"Él no sabe nada y piensa conoce de todo. Eso señala claramente a una carrera política"* (He knows nothing and thinks he knows everything. Those points clearly to a political career)

Aun cuando cobran por estar enterados, son los últimos que se enteran de que ya no se puede estar al sol al mediodía en una playa y se agarran de cualquier subterfugio para no aceptar que desarrollo no es industrialización y que esta, desbocada está alterando profundamente nuestro entorno, incendiando la atmósfera, provocando migraciones masivas, guerras ecológicas, etc. Están encerrados en sus sofismas, secuestrándonos y facilitando que luego tenga que venir otro político salvador, a salvarnos del de antes.

Desde su pretensión de manejar la cosa pública desde las polis hasta hoy, siempre, el político ha sido hábil en enterarse en el último instante de lo que debieran conocer desde el principio: que error conocido no es error, que hombre precavido vale por dos, que a ellos se les paga para que sean prospectivos.

Un sorprendente aspecto del político obsoleto es que no solo de manera generalizada no se preocupan para nada en ser el "rey filósofo" que alguna vez pidió Sócrates en los gobernantes, sino También desvirtúan y hasta corrompen a los propios "sabios". Por lo general, ello ocurre por simbiosis con cierto tipo de tecnócrata, que no tiene apasionamiento o curiosidad por el saber sino simplemente, tiene un trabajo y un *status* social. Entre ambos, puede existir un grado de cooperación que los haga desde pasajeros circunstanciales de un mismo vagón, hasta corruptos tapándose uno al otro.

Es un poco de esperar, que un individuo que declara dedicarse al bien público pero que no es un estadista, sino que atiende el dictado de las encuestas, se alíe con determinado tipo de "asesor" que por maldad o por limitaciones lógicas de cada cual, le coloca "curitas al elefante". Este último puede tener un *curriculum* científico impecable, pero muy rara vez si alguna se ha lanzado a abordar la complejidad de los problemas en su integralidad, y se concentra en pequeñas parcelas de saber.

No se trata de una conspiración, es un resultado de una selección artificial desde la Revolución Industrial premiando a los cerebrales que se saben concentrar en nichos productivos (especialistas o expertos, en química, electrónica, ingeniería genética) y sancionando los que se adentran en ciencias no experimentales o especulativas, (generalistas, sociología, ecología) o amplias generalizaciones. ¿Es posible afirmar que el último gran generalista fue Goethe?

El político no es el heredero del líder. Porque el jefe de la horda fue una continuación en contexto humano del líder animal. Estudiemos un poco una bandada de monos. El que va a la cabeza, el macho alfa, es el que ocupa el primer rango en el "orden de picoteo". Come primero, se reserva el harem, castiga toda insubordinación de los machos jóvenes. Pero ello implica que, si aparece un depredador, el primero que va a defender a "su" manada es el líder. No es de extrañar que es el que tiene mayor probabilidad de ser eliminado. De esta manera, se garantiza la "fluidez social".

¿En qué se parece un político moderno al líder de la manada? Tal vez, en que algunos desean para si un harem y le discuten lidcrazgo a toda joven opción. Pero si aparece un peligro, el político se las agencia para ser el de menor probabilidad para ser eliminado. Ello, a la larga, va determinando que hacen política los viejos zorros, los que se valen de artimañas para que otros arrastren con las culpas o enfrenten las situaciones peligrosas.

Si la vocación por el poder es sospechosa y preferentemente los miopes transitan por estos senderos, ¿cómo evitar que arriben a situaciones de mando zorros autoritarios, que luego se van haciendo sordos a la crítica? Y ese invento de las izquierdas o las derechas es otra excusa para que unos autoritarios sustituyan a otros autoritarios.

Un grupo humano puede organizarse para una sustitución

fluida de los funcionarios y evitar que se perpetúen en el poder funcionarios que no funcionan, pero si se llevan una buena tajada. Hay, cada vez más tenemos una población y en especial una juventud educada y capaz. ¿Por qué no hacer que el ocupar un cargo público sea muy rotativo, se representen movimientos y no individuos, se sancione prolijamente todo enriquecimiento a costa del erario público y se convoque a cargos aleatoriamente?

Esto último, es algo que ya potencia la informática: por qué no dar un número aleatorio a todo ciudadano, y anualmente hacer elegible a algunos seleccionados al azar, los que luego son sometidos a algunos *test* que eliminen los delincuentes o evidentemente retrasados.

Seguir hasta la cima con esto no es fácil. Han fracasado en el empeño soñadores, falansterios, filosofías, ideologías, imperios, utopías, academias, ramas científicas y partidos políticos. Quizás porque pretendieron la concertación de grupo y olvidaron por el camino que, si bien todos somos distintos, todos lo somos a partir de similitudes esenciales. No se justifica ya tomar el rumbo equivocado, empleando las herramientas como armas contra los "otros".

La construcción del edificio humano ha sido gesta milenaria, pero todos los días una erupción de soberbia se puede llevar en un solo golpe lo que antes se cultivó y estructuró con tanto trabajo. Lo poco que ha perdurado de los ríos y mareas de lágrimas resultantes, está en directa proporción a cuanto lo generoso e inclusivo pudo sostener esas arremetidas.

Ciencia, ecología, ambiente

"Science, Art, and Humanism" ©Antuan Rodríguez

Tenemos cerebro de la era de piedra,
instituciones medievales,
pero tecnología de la era espacial.
E. O Wilson

Marx raspado en biología

Marx era un analfabeto en Biología. Y no era su culpa. En la época en que vivió, las Ciencias Biológicas apenas despegaban. Por ejemplo, Darwin publicó su obra El Origen de las Especies en 1859 y Marx público El Manifiesto Comunista en 1848 y El Capital en 1867. Es comprensible que muchas cosas sin bases planteadas por él, sean inviables en lo biológico y rechazables con métodos científicos. Por plantear una, tal vez la más errónea, nunca lo biológico evoluciona con la mayoría (el proletariado), son los individuos raros, mutados, los que fundan futuro.

No existe posibilidad de que "la clase obrera" sea la que nos va a refundar porque nada en la naturaleza se basa en que la mayoría sobrepase las barreras de la selección natural y del tempo. La naturaleza crea diversidad, mutaciones y eso lo futuriza.

Por otro lado, lo dicho por Marx en el siglo XIX es totalmente obsoleto en el presente. Actualmente la riqueza que produce el industrialismo ha desdibujado la división de las sociedades en clases. Ello mediante masiva educación o por una intensa competencia entre los productores capitalistas, y la eliminación de los que no son innovadores y competitivos. No hay lucha de clases, como la dibujo Marx, sino lucha o mejor aún, competencia entre numerosos jugadores en el juego social, aproximadamente como sucede en un ecosistema. Y es el Capitalismo, el sistema que más se aproxima a como selecciona la naturaleza los exitosos.

La historia humana no es un fatalismo economicista, sino un enfrentamiento entre centro y periferia, de los inauguradores contra las inercias de las sociedades, más aún contra sus integrantes de bajos instintos y los simplemente repetitivos de lo que hacen otros.

El valor, es un artificio humano. No tiene precedente alguno en un ecosistema. En cuanto al concepto de *plusvalía* de Marx, central en sus tesis economicistas, es totalmente inválido y artificioso, más bien un ejemplo claro de su baja capacidad de disquisición. El valor (y el precio que trata de reflejarlo) es un convenio cultural. El que paga £500 000 por una pintura de Picasso, no pregunta cuántas horas se pasó el maestro frente al lienzo. Simplemente lo ve, le parece hermoso y si otros coinciden (sobre todo expertos certificadores), paga. Desde luego, en ello lo más importante es un componente de especulación financiera, a veces totalmente aparte de un criterio y convención estética.

Las contradicciones del pensamiento marxista, no hay que demostrarlas en un congreso de sesudos. La humanidad se basa en los raptos de unos cuantos genios, no en las horas que el individuo promedio usa en hacer un objeto. Volvamos a la plusvalía de Marx. El valor de un objeto está relacionado con las horas de trabajo que incluye. ¿Una hora de abstracción de Einstein, es menor que una semana de ensoñación de un poeta? ¿Si un lerdo se demora 40 horas en hacer lo que el otro hace en 5, va a valer más la mesa que hizo el lento, tal vez defectuosa? ¿Qué motivó a Engels (un capitalista) a auxiliar a Marx (un cerebro inadaptado, una mutación intelectual) en sus penurias económicas? ¿Lo que movía a Engels, esperaba recibir parte de los derechos de autor del Capital? No fue así, era simple amistad e idealismo. Nos debemos más a impulsos espirituales que a cálculos materiales. Somos mucho más idealismo que economicismo. Hemos sido fundados por idealistas de la talla de Buda, Cristo, Lao Tse, Platón, San Agustín, Voltaire, Pasteur, Tesla, Elon Musk... y varios miles de prominentes seres humanos mutados, con un muy leve contacto con lo material. Lo cual no quiere decir que no existan móviles económicos en parte de la sociedad. Pero las afirmaciones economicistas de Marx no resisten un análisis serio.

Pero, además, planteamientos del siglo XIX. ¿Por qué hoy aún se quiere discutir afirmaciones de un filósofo apenas habilitado con información científica dura, pero que se pretendía ingeniero social?¿Qué tiene que ver un pensador aislado en una biblioteca hace 200 años, con la situación presente de enorme sinergia y desarrollo de las comunicaciones, de la inventiva científica-ingenieril, del genio de tantos actuales eminentes, interactuando ente sí, con traspaso exacto de sus conocimientos en lenguaje de planos y fórmulas?

Lo planteado por Marx es irracional, pero se mantiene vigente por ser un llamado a la vanidad de muchos filósofos y sociólogos actuales y una apertura a la envidia a esos muchos que trabajan con la cabeza en las capas menos creativas de las sociedades.

Marx y el marxismo no han sido destilados con los métodos exactos de las ciencias duras, sino con mucha palabrería, mucha propaganda y mucha exaltación de la mayoría (populismo, "favorecedor" del llevado y traído "pueblo") del que es capaz de emplear inteligentemente sus manos, por otros oportunistas buenistas. Pero Marx olvidó la pieza clave de la evolución cultural: el individuo excepcional.

Marx, de manera oportunista, consiente en la sistemática disminución de la minoría excelsa y de las personalidades descollantes (verdaderos mutantes de la especie humana), los que son capaces de usar la cabeza de manera muy creativa. Nada asombra el asesinato de tantos cabezudos, en las revueltas y revoluciones. Ejemplos breves de ello son Pitágoras, Antoine Lavoisier y Vavílov.

El Capital, como libro, es inválido desde la A hasta la Z. Es una sistematización y entronización de la envidia como columna vertebral moral de las sociedades. Ha sido forrado con verborrea seudocientífica, pero lo que plantea es *contranatura*. Por tanto, inviable en este planeta. Desconoce algunos principios claves de la Biología.

Algunos principios de biología

Muy temprano en la Evolución, los seres vivos pluricelulares adoptaron la vía de favorecer la diferenciación de las células, para crear órganos. Las líneas evolutivas que se mantuvieron en la "igualdad" de las células (esponjas, corales, etc.), se quedaron atrás en cuanto a su eficiencia fisiológica. Los organismos pluricelulares que aprovecharon la natural tendencia a crear diversidad y especializaron células como tejidos y órganos, son las especies que continuaron evolucionando, emergiendo desde sus orígenes igualitarios ineficientes. Son los organismos con órganos, la inmensa mayoría de los existentes, los que florecieron.

Por otro lado, un cardumen de peces, todos idénticos, se repite como estructura por millones de años, apenas cambia en todo ese tiempo. El pez que "decida" comportarse diferente de los miembros del grupo, es eliminado instantáneamente. Si un pez es mucho más eficiente que sus compañeros de la mancha y crece más rápido, nada más rápido (la velocidad y natación es función del tamaño). Por tanto, se sale del grupo. Y si un depredador los ataca, el primero que elimina es el más aislado. Los grupos de animales inferiores pueden ser una trampa evolutiva.

Salir de esta trampa a puede haber costado millones de años de evolución, de especiación. Tienen que haber surgido otras especies que no dependían para su supervivencia del grupo. Por ejemplo, se refugiaban en el fondo, y desde allí, evolucionando en escala geológica, reptaron hacia las tierras emergidas y se convirtieron en anfibios y luego en reptiles.

Una manada de mamíferos, con una estructura interna muy compleja, e individualidades más diferenciadas, tiene más probabilidad de emerger evolutivamente. Y dentro de los mamíferos, las especies que más evolucionaron pertenecen a los homínidos (*Homo spp.*). Es cierto que evolucionaron culturalmente porque muchas veces el grupo se constituía en refugio del individuo. Pero también es cierto que generalmente el grupo humano aplasta a sus avanzados. Hay ambivalencia y compensación de los humanos hacia admirar al distinto, al forastero, al arriesgado, al pensador que no puede dominarse con amenazas, látigo, rejas o miserias.

El nivel biológico y el comunismo

Uno de los más serios problemas del Comunismo es que la Biología, y dentro de esta la Genética (asentada sobre las leyes de Mendel) es indudable y visiblemente pro-capitalista. Se asienta en la selección natural, que es algo quinta esencialmente anti-igualitarismo, es decir, anticomunista. La naturaleza, crea constantemente diversidad, para escoger las mejores variantes. Y es muy, pero muy selectiva. Eso de que todos somos iguales es *contranatura*.

En la evolución de las especies, entre los biólogos se conoce un proceso que llaman *cefalización*. Consiste en que se va favoreciendo que los individuos inferiores, con apenas algún ganglio cerebral, sean superados evolutivamente por individuos de más cabeza y cerebro. Y la palabra capitalismo, se deriva de la palabra *capita*, cabeza en *latín*.

La molestia del comunismo con las ciencias biológicas, no solo es algo terminológico y teórico. Se ha concretado en la defenestración de muchos biólogos, acusados de cualquier estupidez que se la pueda ocurrir a un funcionario de los servicios secretos o a un científico al servicio del dogma marxista. Uno de los ejemplos más representativos de esto es el de Vavílov, un genio científico que falleció de hambre en los gulags stalinistas.

Vavílov procedía de una familia de pequeñoburgueses, hablaba varios idiomas, era elegante, conocido internacionalmente, muy popular y exitoso. Era peligroso a los ojos de la KGB porque viajaba y mantenía contacto con homólogos de muchos lugares. Para colmo se atrevió a incorporar concepciones de científicos extranjeros, en especial las del monje (¡un religioso!) austríaco Gregorio Mendel y el aristócrata (¡!) británico Charles Darwin. En la URSS, conducida por toscos bolcheviques estalinistas, eso era más que una señal de conspiración contra el gobierno soviético. Aparte de ello, Vavílov aplicaba métodos científicos, o sea, tenía planes a largo plazo, no una varita mágica como quería Stalin.

Todo conducía a la tragedia la vida de este hombre, en una sociedad oscurantista como la generada desde el bolcheviquismo, una sociedad brutalmente igualitarista. No podían soportar que fuera en su tiempo un biólogo de los más admirados del mundo como destacado pionero en el campo de fitomejoramiento y genética. Aportó el innovador concepto de "centros de origen", áreas geográficas donde una especie surgió. A partir de allí los humanos le fueron cambiando sus propiedades genéticas y morfofisiologías, mediante selección artificial. Vavílov estableció que cuando un cultivo pierde su potencial, hay que irlo a buscar a su origen para regenerarlo.

Lo arrestaron bajo cargos de espionaje, sabotaje y destrucción, y lo condenaron a muerte en 1941, pena luego conmutada por 20 años de gulag. Murió de hambre el 26 de enero de 1943. Es una enorme contradicción que muriera de inanición el científico que había dedicado su vida y genio a disminuir las hambrunas en el mundo y ya avanzaba un método para ello. Este es un claro ejemplo, de cómo la política llevada a totalitarismo, detiene y revierte la evolución cultural.

Para la supervivencia del bolcheviquismo, era imprescindible encontrar cultivos o variedades vegetales adaptados a los extremos inviernos rusos. No había tiempo para los agrobiólogos soviéticos y que trabajaran científicamente en acelerar por selección artificial. Eso requería años de trabajo, pero el Zar Rojo atrincherado en el Kremlin, decidió que la URSS tenía que parir instantáneamente ciencia soviética. Stalin consideró la herencia mendeliana como teoría burguesa. Y fue ilegalizada. En 1948 Stalin adoptó las ideas lamarckianas de Lysenko como ciencia biológica oficial y única de la URSS. Eso se reflejó que aun a principios del siglo XXI, los biólogos rusos no habían alcanzado a los de Occidente.

Trofim Denisovich Lysenko pretendió que tenía la varita. Era un científico de "origen campesino". Concibió la *vernalización*, o sea, tratar con frío y humedad las semillas invernales de trigo. El tratamiento de frío y humedad aplicado a las semillas invernales permitía usarlas en cultivos de primavera, facilitando así cosechas si un invierno demasiado frío arrasaba los cultivos. Su base teórica era la línea de pensamiento del científico francés Jean-Baptiste Lamarck sobre herencia de caracteres adquiridos, que desechaba la línea de Mendel. Es decir, Lamarck propuso que rasgos adquiridos podían transmitirse inmediatamente a la descendencia.

Independientemente de las burradas de Stalin, Lysenko y de sus seguidores en otras latitudes, la genética acumula un *capital*: información en los cromosomas. La vida crea diversidad (mutaciones) y las somete a inmisericorde selección. La que soporta esa prueba, queda como opción de futuro. Ello a su vez se representa muy visiblemente en la fecundación de los mamíferos, en que el macho inocula millones de espermatozoides en el tracto de la hembra, que deben emprender una selectiva carrera, trompas de Falopio hacia arriba. El espermatozoide que primero llega, es el único que fecunda a un único óvulo. Todos y cada uno de los seres humanos, pasamos por este inmisericorde proceso de discriminación y selección. Somos, ¡sépanlo sociólogos!, muy pero muy discriminatorios. Eso es lo que garantiza que la mayoría tengamos una vida plena, apta, saludable. De no ser por esto, la humanidad estaría llena de individuos enfermizos y débiles.

En realidad, todo el proceso civilizatorio, ha implicado que el ser humano ha readaptado ciertas entidades biológicas para alimentarse o servirse de ellas. Un agricultor ancestral o más recientemente un genetista, imponen *Selección Artificial* a sus cultivos o crías. Va discriminado determinadas variedades, líneas evolutivas, razas, cultivares, especies. El proceso civilizatorio puede ser considerado un enorme acto de discriminación, de selección de especies y variedades, para hacer más abundantes y viables las variedades que son útiles culturalmente.

El nivel ecológico y el comunismo

Comprender cómo funcionan los *ecosistemas* es una adquisición reciente y aún en desarrollo. El comunismo, el socialismo, el igualitarismo, en sus diversas versiones y esquemas simplistas y antropocentristas, ni siquiera llegan a concebir la sociedad como sistema, como *ecosistema*. Eso puede explicar que en la actualidad tantos pretendidos científicos de los social, expongan e impongan que las sociedades humanas deben ser igualitarias y tender a disminuir su biodiversidad, incluso diluir su cultu-(diversidad).

En la naturaleza impera la Selección Natural, que opera ciega y dolorosamente. Pero aun así, la biodiversidad y la sucesión ecológica, buscan incrementar el número de jugadores en el terreno. Es como si la vida se agarrara por todos los medios a este planeta (o a cualquier ecosistema, sea un bosque o un arrecife coralino), creando nuevos jugadores.

En el planeta Tierra están documentadas 5 grandes extinciones, pero cada vez que ocurren, la vida vuelve a tender a incrementar la biodiversidad, es decir, a tener menos probabilidad de que una próxima catástrofe la borre totalmente. La vida se ha enraizado en su sustrato (el planeta Tierra) con todas sus energías. Es como si temiera al frío cósmico circundante, protegida en su cuna, en su invernadero.

¿Cuándo una sociedad se estructura alrededor del mito del príncipe valiente que compite con otros pretendientes en la búsqueda de la más bella princcsa? ¿No es ello una representación de la selección y discriminación, que antes sufrieron los espermatozoides? Las sociedades viables ha sido las que han adoptado moralidades que garantizan su continuidad temporal.

También en una célula, hay un principio que se llama transporte activo, en que la membrana deja pasar determinadas sustancias hacia lo interior pero expulsa otras hacia el exterior ¿No es esto estricta selección y discriminación?

La naturaleza no es igualitarista. Los ecosistemas tienden a acumular energía e información, ese es su *capital*. Y las especies menos evolucionadas no tenían cabeza. Mientras más evolucionada, más depende de su cabeza (proceso de cefalización).

La Ecología destaca que los ecosistemas acumulan información, como bien destaca el eminente Profesor Ramón Margalef en su libro "Ecología". Un bosque o un arrecife capitalizan información, tendiendo a una mayor biodiversidad. Todo ecosistema crea variantes y escoge las más apropiadas.

Que todos seamos iguales ante la justicia, es una cosa. Que todos seamos clones, otra totalmente diferente e inaceptable. ¿Qué lógica tiene que hoy Sociólogos y Economistas insistan tanto en el igualitarismo y colectivismo? Es como si un cuerpo no tuviera células diferenciadas. ¿Pretenden que el cuerpo social de la humanidad esté conformado por monótonas células no especializadas?

La actual evolución cultural hacia el igualitarismo globalista, es una tendencia opuesta a lo que busca la naturaleza y es reduccionista. Es muy poco selectiva y eso puede ser peligroso para el futuro humano. Estos globalistas que plantean que nos integremos en un mundo muy igual en todos lados, son anti-vida.

Ciencia y consciencia

Es difícil liberar a los necios de las cadenas que veneran.
Voltaire

La Ciencia, al menos la ciencia occidental, ha tenido grandes erupciones reconformadoras. Estas emergencias científicas sentaron las bases para nuestra cosmovisión, conocimiento y civilización actual, que es eurocentrista, pero el más terminado de todos los intentos culturales de "conocer".

Podemos ver una erupción en la antigua Grecia (S. VI a. C.) centrada alrededor de las figuras de Sócrates-Platón-Aristóteles, otra alrededor de da Vinci-Copérnico-Kepler en el Renacimiento europeo (S. XV-XVI) y una muy evidente durante el S XVIII en el Reino Unido cuando se formó la institución de la *Royal Academy of Sciences*, que incluyó y formó una constelación de figuras, de las destacamos a Newton y a Darwin. El primero de estos movimientos fue más intuitivo, más infantil. El segundo, más incisivo, juvenil, decisivo. El último, adulto y expansivo.

La ciencia como método dinamizador de lo económico y reestructurador de lo social, surgió en los pequeños reinados europeos del siglo XVIII. Allí, en sus burgos o ciudades, se permitió al individuo emerger. Allí, desde las mentes inquietas, pudo surgir y prosperar el hombre nuevo, una figura que antes apenas eran algunos cortesanos que adornaban el sequito del señor de la guerra, que lo protegía de la envidia colectivista, la masa inculta que tiende a quemar en hogueras todo lo excepcional.

Los grandes imperios militaristas-colectivistas (que Escohotado llama clericales-militares: China, Rusia, Otomanos, Romanos), no fueron culturas que prohijaron inventores y genios. Allí eran *rara avis*.

Cabalgando en lomos de la Ciencia, las culturas europeas crearon una metodología para comprender por partes y transformar nuestro entorno, el mundo. El científico brillante, abstraído y desconectado del mundo, nunca pudiera haber surgido en sociedades colectivistas. Insistamos un poco en la historia de la ciencia.

1-En su primera erupción, ciencia e intelecto permanecieron íntimamente ligados. El nivel de conocimientos acumulado era intuitivo y poco enhebrado. Realmente se trataba de geniales filósofos, dejando que sus mentes volaran, suponiendo e intuyendo "cosas". En la segunda oportunidad, sin embargo, Ciencia, Filosofía-religión se divorciaron, dada la ocurrencia simultánea de movimientos sociales en Europa que intentaban tomar distancia de excesos en actos de fe y en general de la intolerancia religiosa que abrumaba a los europeos con cruentas guerras. No es casual que Galileo, uno de los más lúcidos científicos de su época, hacia 1632 fuera sometido a juicio inquisitorio, del que sólo pudo salir con vida abjurando de sus afirmaciones (y evidencias) científicas. Pero la época ya gestaba hombres integrales, el *renaissance man*.

2-Luego, a partir del siglo XVIII ciencia e intelectualidad se distanciaron, en primer lugar, en 2 culturas, pero además el objetivo del conocimiento integral u holístico, lo que parece esencial a la Ciencia, fue postergado a favor de la especialización. Ello explica la atomización del pensador y esa tendencia recurrente a las explicaciones parciales desde cátedras y departamentos pretendidamente avizoradores y autárquicos, a veces más preocupados por justificar su existencia e incrementar sus asignaciones y sueldos, que en abordar a fondo problema alguno o el mundo de manera holística.

3- Hoy, muy pocas figuras se permiten amplias generalizaciones intelectuales. Las que lo hacen, adolecen de la estatura de un Aristóteles un Goethe o un Humboldt. La tecnología, se ha adentrado en los laberintos de la especialización. La tecnología endurece y atomiza la Ciencia, en especial las ciencias duras, caracterizadas por la segmentación del conocimiento y la aplicación ingenieril y economicista de los resultados. Es muy productiva, pero propende un saber enclaustrado en compartimentos estancos, con traumas, con complejos laberintos donde tiende a ajustarse a disímiles imposiciones desde el poder, el mercadeo y las miserias humanas. Pero la verdadera Ciencia se horroriza cuando tienen que cruzar por sobre estas alambradas que denominamos especialidades. Es actitud sorprendente pretender que subdivisiones mentales artificiales son reales barreros del mundo.

La verdad, originalmente parecía colonizada por hechiceros, sacerdotes, palabras encantadas, dogmas. Pasaron por pantanales tales como alquimia, mecanicismo, quimización, biologicismo, ecologicismo. Metodológicamente, no siempre las ciencias han corrido por los mismos laberintos. han evolucionado desde la adoración de la palabrería o la Razón, al experimentalismo, positivismo, la tecnología devenida tecnologitis, la simulación computarizada, y hoy se aboca a basarse en paradigmas de patrones complejos y la tendencia a lo holístico. Se centraron en paradigmas físicos primero, luego químicos, biológicos, ecológicos y ahora se proyectan a paradigmas sociales y del conocimiento, aunque con resultados muy cuestionables.

Aun con lastres, la ciencia se ha ido construyendo modularmente en leyes, modelos, planos, lógica, maquetas, fórmulas matemáticas y químicas, que pretenden no sea percibida de manera diferente por distintos receptores. La principal asignatura pendiente continúa siendo su aproximación al todo, a lo holístico. Gracias a la acumulación de información y la posibilidad de analizarla con visión sinóptica en computadoras, hoy se permite ya comprender el todo funcionando.

Pero, se preguntará el lector, si la ciencia es tan eficiente, ¿por qué tenemos tantos problemas en la modernidad? En realidad, las soluciones a los problemas complejos de las sociedades modernas rara vez se realizan con método científico. Lo que sucede es que generalmente un político, con una formación científica muy superficial, toma medidas que tratan de complacer a su masa electora. Para ello, reduce los problemas y sus explicaciones a esquemas sencillos, que la vida o el mundo regurgitan.

Estamos en época en que virtualidades creadas en las computadoras u ordenadores nos permiten simular situaciones ¿es lógico que sigamos a un político elegido por su verborrea mentirosa y que apliquemos rústicos métodos de prueba y error, que tantas veces nos ha llevado al precipicio? Esta situación está indicando la necesidad de un pensamiento y una actuación integral. Está pidiendo al intelecto generalista por sobre el saber tendiente a lo holístico, producto de experimentaciones parciales. La complejidad del mundo está indicando la necesidad de responsabilidad de consejos de eminentes más que la del individuo, un político, un pretendido líder.

Hoy, estamos rodeados de situaciones complejas, concretas y abstractas, inalcanzables con sesgos en el saber y la razón. Solo son comprensibles con "*sapiencia*". Mas vienen los antiguos samuráis, trajeados o con toga y birrete. Mediante espionaje industrial y científico, culturas colectivistas han emergido y compiten con la ciencia y cultura occidental. Y periodistas y comunicadores nos inundan de afirmaciones seudocientíficos desde medios de difusión masiva.

Reflexiones sobre ecología y política

El ser humano aprende de sus propios errores. Los cambios sociales que hoy se están produciendo o se han de producir, están incluyendo un conocimiento cada vez más profundo y responsable sobre la naturaleza. Las funciones que los valores humanos desempeñan como garante de continuidad (por ejemplo, instituciones, moral, bioética) se hallan hoy en proceso de cambio acelerado y sin lugar a dudas en un futuro inmediato y mediato incluirán sustancialmente conocimientos sobre Ecología, los que permutarán tanto la epidermis como la esencia humana.

La mayoría de las ideologías sociales actuales, obvian olímpicamente lo esencial de lo ecológico. En especial, le pasan por encima Marx y los marxistas, cuyos grandes errores se deben entre otras cosas a su carácter acientífico (lo que niegan con verborrea abundante) y su desconocimiento de lo ecológico, porque sus planteamientos fueron generados en el siglo XIX, cuando el bagaje teórico al respecto era apenas alguna que otra intuición filosofante. Sin embrago, lo sociológico debe estar basado esencialmente en lo ecológico porque somos ciudadanos de un enorme ecosistema, la biosfera. Y cada ciudad, fábrica, casa, no deja de ser un ecosistema y regirse por basales leyes ecológicas.

Las viejas políticas y los políticos deben ceder terreno ante un ciudadano público, sino impoluto, al menos poco contaminado, que puede mostrar sus manejos a la luz pública y aún merecer el respeto de los que en él confiaron. Y ello es lógico si se tiene en consideración que el mundo se aproxima a situaciones de cierta tensión como pueden ser el cambio climático, elevación del nivel del mar, el recalentamiento del planeta o la contaminación masiva. En dichas situaciones, estar comandados por caudillos incultos, liderados por politiqueros atentos a encuestas o moverse según espejismos populistas, puede implicar el suicidio de los vivos y el asesinato de los del porvenir.

Toda nueva forma política e ideológica deberá ser precientífica, consensual, sumatoria, razonadora, diversa y diversificadora. Una de estas debe ser el ecologismo. Deberá ser a la vez método científico, intuición artística, justicia natural.

Sin embargo, algunos ya están viendo en el ecologismo los mismos vicios de que adolece la vieja corrompida política. Algunos le ven un toque sureño para atacar al norte y otros le ven un alma norteña para detener al sur desbordado. Otros la ven como ideología de unos contra otros o de otros contra unos. Pero no debe ser, dado que el ecologismo tiene sus raíces en la ciencia, su tronco en el arte y sus frutos en ser alternativa a sociedades contaminadas, quimizadas, plastificadas. Hasta el momento, es en parte utopía nebulosa, pero también diversos desastres ecológicos van resaltando su importancia y sus metodologías van permeando el proceso civilizatorio.

Es conveniente insistir en el ecologismo como ambientalismo arbolado con las velas de la Ciencia en general y de la Ecología en particular. El avance de la nave ecologista, con su valía como forma de consciencia social, rama científica y método pedagógico, es incomparablemente superior al de la solitaria ecología académica, a la medieval defensa de los cotos de caza para aristócratas o a las incompletas intuiciones precientíficas del ambientalismo naturista.

La situación ecológica mundial es tan tensa y confusa en estos años iniciales del siglo XXI, que es natural que en la sociedad civil se generen movimientos, teorías, utopías, tendencias, acciones, grupos cívicos cuya finalidad expresa es contrarrestar dichos peligros. De una u otra manera heredan y recontextualizan eso de que la clave de cómo reestructurar la civilización está en la estructura de la naturaleza. No se puede pensar que la preocupación por el cuidado del medio ambiente es la precaución egoísta y tal vez tardía de la humanidad amenazada en su continuidad por la contaminación.

En el caso específico de Cuba, ha estado por 6 decenios bajo un gobierno autoritario, militarista y que no presta atención a su sociedad civil. No existe entonces un movimiento ecologista. Operan en Cuba algunas organizaciones ambientalistas, subsidiarias del gobierno y de sus instituciones científicas, que a duras penas denuncian algún error del industrialismo y autoritarismo local. En una Cuba reconstruida, será necesario dejar crecer este sector del tejido social, tal vez será un partido, tal vez un movimiento. Necesariamente tendrá que aparecer al menos una entidad ecologista cubana, que rectifique loe errores previos y evite los de un desarrollismo irresponsable.

Reflexiones acerca de ecología y perfectibilidad social. El mundo es una favela

El mundo es una favela, no la ciudad de Dios. El edificio civilizatorio ha sido concebido y edificado por partes, improvisadamente, sin seguir un plan. Ha emergido de las profundidades del Cosmos y la continuidad de las eternidades. Algunos pretenden entrever un diseñador, un demiurgo fundador. Otros, pretenden ser diseñadores o reestructuradores, al menos de algunas de sus partes, *a priori* o a *posteriori*.

En mi criterio, la coherencia natural del planeta, cosa que llamamos ahora sostenibilidad, se contrapone con la incoherencia que le hemos adicionado los seres humanos al acelerar ritmos con nuestras palancas culturales y civilizatorias. Algunos, con evidente o implícita arrogancia intelectual, se han adjudicado la correcta interpretación del mensaje de demiurgos o arquitectos celestiales que nos observan y pastorean. Pero el resultado global actual es tan evidentemente incoherente, que tal arquitecto debería ser muy incompetente para edificar estas favelas. Por ahora, solo quisiera dejar sentada mi duda al respecto. Duda. Agnosticismo. No tengo la última palabra al respecto, mis convicciones son anémicas.

En la estructura del mundo, hecho por los seres humanos y en especial por los más atrevidos, abundan emplastos diversos e improvisaciones permanentes. Si el planeta por millones de años fue funcional, nuestra especie lo ha transformado en un mundo disfuncional. Ahora incluye construcciones humanas con muchas piedras, ladrillos o bloques, pero escasea mezcla cementante y columnas. Al constructo humano le falta tanto lo aglutinante, que muestra numerosas resquebrajaduras. El mundo puede venirse abajo porque parece más a una favela que a una ciudad urbanizada. No es, doblemente, la Ciudad de Dios.

Luego de la Ilustración y el Racionalismo dieciochesco, surgieron capas pensantes de las sociedades europeas que exaltaron o pretendieron entronizar "la Razón". Hasta entonces, todo pensador era un monje o trataba de abrevar en fuentes religiosas. La verdad era un dogma entregado a iluminados y a guardianes inflexibles. Los encontronazos entre culturas se confundían con batallas entre entes, cada uno enarbolando mi dios como el verdadero. A partir de entonces se creó una capa social permanente, lo que hoy reconocemos como intelectuales, que no necesariamente creen exista un orden superior que debemos respetar. Mas la Razón ha resultado con frecuencia bastante irracional y vanidosa y anárquica y puntual e inmediatista. Porque pretenden imponer de la mente un orden poco contrastado, algunos con cantos humanistas otros con métodos tecnológicos, que a los efectos de la biosfera y del Cosmos, son un efectivo desorden. El planeta no ha pasado a ser el jardín del jardinero, sino el basurero de ciudades llenas de

La cultura intenta crear su pretendido orden dentro de lo construido, dentro de las murallas de la civilización, a expensas de la salvajina. Muchas mentes han pretendido poder repensarnos: Confucio, Platón, Homero...o... Julio Verne, Thomas Mann, Saint Exúmpery...pero aunque intentaron pre-pensarnos para luego post-pensarnos y re-pensarnos, apenas nos despensaron y nos desdibujaron, incluso algunos nos borraron viciosamente. Nos quedamos con un aquelarre de ingenieros creando diodos, algoritmos y equipos, que no les interesa nada de lo sistémico del mundo-eco-sistema y lo erosionan sin compasión.

Los pensadores apenas lograron ser entendidos, apenas balbucearon alguna idea a las que se prestó momentánea atención y luego el mundo avanzó por su eterno camino hacia su diseño utilitario, medible, improvisando para lo inmediato. Mediante la improvisación como diseño, estamos rediseñando el planeta y lo hacemos el mundo. El resultado es la favela como paradigma civilizatorio del mundo.

De vez en cuando, lo cultural se ha percatado que es suicida avanzar por ese sendero entre favelas, el de la improvisación centrípeta. Es como intentar deshilachar el arcoíris. Emerge entonces la alta cultura Se producen aquí o allá saltos integradores, se piensan los problemas integralmente, y en ese lugar y periodo se entreteje un trecho de sostenibilidad, real civilización. ¿Hubo tales saltos en la Grecia de Sócrates y Pericles, en la India de Sakiamuni, en la Inglaterra victoriana, en la Argentina de Sarmiento, la Prusia de Bismark o en los Estados Unidos de Jefferson?

Hoy ¿Estamos en uno de esos periodos: tejemos cultura global o la civilización se viene abajo?

Hoy ¿nos debatimos en la necesidad de la integralidad y en la necesidad de dejar atrás la especialización y superespecialización como forma de éxito social, que se impuso cuando la llamada Revolución Industrial? ¿quién la impuso: la Reina Isabel, la Reina Victoria, ¿o Newton, James Watt, Bernard Shaw, Winston Churchill? ¿Bismark o Kant?, ¿Bismark o Franklin?; ¿la propusieron o la impusieron?

Hoy tenemos que incrementar mucho el número de aglutinadores, de generalistas y que cada ser humano deje de navegar mental y culturalmente solo sobre unos estrechos railes y carreteras de la miopía especializada, que apunta a pequeñas parcelas de saber, conduce a lo inmediato y se mide monetariamente. Una propuesta para alejarnos de esa situación es lo ecológico.

El especialista ha llenado su cometido durante un periodo de la historia, pero no es un destino final. Construir una civilización globalizada y sostenible es imposible con especialistas. Deconstruirla no es tarea de filósofos de Academia. El Racionalismo y el Positivismo del siglo XVIII, base de la ciencia, se enfocaron mucho en sumar o multiplicar y muy poco en integrar. La integración no puede hacerse en lo material, con tecnicismos, ni pensando en la semana que viene, ni como especialización de algunos pretendidos académicos, que se autodenominan filósofos cuando en la práctica son sofistas.

La integración debe hacerse con mente prospectiva, con sublimaciones, metafóricamente, muy apuntando al mito, no al *marketing*. Mito como puerto, no marketing como escape de la tormenta. Porque el ser humano, en cuanto Ser, es una metáfora o mito. Solo nos podemos integrar en el mito y la espiritualidad. Tenemos que hacerlo a partir de una base creíble, modular e integrable, es decir, La Ciencia, pero también avanzando por los laberintos de la consciencia, la intuición y las inexactitudes de la metáfora humana: el humanismo y la metafísica. Y entonces, resurge allá en nuestros laberintos el demiurgo. ¿Los demiurgos?

El planeta es un libro, un libro ecológico. Leerlo es más difícil que interpretar un libro de convenios humanos hecho con palabras. Pretender que la esencia de los conocimientos ecológicos puede ser apropiadamente representada por libro alguno que no sea el planeta La tierra, es pura arrogancia intelectual. Pero por ahora, no podemos hacer más. Pero al menos tengamos con cierto comedimiento.

Hoy se manejan en o alrededor de la Ecología, el ecologismo y la educación ambiental conceptos y métodos que rompen con lo previo. Hacen falta muchos libros con propuestas atrevidas de divulgación de la ciencia y de la educación ambiental, que sean propuestas de síntesis equilibrada y accesible de los planteamientos ecológicos actuales, del nivel del conocimiento medioambiental presente. Y estas ideas, estos neo-mitos, deben apuntar a un joven preocupado, en especial estudiante universitario que no esté proyectando profesionalmente hacia las ciencias ambientales. Necesitamos sosegadas e innovativas propuestas pedagógicas, de redireccionamiento en los métodos de comunicación y lectura, por ejemplo, con estructura hipertextual, modular y visual de la información.

Necesitamos una civilización planetaria del conocimiento, que se proponga la sostenibilidad, con métodos de educación repensados, comunicación redirigida multidireccionalmente y con visión de vista larga. Eso será que lo que nos salve como especie. En otras palabras, necesitamos rectificar nuestro acervo cultural ciegamente compartimentado, industrialista, puntual e inmediatista, superar esa manera sesgada de ver al mundo que quiere que la economía sea la quintaesencia de lo que debemos ser. Y economía es lo que se cuantifica, es objeto y crecimiento medido en número de televisores, toneladas de acero, autos o pies cúbicos de manera vendidos. Ese crecimiento no es evolución. Crecer no es hincharse. Creceremos cuando nuestro espíritu se inflame nuevamente.

No somos un producto de fatalismos económicos, ni geográficos, ni industriales. Tenemos que superar esas visiones con fatalismo histórico o económicos, aquella que le cuesta trabajo valorar lo que aporta a la economía el idealismo humano, el saber profundo e integro o un bosque en pie o los servicios de ecosistema del océano o la atmosfera. Somos parte de una tendencia cósmica, al menos de ciertas partes del cosmos: la perfectibilidad, la evolución de los sistemas.

Son cosas etéreas, muy intangibles o que por siempre haber estado allí, asumimos como un derecho de nacimiento, no relacionado con nuestra gestión de los ecosistemas y de la biosfera, ahora que somos 7 300 000 Luis XIV.

Tenemos que redirigir la producción hacia lo intangible, volvernos sociedades que enaltecen el saber, que propenden la sabiduría. La tecnología, la filosofía, la teología y la ciencia, son escalones o herramientas, pero no la escalera. Debemos reenfocar nuestro hacer y pensar hacia lo sistémico, integral, sinóptico, sostenible, hacia lo mediato y a largo plazo. Solo así podremos lidiar con un mundo hipertecnologizado y densificado (post explosión demográfica), para realmente hacerlo globalizado humanamente sin desmedro de sus equilibrios ambientales esenciales. El mundo no es ni será un parámetro macroeconómico. Pretenderlo, es dejar que la civilización global languidezca en degradación cultural, ambiental y moral, desidia masificada, inviabilidad de lo que creemos querer con respecto a lo que podemos ser.

Debemos aclarar que lo ecológico no es verdad dada, ni catecismo, ni Ciencia dura. Entre los ecólogos, no hay acuerdo de donde terminan las ramificaciones de la disciplina, incluso algunos que no la pretenden muy disciplinada dentro de los esquemas previos de las ciencias. Tal vez porque por vez primera una rama científica no se propone en primer término delimitar su campo de acción (un exclusivo "coto de caza") y crear un lenguaje especializado. Por el contrario, lo ecológico es transversal y holístico, su lenguaje es inclusivo de todas las valencias de la cultura, que son recontextualizadas para un marco ecológico o ambiental informal-formal.

Insistimos que a la Ecología no le preocupan las fronteras. Por ello, lo ecológico se inmiscuye en lo evidentemente ecológico (ecosistema, ecotono, nivel trófico, nicho ecológico), pero también en lo biológico (población, especie, naturaleza), la jurisprudencia (norma ambiental, ordenación territorial), lo tecnológico (sistema, industria, subproducto), lo químico (nocivo, agresivo, contaminación), la oceanología (océano, bentos, necton), la economía (sostenibilidad, productividad, rendimiento), lo sociológico (multidisciplinario, naturismo, noosfera, pacifismo) o lo filosófico (felicidad, nirvana).

Lo ecológico, es alfabetización para leer el libro holístico, que podría haber sido una enorme enciclopedia que abordara toda la cultura humana acumulada, en sus múltiples versiones étnicas y culturales, cosmovisiones e interpretaciones del mundo. Más un libro que se pretendiera genuinamente holístico no podría ser otro que el propio planeta Tierra, de una inmensidad y complejidad tal, que, aunque algunos que le han sabido leer ciertas páginas luego de encontrar una que otra piedra de Rosetta, aun permanecemos analfabetos para su lectura integral. Insistimos que pensar ecológicamente es representarnos al mundo como todo. Una representación analítica es una falacia. Luego del análisis, tiene que venir la síntesis.

Nada asombra la amplitud de intereses ecológicos, porque los tentáculos de lo ambiental se introducen por todas partes de la biosfera y la civilización, el planeta Tierra y el mundo que vamos creando, plenos de vida, como enormes ecosistemas con múltiples corrientes intercomunicantes en y por debajo de sus 3 capas fluidas, Océano, Atmósfera y Pensamiento.

Va a ser una tarea muy ardua integrar humanamente y en el mito, un mundo que creyó y cree en objetos y que mientras más humeantes chimeneas industriales se ven en el horizonte, más inventiva tienen los humanos y más felicidad llevan a casa el obrero al salir de su labor diaria. Contra esas concepciones tan huérfanas de futuro, envejecidas culturalmente pero aun con el filo de una espada de oxidiana y la talla de Polifemo, si alguno quijotescamente le enfila su lanza, puede resultar malherido.

Nadie que conozca cómo funciona la naturaleza y esté planteando repensar este asunto, está planteando retornar a las cavernas. Se trata de volver a una manera de pensar que garantice nuestra supervivencia y la sostenibilidad de una humanidad muy densa y numerosa. Se trata de controlar sabiamente, sin autoritarismo, pero con energía, principalmente a partir de educación, mediante la educación y arribando a la educación. Y así redireccionar el cambio, hacerlo sostenible y no rendirnos a miopes economicismo, industrialismo o inmediatismo.

En nuestra miopía, y hasta ceguera, están cooperando los medios de difusión masiva, en especial la TV, que banalizan la cultura y que tienden a que al que ven con proyecciones más allá de mañana, lo consideran un soñador, un descentrado o un antisistema. Al respecto es bueno recordar lo que dijera Karl Lorenz, eminente científico estudioso del comportamiento animal: *"Cada hombre llega a un campo cada vez más refinado de conocimiento en el cual debe ser un experto para poder competir con otras personas. El especialista sabe más y más sobre menos y menos que finalmente lo sabe todo acerca de nada"*.

Para cambiar nuestro rumbo insostenible, obstinadamente desarrollista, economicista e industrialista, habrán de generarse propuestas, atajos culturales, diversas maneras de comunicar lo antes encerrado en religiones, filosofías, academias. La **Ecología** es un intento de cambiar la mente del ciudadano (o citadino) empeñado en dominar su entorno y ser adorador de objetos, cosas o sus imágenes, y transformarlo en *"Homo holo"* un ser proyectado hacia lo holístico y lo cósmico. Tal vez así, renazca el mito, nuestros demiurgos fundadores. Un ser siempre imperfecto, pero siempre perfectible No lo sé. Solo dudo.

¿Industrialización o basurización?

Es tal el volumen de desechos que hoy están liberando las industrias, sobre todo en esas incontrolables fábricas chinas, que es el momento de cuestionar ¿Es producto ello de un inmediatismo obtuso de la Economía, que no se supedita a una concepción holística o integral, tal como plantea la Ecología? ¿Para qué queremos tanta oferta? ¿Es razonable plantear que la acción sistemática de propaganda comercial, creando la necesidad de consumir, no es un factor nuevo y decisivo para desbalancear el teórico equilibrio oferta- demanda, y hoy igualito a lo que fue válido en el siglo XVII? ¿Es otro factor la eficiencia de la automatización, que está alterando definitivamente la conveniencia de producir? ¿Los sistemas educativos, diseñados en compartimentos estancos que llamamos asignaturas, son capaces de preparar al ser humano para evitar una catástrofe de contaminación difusa generalizada y sobrecalentamiento de atmosfera y océano?

No pretendemos aquí entrar en discusiones técnicas o aportar soluciones, sino destacar dudas y opciones de manera fluida. Muchos autores, mejor preparados y autorizados han presentado diversos libros y trabajos con demostraciones y datos concluyentes. En mi criterio, tal vez el más destacado individualmente sea Jim

Lovelock con su "Gaia" y "en Busca de Gaia" y como colectivo el IPCC (*International Panel on Climate Change*). Pero no podemos dejar de remarcar que, a nuestro criterio, recientemente hemos comprobado la desestabilización de los fluidos del planeta (atmósfera y océano) por alteración del balance energético (calentamiento global) y que la biosfera está profundamente estresada, con notable pérdida de biodiversidad y muestras de intoxicación.

Lo que proponemos no es la desindustrialización, sino que el industrialismo debe ser repensado, ya no solo en su dinámica interna, es decir, como fenómeno económico y tecnológico, sino con el holismo de la ciencia. Estamos en medio de un fenómeno social y ecológico de muy compleja magnitud y no será una solución a partir de visiones sesgadas, por ejemplo, de economistas o en la política. Hoy tiene especial vigencia una frase sardónica de George Bernard Shaw: *"If all the economists were laid end to end, they'd never reach a conclusion."*

La ciencia tiene métodos para limpiarse

¿Como es posible, que luego de saberse los errores como gobernantes de Stalin, Mao y Pol Pot, que lo hicieron en nombre del marxismo, sobrevivan hoy y sean objeto de atención intelectual las ideas de Robespierre, Rousseau, Marx, Engels, Lenin, Trotsky, Mao? ¿O que las ideas análogas de Marcuse, Gramsci, Foucault, Sartre, sean citadas con fruición y sobreviven en las academias de Occidente? ¿Y llaman a estos asertos Ciencia?

Se ha creado, a nivel de Occidente, toda una nueva capa social, los "Académicos" que se organizan para sin ser doctos, que son

Doctores en todos los problemas de mundo. Pero el mundo está más enfermo ahora que antes y estos doctores, continúan con sus nimiedades intrascendentes o congresos resolviendo problemas que no existen.

Por lo general, el academicismo es excluyente de alternativas, pretendiendo que son poseedores de la "verdad científica". Las universidades les pagan publicaciones de libros y viajes a conferencias repetitivas e insulsas. Dan charlas donde hablan horas y luego bajan de su olimpo medio que respondiendo alguna que otra pregunta, mirando el minutero.

No tengo una clara explicación de cómo puede estar ocurriendo esto. Creo que la intelectualidad que surgió en Europa de Ilustración, Positivismo y Racionalismo, nació con plomo en el ala. Tenían que ser humanistas, en el sentido de hablar y defender la humanidad como concepto casi religioso, no "al pueblo" como manada. Declarándose Quijotes, apenas llegan a ser Sancho Panza.

Creo (subrayo lo dubitativo) se trata de arrogancia intelectual. Que la vanidad y la falta de originalidad está en el centro de este fenómeno, que involucra millones de seres humanos ocupando posiciones pensantes, dado que la industrialización y el aumento de la riqueza social, ha permitido que Occidente (ahora se incorpora Oriente) tenga una parte de su población dedicada a "pensar" y "ensenar". Y tienen que declararse científicos, aunque incumplan con el primer presupuesto de la ciencia, que es someter todo a duda. Porque en ciencia es axiomático: observación, formulación, comprobación. No es lo que hacen estos señores que estudian lo social. Porque a la sociedad hay que aproximarse sin experimentar y ello deja un margen tan amplio para interpretaciones. Lo que afirma un sociólogo, no puede ser comparado a lo que afirma un físico o un biólogo. Pero aun así, han creado una serie de vacas sagradas, a las que debemos adorar. Se trata de autoritarismo intelectual. Te incorporas en nuestra comparsita o te ninguneamos.

Creo que todos tenemos derecho a meditar y exponerlo para concertar lo social. Eso hace todo pensador, incluso yo ahora, creemos que puede abarcar una concepción del mundo mucho más amplia que nuestra breve humanidad. Personalmente, yo me ubico en un cómodo butacón y creo poder despensar y repensar el mundo, mi país, mi entorno. Pero por educación soy incapaz de imponer mis ideas, y considero imprescindible oír a los otros. Seguramente ese fue el caso de Platón, de Moro y de Víctor Hugo, exponer sin imponer. Pero no fue el caso de los defensores del "pueblo" con el odio de Marx, Lenin, Trotsky, Mao y sus representantes actuales dentro de la academia. Estos señores padecen de cierto síndrome de *rock star*. Y conminan a las masas a ser sus fans.

Gran error que el cerebro atormentado y lleno de odio de Marx o el de Lenin, instalados en Londres o Ginebra, repensaran lo social para hacerlo evolucionar a bayonetazos. Se declaran revolucionarios en nombre del pueblo y detienen el curso de los cósmico, lo evolucionario.

El intelecto que acepte asesinar, en nombre de lo que sea, igualdad, justicia social o fatalismo de la historia, nos devuelve a la pretensión de las hordas de Gengis Khan, los Shogunes, Julio Cesar o Hitler, Stalin. Inmenso error de convocar a la cruenta lucha de clases, convocar a la igualdad a los desiguales, aceptar moralmente que bolcheviques o guardias rojos tomaran el poder con gran violencia. Cualquiera de estas cosas nos retrotrae a los horrores del sótano del castillo feudal, en este caso reasentados en la Lubianka o en Villa Maristas.

Los revolucionarios violentos pretenden conocer ciertas claves de la evolución social humana, y se consideran en el derecho a exponer e imponer una estructura social a los otros. Según algunos de ellos, la historia la habían estudiado y descifrado cerebros "excepcionales": San Marx y San Lenin, San Mao. Ello explica que el camarada Stalin, intelectualmente más obtuso, pero como gobernante un ariete, un Moloch, se constituyó en el incuestionable padrecito de todas las Rusias, tal como lo habían sido por más de 200 años los Zares. El hombre de acero, era un ariete para los enemigos del pueblo, es decir, todo el que dudara de su sabiduría.

Stalin se las arregló para actuar como brazo ejecutor de esas ideas tan bien pensadas por Marx y Lenin. No era autoritarismo, es que Marx descubrió las claves de la evolución social y Lenin logro el primer estado moderno gobernado intelectualmente, la igualdad. Enaltecer el común, el pueblo, el ciudadano de a pie, pero ser ellos mandarines. Y todo el que no fuera común era "*enemigo del pueblo*". Así, elimino una gran proporción de sus camaradas bolcheviques y la alta oficialidad del ejército rojo.

Y los bolcheviques, debieran haber sido acusados de plagio porque los Jacobinos casi habían hecho algo similar en el Siglo XVIII, y habían ido a desembocar en el Terror. La guillotina cercenando ideas, quitar la cabeza a todo el que dudara del iluminado abogadillo Robespierre y el demente Danton. Los iluminados intelectuales jacobinos franceses, querían romper con la inercia feudal de Francia de los Luises y su aristocracia inútil. Para destronar la tradición feudal instituyeron La Razón, que suponía ciertos pensadores cuasi-divinos (Rousseau, Voltaire, Diderot). Los jacobinos pretendieron conocer ciertas claves de la evolución social humana. Se consideraron en el derecho a exponer e imponer su estructura social. El rollo vuelve a correr en al caso de Mao, un maestrito iluminado y sus adláteres y adoradores del PCCh.

La misma entidad que hoy cree poder imponer al mundo su agenda misteriosa, tal vez mero mandarinismo.

Ganancia de función, pérdida de libertad

La ganancia de función, implica la selección e introducción en una población de seres vivos, de individuos con genes seleccionados, cambiados o mutados, lo que incrementa la acción de ese gen. Es un método habitual en investigación genética, microbiológica e incluso es parte de nuestra histórica emergencia civilizatoria, en que hemos domesticado especies, transformándolas (agricultura, ganadería) para que produzcan determinados productos que nos son útiles. En experimentación científica, la Ingeniería Genética puede llegar a ocasionar grandes trasformaciones en individuos, hacerlos verdaderos monstruos. Por ello, cabe la pregunta ¿es ganancia para la humanidad?

Las relaciones entre Ciencia, Sociedad y Política se hacen cada vez más intricadas, fisiológicas y sistémicas. Actualmente no pudiera prosperar un político anticientífico o un científico despreocupado de las consecuencias de sus experimentos. Pero la realidad es que hay políticos muy mal preparados que lo saben ocultar, políticos-loros que les importan las encuestas y muy poco lo que dice la ciencia, algunos científicos vendiéndose como pescado en tarima y una buena proporción de la población dedicada a mirarse el ombligo o a ver películas de Netflix.

Actualmente se ha incrementado enormemente el número de tontuelos que creen que no tienen que estudiar y toda información está accesible en Google. Navegan entre contradicciones, encontronazos y divorcios. Aunque algunos lleven en su bolsillo la Biblioteca de Alejandría prefieren "estudiar" pornografía. Aun así, podemos encontrar muchos individuos muy informados e integrales. Así que podemos tener a la vez las mayores esperanzas, pero las más amplias dudas.

La globalizada confusión ocasionada por la pandemia de covid 19 ha dejado entrever profundas disfunciones diversas en la forma en que los seres humanos continuamos ascendiendo por la escalera civilizatoria. En mi criterio, la principal de estas es la emergencia de China bajo el ojo del Gran Hermano. Eso olvidan los gerentes de compañías establecidas en China, los científicos occidentales relacionados con investigadores chinos y académicos que no se percatan del espionaje blando que implican miles de estudiantes chinos en universidades de Europa y Estados Unidos.

China

China históricamente estuvo encerrada en sí misma. Autoritaria, colectivista, poco transparente, confuciana y maoísta. Recientemente han enviado miles de alumnos a formarse en universidades de occidente que luego, en más casos de los que sospechamos, espían y roban todo tipo de secretos tecnológicos. Reproducen productos industriales con muy baja calidad, irrespetando patentes y derechos de autor, cumplen contratos en apariencia, pero con muy deficiente control de calidad. Es un estado carcelario, con un nivel de control de su población hipertecnológico-real-orwelliano, que contamina y destruye su propio entorno y llena al planeta de pedazos de plástico de sus productos malos industriales, hechos de plástico pegado con saliva que se deshacen fácilmente y que han incrementado basureros en medio de los océanos.

La muy rápida industrialización de China, ha ocurrido quemando en unos decenios etapas que habían costado a Occidente 5 siglos de progresivos y trabajados cambios en sus sociedades. Fueron procesos de metamorfosis social y de emergencia desde capitalismos agrarios, a industriales, a especulativos, que en lo social se derivaron del despotismo ilustrado y luego en democracias liberales.

El liberalismo y la Revolución Industrial en Occidente fueron procesos basados en el individualismo, la meritocracia, la ciencia y en contra del autoritarismo previo de reyes absolutistas. En China, por el contrario, la industrialización se ha hecho sobre la base del colectivismo y sosteniendo e incrementando el autoritarismo-militarismo de un gobierno centralista.

En Occidente, el liberalismo en el siglo XVIII implicó la atenuación del absolutismo de los Reyes. Ocurrió relacionado con la Ilustración, el Racionalismo y el industrialismo, así como con diversos hechos históricos con epicentro en uno u otro reino europeo, de los que en especial vale recordar la Revolución Gloriosa, la I Revolución Industrial y el parlamentarismo (en Reino Unido); la Revolución Francesa (en Francia), la eficiencia del Sistema educativo de Bismarck (en Prusia), la violencia de la Revolución de Octubre (en Rusia) y la creatividad de la IV Revolución Industrial (en ESTADOS UNIDOS).

Occidente emergió del pantano feudal de manera bien diferente a como permite y facilita la emergencia científico tecnológica de China. La idiosincrasia y el sistema político chino son opacos y permiten situaciones que en otros países serían resaltados y evitados por una moral individualista y una prensa libre, aunque algo anárquica.

Políticos norteamericanos pretendieron que inversiones en aquel país lo harían democratizarse. Lo convirtieron en otra locomotora industrial mundial, pero sin incorporarse a las concepciones modernas de gobernabilidad, dejando atrás su milenario autoritarismo. Su militarismo no cedió, no ha dejado de ser la columna vertebral social.

Nada de liberalismo, nada de racionalismo, nada de democracia, nada de lógica. No asombra que su proceso de acelerada industrialización, sea tan inestable. Todo es un engendro, un Frankenstein social-industrial.

Wuhan

Es muy significativa la proximidad del mercado húmero de Wuhan (clausurado en enero de 2020), y el Instituto de Virología en la misma localidad. Allí reside la mayor colección mundial de coronavirus de murciélagos, a cargo de la viróloga Shi Zhengli, directora del Instituto. La "doctora murciélago" ha publicado diversos trabajos científicos sobre virus de murciélago replicados en humanos. Se estima que los murciélagos son los portadores originarios de los distintos virus SARS.

La OMS ha hecho un informe que acepta el surgimiento de la pandemia en el mercado húmedo de Wuhan, pero ese organismo mundial no se ha tomado el trabajo de convocar una conferencia internacional sobre temas tan controversiales y llegar a conclusiones concertadas, así que nos tenemos que conformar con una catarata de suposiciones y de periodistas mal preparados para el asunto, pero creando pánico.

Es bien confuso cómo el patógeno saltó al ser humano. No se descarta que una mala manipulación en esos laboratorios hubiera provocado un escape del patógeno, ahora con peligrosidad incrementada. Pero extrañas características del virus y la incompetencia de la OMS, de organismos científicos, gobiernos y de la prensa en informar coherentemente los hechos, pueden apuntar a un origen artificial, es decir, es un arma biológica.

Los experimentos de ganancia de función, en que participa la Dra. Zhengli y muchos investigadores de Wuhan y otros laboratorios biológicos. ¿Tienen derecho grupos cerrados de científicos a estar jugando al Dr. Frankenstein? ¿Qué clase de manipulaciones se están realizando dentro de esos institutos? ¿Hasta qué punto un grupo de científicos puede decidir tomar riesgos que luego pueden costar millones de vidas y enfermar la economía mundial? Entonces, cabe preguntarse: ¿Actualmente debe hacerse pública toda la información de lo que ocurrió en Wuhan? ¿no es imprescindible un documento oficial de una comisión internacional neutral que todos acepten? ¿Qué papel juega la OMS en estos hechos, sus intríngulis y sus intrigas?

La Dra. Zhengli durante 2014-2019 había realizado experimentos colaborando con el zoólogo británico Peter Daszak, de EcoHealth Alliance. Colectaron y almacenaron la más amplia colección de coronavirus de murciélago del mundo. Sus estudios se enfocaban en encontrar tratamientos o vacunas contra potenciales epidemias. Esto lo logran mediante la manipulación de cepas patógenas en laboratorio (ganancia de función), siempre con peligro de fuga. Estos estudios cuentan con financiamiento del gobierno chino, pero También de instituciones norteamericanas y occidentales. Aunque son públicos, son ampliamente desconocidos por el gran público.

En 2020 el gobierno chino autorizó ingresar a Wuhan a un equipo de expertos dirigido por el Dr. Daszak, quien descartó la posibilidad de mala manipulación y fuga desde el laboratorio. Pero las relaciones previas de este investigador con Wuhan quitan credibilidad a dicha conclusión. Luego China ha impedido otra investigación independiente. La investigación se mantiene como "inconclusa". Los millones de humanos que han sido víctimas de la pandemia preguntan: ¿Qué ha pasado en Wuhan? Gobierno chino, OMS, oscuros intereses de científicos, periodistas mal preparados y servicios secretos se turnan en crear confusión. Y uno se pregunta: ¿Pero cómo Estados Unidos está permitiendo que esto ocurra?

Investigación y financiación

Desde 2015 investigaciones del instituto de Wuhan han creado 8 tipos de virus SARS-CoV-2. Se trata de modificaciones del ADN o el ARN, para darle potencialidades que no tienen naturalmente. Lo asombroso es que estos estudios pueden estar financiados por instituciones en USA, como el NIAID (Instituto Nacional de Alergias y Enfermedades Infecciosas) bajo dirección del Dr. Anthony Fauci, o en colaboración con otras instituciones norteamericanas como la Universidad de Carolina del Norte en Chapel Hill, donde labora **el** virólogo Ralph Baric. También Daszak habría obtenido varios millones de dólares de Fauci para crear clones de virus patógenos. DARPA, la agencia de desarrollo tecnológico del Pentágono también se menciona financiando estudios virológicos en WUHAM, que luego consideró de "alta peligrosidad" y dejó de subvencionar.

Es sorprendente la ingenuidad de ciertos científicos en su relación con China, aunque actualmente También se sospecha que son casos de malos manejos y corrupción. Por ejemplo, el Dr. Charles Lieber, presidente del departamento de Química de la Universidad de Harvard, a la vez que recibía fondos federales estadounidenses para sus investigaciones, fue parte de la creación de un laboratorio en Wuhan. Para lo que recibió sumas millonarias, a la vez que la Universidad de Wuhan le pagaba un salario mensual de unos 50.000 USD y 150.000 USD/año como gastos. Y no es un caso aislado. Hoy se conoce que el gobierno chino recluta talentos en países occidentales mediante el programa *Thousand Talents Program*. Actualmente en EEUU se investigan numerosos casos de supuestos robos de propiedad intelectual por parte de estudiantes o profesores chinos visitantes.

Otros desastres virales

Lo que rara vez se dice es que, en la naturaleza, poblaciones animales con alta densidad son rutinariamente golpeadas y disminuidas por enfermedades transmisibles. Eso es algo que en *dinámica de poblaciones* (una especialización científica) ni siquiera se discute. El caso de los sucesivos golpes de respuesta ecológico (*ecological backlash)* virales que antes mencionamos. Y China ha sido una fábrica de problemas virales, como el H2N2 (1957-1958), H3N2 (1968-1969), H5N1 (1997-2004), SARS (2003), Gripe aviaria (2006), Gripe porcina (2010), Peste Porcina (2013), Coronavirus, Covid-19 (2019). Algunos de estos se detuvieron sin una clara explicación.

Estas epidemias y pandemias no solo se relacionan con una población humana de muy alta densidad, luego de la explosión demográfica. También se trata de la altísima movilidad por comercio y turismo, que puede implicar que alguien desayune en New York, almuerce en Dubái y cene en Tailandia, con una libertad de contactos enorme. Eso no existe en la naturaleza, las estructuras naturales tienden a evitar la promiscuidad (sexual y de todo tipo). El ser humano ha obviado esto y se ha constituido en un fácil y alegre portador de enfermedades. Llama la atención que

África, que tienen un nivel mínimo de vacunación, pero una movilidad reducida, no ha presentado una situación calamitosa. Es casi evidente que las potenciales epidemias son más trasmisibles y peligrosas en países con alto nivel de desarrollo y movilidad de su población. Eso explica las altas mortalidades en USA y países de Europa. Sin embargo, los organismos internacionales de comercio y turismo, apuestan a una recuperación sobre la base de mercadeo, sin grandes cambios de la movilidad, apostando por sólo medidas periféricas como vacunas, bozales y aislamiento.

Los grupos humanos fuimos liberándonos del flagelo de los microorganismos mediante el uso de medicinas, principalmente antibióticos. Gracias a la medicina las sociedades se hicieron más densas, más complejas, a la vez que más productivas.

En las sociedades occidentales, las cosas de la sociedad se ventilan públicamente.

Pérdida de libertad

Las pruebas de ganancia de función, en especial manipular virus para alcanzar gran capacidad infecciosa de humanos, muestran la complejidad de la relación Ciencia Sociedad. Ninguna puede actuar sin interrelación con la otra.

Por su peligrosidad, ningún grupo científico o entidad investigativa nacional o internacional debiera estar autorizada a manipular patógenos con total desconocimiento del público y sin que organizaciones científicas supervisoras garanticen que sus procedimientos son éticos y seguros. Este es un asunto de bioética, pero además político.

La OMS está demostrando no estar preparada para esta función. Y los políticos en todas las latitudes evidentemente no pueden manejar situaciones tan complejas, lo cual parece estar indicando el fin del político, ese individuo verborreíco y atento a las encuestas, para dar paso a elección de organismos colegiados con rápido cambio de los miembros, responsables en equipo a todos los niveles, desde el municipal al mundial.

El Dr. Fauci negó bajo juramento ante el Congreso que financiaran la ganancia de función en Wuhan. Luego dejó abierta la posibilidad de que científicos chinos a los que subvencionaron, mintieron y emplearan dinero de los contribuyentes norteamericanos, en matar norteamericanos. Si este no es un delito, es una evidente incompetencia. Es tiempo que asuntos complejos dejen de enfrentarse con personalismos y que el Sr. Fauci se retire y deje paso a otros científicos para rectificar errores y enfrentar lo que viene. En ningún caso intereses o criterios estrechos desde grupos, pueden poner en peligro la viabilidad de la humanidad y nuestro derecho (individual y grupal) a actuar con libre albedrío.

Industrialización vs biodiversidad

La industrialización ha sido el principal motor impulsor del desarrollo humano. Implica la producción industrial masiva en la economía de un país (o conjunto de estos). Pretendidamente se basa en las ciencia(s) y la(s) tecnología(s) y se caracteriza por la producción masiva de bienes de producción y de consumo hechos ya no por artesanos sino por máquinas (maquinismo) que tienden hoy a la automatización, el empleo de mano de obra cada vez más especializada y la concentración de la población en áreas colindantes a las industrias, con significativas implicaciones en la productividad y el urbanismo, que trasvasan la economía agraria inicial a una industrializada, de mercado, y luego a una economía especulativa. Esta última, constituye una corrupción de los objetivos naturales e iniciales, y es el llamado Capitalismo de Casino.

La sociedad industrial o desarrollada, se concibe como resultado de la industrialización. En la Europa nórdica, ese complejo proceso comenzó en los siglos XVIII y XIX y paralelamente, o luego, echó raíces en Estados Unidos Japón, Australia, Corea del Sur, etc. En la actualidad ocurre con mayor o menor intensidad en casi todos los países y se le considera el factor central del crecimiento económico y la fórmula (casi única) para superar el subdesarrollo. Sin embargo, desarrollo es diversificación económica.

En su lado negativo, la industrialización es a veces citada como el factor fundamental de la disminución de la biodiversidad, la degradación ambiental y el generador de la crisis ecológica, pero ello no es exacto. El deterioro del medio ambiente en ese caso es consecuencia de que el capital cultural no descansa en justa proporción sobre el capital ecológico. En otras palabras, que la sociedad no deviene en sociedad del conocimiento.

Cuando la cultura es o débil o contradictoria (asistémica), no hay factores reguladores de los flujos de producción y cada individuo (cada uno con gran poder tecnológico), actúa como un factor alterador de los equilibrios ancestrales. Por ello, se generan grandes proporciones de desechos, mayores incluso que los de productos. La industria (y la industrialización) se ha caracterizado por una enorme ineficiencia, pues de todo el trasiego de materia prima obtiene una masa útil extraordinariamente baja. Algunos autores mencionan unos 1.45 Tm de desechos por cada 45 Kg. de productos manufacturados; en la extracción de cobre cada Tm resultante implica 775 Tm de desechos, y en la de estaño, la relación es 1:10,450. Ello no ha impedido que muchos pretendan que desarrollo sea fundamentalmente construcción de la industria pesada (metalurgia, construcción de maquinaria, química, petroquímica, energética) y que, siendo el sector clave de la economía, reorganice los otros sectores (industria ligera: textil calzado, artesanal; e industria extractiva: agricultura, pesca, forestería, minería).

Por su parte, la biodiversidad o diversidad biológica es la variedad o gran abundancia de seres vivos sobre el planeta o un sector de la biosfera, resultado de la sucesión ecológica y a más largo alcance, de la Evolución. Suele incluir miles o millones de especies, individuos y sus genes, así como la estructura intrincada que forma todo ecosistema y demás formas de agrupación de los seres vivos (comunidad, población). Es un vocablo de amplio uso en la actualidad, en realidad un caso particular de diversidad, no muy claramente distinguible. La biodiversidad o diversidad de lo vivo, tiende a incrementarse más velozmente (en sentido geológico) que la diversidad del universo (tipos de átomos, minerales en un planeta, tipos de suelos, galaxias) y es un valor que la naturaleza acumula como capital ecológico. En el planeta Tierra la biodiversidad se maximiza hacia la zona ecuatorial.

A partir de la Revolución Industrial, cuyo comienzo confusamente se ubica hacia 1750, la industria es el sector de la economía de un país que se dedica a la producción industrial. A su vez es el sitio o lugar donde se aplica determinada tecnología en la producción masiva de bienes de producción y de consumo y se realiza la transformación de una materia prima en un producto, en un bien de consumo, en cuyo caso equivale a fábrica.

Se ha concebido que el sector industrial se contrapone al extractivo (agricultura, pesca, minería, maricultivo, caza) y supera el sector manufacturero. En cuanto a dicha contraposición, es otro de los esquemas mentales errados con que ha trabajado el ser humano, pues la fase industrial no puede existir sin la previa fase extractiva, y ésta a su vez es el preámbulo de lo automatizado, así que son escalones de un mismo proceso. Y en lo de superar el nivel manufacturero, también es erróneo que la maquinación, automatización y ni siquiera la informatización actual, eliminan todo tipo de manufactura. Que esta quede relegada a un segundo plano, es cierto, pero coexiste y es la base. Es de la manera que siempre opera la Evolución, dando un papel a veces más preponderante a los partícipes (las especies, los especímenes), pero no se trata de su exclusión hasta la extinción. A la naturaleza siempre le conviene y busca la diversidad, de lo que se trata es que unas y otras especies e individuos vayan pasando de roles centrales a periféricos, en la medida que ocurre la Sucesión Ecológica y, a más larga distancia, la Evolución.

En fin, la industrialización ha atentado contra la diversidad, y todos nosotros hemos asistido de manera inconsciente, pasiva y oportunista a este asesinato. Habrá que ver si la Sociedad del Conocimiento, y la tos que ya muestra la biosfera, pueden soportar y endosar esta injusticia y dilapidación. O domesticamos este potro salvaje que ahora es la Industria.

Las manos odian al cerebro

Carlos Marx pretendió que el ser humano que trabaja con las manos, es el que está destinado a ser el constructor del futuro. En una lectura de la historia humana, nada más inexacto e improcedente. Fue uno de los intelectuales que con más inquina acusó de brujeros a los intelectuales, y los dejó preparados para todo tipo de persecusiones, acusaciones, degradaciones desde los predios de las masas aldeanas, artesanas.

Sus planteamientos absurdos, eran muy convenientes a movimientos obreristas y a las intrigas posteriores de las

Internacionales Comunistas, servicios secretos rusos, chinos y todo el que pretenda dinamitar Occidente desde su historia.

Luego de las evidencias que Jrushchov tuvo el valor de develar en 1953, la intelectualidad mundial no rectificó claramente sus concepciones. El veneno intelectual no fue extraído del cuerpo social. La intelectualidad occidental, obtusa y tozudamente, apenas rectificó algunos grados el ángulo de sus consideraciones. ¿Cómo es posible esto?

Somos esencialmente seres prospectivos. Con cerebro y alma hemos ido emergiendo desde el polvo y fango de los eones, para pretendernos como criatura arbolada con algo más que sensorialidad animal. Ello lo asume de manera primitiva e individual el brujo tribal, luego por milenios lo enarbola la intelectualidad artística-humanista, y hoy además eso se estructura sistémicamente en el complejo modular científico-tecnológico, cada vez más coherente y planetario, construido por partes como nunca antes había ensamblado nada el *Homo sapiens*.

En la partida de caza, era el grito y el gesto los que nos sincronizaban, ahora, es el método y las leyes científicas. Pero parte de la civilización depende del grito y del gesto, las artes, la educación concreta, el plano repetible de científicos e ingenieros. Pero nunca está de más la licencia de las humanidades.

Monos evolucionados u ángeles caídos.

Tanto si fuéramos monos evolucionados o ángeles caídos, algo impele a la mente, más aún la mente poderosa, a mirar más allá de lo que ven los ojos. Ese no es un pecado intelectual sino algo propio del pleno *Homo sapiens*. Por algo llevamos ese apellido, *sapiens.*

El pecado ocurre cuando muchas evidencias señalan que antes hubo un error de apreciación, y eso se niega. Pueden ocurrir tres tipos de errores: Decir que si, cuando es que no; Decir que no, cuando es que sí; o no decir nada y dejar que el azar determine.

Ante el asombro provocado por Jrushchov, gran parte de la inteligencia rusa se sumó a la tercera posibilidad, se hizo la tontuela o aceptó muy lentamente la realidad denunciada por algunos intelectos en la URSS, que no se doblegaron, con terrible costo: Solzhenitsin, Bulgakov, Vavilov....

Occidente traicionado

Decimos claramente ¿cuál será, en definitiva, el destino político de los industriales? Los industriales se constituirán en la primera clase de la sociedad; los más importantes de entre los industriales se encargarán, gratuitamente, de dirigir la administración de la riqueza pública: ellos serán quienes hagan la ley y quienes marcarán el rango que las otras clases ocuparán entre ellas; concederán a cada una de ellas una importancia proporcional a los servicios que cada una haga a la industria. Tal será inevitablemente, el resultado final de la actual revolución; y cuando se haga este resultado, la tranquilidad quedará completamente asegurada, la prosperidad pública avanzará con toda la rapidez posible, y la sociedad disfrutará de toda felicidad individual y colectiva a la que la naturaleza humana puede aspirar.
Saint-Simon: Catecismo político de los industriales (1824)

Es larga la lista de iluminados, filósofos, teólogos, monjes, sabios, intelectuales, y recientemente "científicos sociales" y "politólogos" que se han pretendido en el deber y en el derecho de repensarnos. Malabaristas del verbo, alumbrados, pensadores, se han creído en posesión de un mandato, un legado, de "*sabiduría*". La mayoría son ideólogos, pagados. Algunos, actuaron de manera comedida y comunicaron su convicción respetando el espacio de otros. Algunos, por el contrario, creyeron que su iluminación los autorizaba a eliminar física o intelectualmente a todo aquel que no comulgara o dudara de su creencia o dogma.

Las culturas occidentales, desde su origen judeo-cristiano llevan plomo en el ala. Nos fundó Moisés, guiando al pueblo judío a través del desierto hacia la tierra prometida. Pero no todos llegaron. Cuando el iluminado subió a la montaña, descendió con 10 mandamientos, MANDAMIENTOS subyugantes de todo. Aquellos en su tribu, de su sangre, que continuaron "adorando el becerro de oro", merecieron ser pasados a cuchillo. Una tercera parte de la tribu de Moisés fue así eliminada.

Por milenios, existieron en Europa guerras y asesinatos de pretexto religioso, incluso casi todo el S-XVII y XVIII fue una continuidad de devastadoras guerras, a veces por nimiedades en interpretaciones religiosas de la biblia. Cristianos y protestantes, apostólicos, hugonotes, huteritas y otomanos, encajaron espadas o cimitarras, sitiaron y arrasaron ciudades amuralladas en nombre de Dios, Ala, Jehová o las Vírgenes. Morían o mataban por nimias diferencias de interpretación de un texto.

Ser inteligente es deber inclaudicable de la *inteligentsia*. El constructo social que no cuente con el parlamentarismo, tertulias de café o conferencias-válvula, va a resolver sus cuestiones con la espada y la cimitarra. Pero ¿Se le puede llamar *intelligentsia* a unos *H. sapiens* que pretendiendo habitar la torre de marfil, en los hechos rehúyen las evidencias, se emborrachan con ideasopioides, sucedáneos-sustantivos, libros-drogas?

Hoy, se va haciendo cada vez más evidente que la *intelligensia* nació con plomo en el ala. Tal vez el plomo no nos entró desde las guerras, sino cuando los pensadores franceses del Siglo de las Luces, huyendo de las guerras y del hombre a caballo, crearon paradigmas recargados hacia el buenismo social: todos somos buenos, el ser humano originalmente era un salvaje inocente, que se contaminó con la sociedad. Nos soñaron, más que nos pensaron: Rousseau, Saint Simon, Owen, etc., etc. Muchos pudieran ser señalados como los primeros que inocularon en el torrente cultural de occidente los personajes buenos: Don Quijote que desface entuertos, Robin Hood que es ahora un justiciero entre rascacielos (Batman o Superman) el Zorro vengador como justiciero nocturno, Jean Valjean como bondadoso expresidiario.

Es asombroso que en otras latitudes algunos aun hoy consideran los infieles sus enemigos mortales, pero en general se puede decir que los grupos humanos actuales se han humanizado, y rara vez una tribu pasa a cuchillo parte de otra tribu que no marcha con la manada (notable excepción los Hutus y Tutsis en África Central). Pero ahora se les obliga a abandonar el país en que nacieron, usando maneras más graduales, teatrales e hipócritas: ser declarados revisionistas, gusanos o escuálidos.

Pero esto depende de muchos imponderables. En situaciones de campamento militar, puede retornarse al modo Moisés: cuchillo a todo el que dude. Eso explica el terror en la actuación de Jacobinos, Bolcheviques, kmers Rojos, Guardias Rojos maoístas o intrigantes del Partido Socialista Popular (PSP).

Dentro de la revolución todo, contra la revolución nada, puede implicar un pasaje de avión, unas onzas de plomo o una muerte congelado en la miseria. Ello puede depender de si la limpieza ideológica se hace cerca de la Siberia o de la Florida. Los gulags pueden ser campos de horror, pero se han producido en la historia extraños casos, como el próspero gulag en Miami.

Pero la mayoritaria tradición verbalista o parlamentaria de occidente, puede incluir subrepticias eliminaciones selectivas (Rosa Luxemburgo, Trotski, Julio A. Mella, Camilo Cienfuegos, J. F. Kennedy, Carlos Galán).

El mundo y el Cosmos son tan complejos, que los seres humanos los queremos comprender en pares, en pesimistas dualidades. Artificialmente ha sido definido como dualista, a veces de manera obtusamente maniquea. A causa de ello, la intelectualidad se ha debatido por siempre entre dos modelos preeminentes. Por un lado, el modelo Platón-Sócrates: iluminados que reciben la luz desde arriba y se basan en ensoñaciones y el verbo. O el modelo Aristóteles-Pitágoras (el primero alumno rebelde de Platón, el otro fundador de la Geometría moderna), que intentan sistematizar el conocimiento y ordenar ideas científicamente.

Se ha pedido que seamos gobernados por sabios. El resultado ha sido que generalmente acceden al poder sofistas, que dinamitan la sociedad desde arriba, pretendiendo que la están reasentando, de manera "revolucionaria" luego del desmadre en Francia. Y algún filósofo, tal como ya habían requerido tantos pensadores. no pudieron resultar más inhumanos, una vez en el poder. Es el caso de Lenin, que asesinó a millones en nombre de turbios conceptos: ej. la lucha de clases, dictadura del proletariado. Es el caso de los Castro, que asesinaron a algunos y expulsaron del país a todo pensamiento alternativo, el 20% de la población.

Es larga la lista de iluminados, filósofos, teólogos, monjes, sabios, intelectuales, y recientemente "científicos sociales" y "politólogos" que se han pretendido en el deber y en el derecho de repensarnos. Malabaristas del verbo, , alumbrados, pensadores, se han creído en posesión de un mandato, un legado, de "*sabiduría*". La mayoría son ideólogos, pagados. Algunos, actuaron de manera comedida y comunicaron su convicción respetando el espacio de otros. Algunos, por el contrario, creyeron que su iluminación los autorizaba a eliminar física o intelectualmente a todo aquel que no comulgara o dudara de su creencia o dogma.

Las culturas occidentales, desde su origen judeo-cristiano llevan plomo en el ala. Nos fundó Moisés, guiando al pueblo judío a través del desierto hacia la tierra prometida. Pero no todos llegaron. Cuando el iluminado subió a la montaña, descendió con 10 mandamientos, subyugantes de todo. Aquellos en su tribu, de su sangre, que continuaron "adorando el becerro de oro", merecieron ser pasados a cuchillo. Una tercera parte de la tribu de Moisés fue así eliminada. Occidente fue fundado en la intolerancia.

Por milenios, existieron en Europa guerras y asesinatos de pretexto religioso, incluso casi todo el S-XVII y XVIII fue una continuidad de devastadoras guerras, a veces por nimiedades en interpretaciones religiosas de la biblia. Cristianos y protestantes, apostólicos, hugonotes, huteritas y otomanos, encajaron espadas o cimitarras, sitiaron y arrasaron ciudades amuralladas en nombre de Dios, Ala, Jehová o las Vírgenes. Morían o mataban por nimias diferencias de interpretación de un texto.

Ser inteligente es deber inclaudicable de la *inteligentsia*. El constructo social que no cuente con el parlamentarismo, tertulias de café o conferencias-válvula, va a resolver sus cuestiones con la espada y la cimitarra. Pero ¿Se le puede llamar *intelligentsia* a unos *H. sapiens* que pretendiendo habitar la torre de marfil, en los hechos rehúyen las evidencias, se emborrachan con ideasopioides, sucedáneos-sustantivos, libros-drogas?

Hoy, se va haciendo cada vez más evidente que esa *intelligensia* nació con plomo en el ala. Tal vez el plomo no nos entró desde las guerras, sino cuando los pensadores franceses del Siglo de las Luces, huyendo de las guerras y del hombre a caballo, crearon paradigmas recargados hacia el buenismo social: todos somos buenos, el ser humano originalmente era un salvaje inocente, que se contaminó con la sociedad. Nos soñaron, más que nos pensaron: Rousseau, Saint Simon, Owen, etc., etc. Muchos pudieran ser señalados como los primeros que inocularon en el torrente cultural de occidente los personajes buenos: Don Quijote que desface entuertos, Robin Hood que es ahora un justiciero entre rascacielos (Batman o Superman) el Zorro vengador como justiciero nocturno, Jean Valjean como bondadoso expresidiario.

Es asombroso que en otras latitudes algunos aun hoy consideran los infieles sus enemigos mortales, pero en general se puede decir que los grupos humanos actuales se han humanizado, y rara vez una tribu pasa a cuchillo parte de otra tribu que no marcha con la manada (notable excepción los Hutus y Tutsis en África Central). Pero ahora se les obliga a abandonar el país en que nacieron, usando maneras más graduales, teatrales e hipócritas: ser declarados revisionistas, gusanos o escuálidos.

Pero esto depende de muchos imponderables. En situaciones de campamento militar, puede retornarse al modo Moisés: cuchillo a todo el que dude. Eso explica el terror en la actuación de Jacobinos, Bolcheviques, Jmers Rojos, Guardias Rojos maoístas o intrigantes del Partido Socialista Popular (PSP) .

Dentro de la revolución todo, contra la revolución nada, puede implicar un pasaje de avión o unas onzas de plomo. Ello puede depender de si la limpieza ideológica se hace cerca de la

Siberia o de la Florida. Los gulags pueden ser campos de horror, pero se han producido en la historia extraños casos, como el próspero gulag en Miami.

Pero la mayoritaria tradición verbalista o parlamentaria de occidente, puede incluir subrepticias eliminaciones selectivas (Rosa Luxemburgo, Trotski, Julio A. Mella, Camilo Cienfuegos, J. F. Kennedy, Carlos Galán).

El mundo y el Cosmos son tan complejos, que los seres humanos los queremos comprender en pares, en pesimistas dualidades. Artificialmente ha sido definido como dualista, a veces de manera obtusamente maniquea. A causa de ello, la intelectualidad se ha debatido por siempre entre dos modelos preeminentes. Por un lado, el modelo Platón-Sócrates: iluminados que reciben la luz desde arriba y se basan en ensoñaciones y el verbo. O el modelo Aristóteles-Pitágoras (el primero alumno rebelde de Platón, el otro fundador de la Geometría moderna), que intentan sistematizar el conocimiento y ordenar ideas científicamente.

Se ha pedido que seamos gobernados por sabios. El resultado ha sido que generalmente acceden al poder sofistas, que dinamitan la sociedad desde arriba, pretendiendo que la están reasentando, de manera "revolucionaria" luego del desmadre en Francia. Y algún filósofo, tal como ya habían requerido tantos pensadores. no pudieron resultar más inhumanos, una vez en el poder. Es el caso de Lenin, que asesinó a millones en nombre de turbios conceptos: ej. la lucha de clases, dictadura del proletariado. Es el caso de los Castro, que asesinaron a algunos y expulsaron del país a todo pensamiento alternativo, el 20% de la población.

Cambio climático, algunas reflexiones

Los hechos e implicaciones del cambio climático deben y tienen que ser interpretados con suma honestidad intelectual, lo cual sólo se puede lograr aplicando estricta y sistemáticamente métodos científicos, que hasta el momento son los únicos que han demostrado ser suficientemente precisos, armables individual o grupalmente y una defensa contra los sesgos, preconcepciones, vaivenes, servidumbres e intereses personales, profesionales políticos, ideológicos, culturales. Los métodos científicos no son perfectos ni infalibles, pero son lo mejor que tenemos para entresacar de entre la maraña de informaciones algunos criterios comedidos y poder hacer proyecciones a largo plazo lo más equilibradas posibles a ser propuestas al consenso democrático social. Nos debatimos actualmente entre la evolución cultural, la anarquía, la farándula política, la arrogancia intelectual, los métodos científicos y tecnologías cada vez más eficientes, pero invasivas de nuestra humanidad.

Aceptada la falibilidad de la ciencia, está claro que posiblemente el origen del propio cambio climático se deba a la aplicación impensada y desbalanceada de ciertos avances científicos que manipulamos como tecnologías sin contrapesos, consecuencia de la llamada Revolución Industrial[1]. Pero aún si la ciencia y la tecnología fueran parcialmente "culpables", ello sería una razón más para que las hagamos más eficientes (no le pretendemos vigencia indiscutida). Si nos han introducido en el problema de la contaminación global, ello no es razón para desmontarlas. Aun así, son nuestra única Arca de Noé para salir del trance.

En todo caso, debemos aplicar ahora el <u>Principio de Precaución</u>, una muestra de que actuamos con mentalidad prospectiva y no reactivamente y poniéndole parches a nuestros errores. Si no, tal vez, tengamos que lamentar dentro de unos años pérdidas mucho mayores. Pérdidas futuras, dentro de más de un decenio, y que no se van a contabilizar en los resultados políticos, enfocados cuando más en los próximos 4- 6 años. Dicho sea de paso, este es otro ejemplo de que los métodos propios de la política ya están obsoletos, se corresponden con la poli, (la ciudad–estado griego) no con la *ecumenópolis*, (la moderna ciudad global).

Cambio climático-social

El cambio climático puede y debe actuar como catalizador del cambio social. Si no nos adaptamos como sociedades a los nuevos requerimientos ambientales, parte de la población perecerá en catástrofes de mayor frecuencia y envergadura que aquellas a las que históricamente estábamos adaptados como especie.

Frenar el cambio climático con un cambio social

Hemos creado armas, herramientas y múltiples palancas tecnológicas que tienen escala de fuerzas geológicas, capaces de desenraizar los macroequilibrios que la biosfera fue creando a nivel planetario durante millones de años. No podemos seguir comportándonos como tribus a las órdenes de caciques. Continuar aceptando dogmas tribales, primitivismos, sacrificios de los mejores y autoritarismos implícitos y explícitos, son asesinatos autorizados de nuestra especie, un suicidio de la civilización misma. Tenemos que sobrepasar de una vez por todas nuestro pasado, construir no un mosaico de países continentes, sino un muy interconectado mundo globalizado, informatizado, que salte metamórficamente sobre nuestros biologicismos carnívoros y atavismos totémicos.

Un mundo donde se tenga como principal valor la información, la diversidad y la sostenibilidad. Ello implica un cambio social fluido, permanente, no traumático, pero profundo. Por ahora no lo estamos logrando.

Y esto lo tenemos que hacer bajo el imperio de *nuevos comportamientos de la atmósfera, océano y biosfera* que se producen bajo el cambio climático. Tenemos ahora que construir-deconstruir el mundo empleando a fondo nuestra mente prospectiva, enfocada en los hechos mediante un parlamentarismo global fluido, que implique la aceptación sin reticencias del cambio social e interrelaciones mundiales de mucha mayor sabiduría. O nos hacemos más sabios socialmente o pereceremos en masa, víctimas de nuestra propia inteligencia y desorden colectivo. *"Dadme una palanca y moveré al mundo"*, está bien Arquímedes. Pero mira dónde la sustentas y no destruyas tu punto de apoyo.

Globalización vs tribu

¿Qué construimos? ¿Un tribalismo global o una globalidad antitribal? ¿Mitos, refundando pasado o civilidad proyectando esperanzas? Actualmente, nuestro empeño colectivo es más anárquico que racional, porque lo que torpemente intentamos es rehacer nuestro tribalismo de escala local ampliado a nivel planetario. Y eso es un serio error de escala. Debemos aplicar los principios dialécticos de Hegel, uno de los cuales afirma que "los cambios cuantitativos determinan los cualitativos y viceversa". No se trata de pretender ahora funcionar en países-continentes, como alguna vez pretendimos actuar dentro de la tribu, en la ciudad-estado, en los reinos, imperios o países. Ahora, luego de la explosión demográfica, somos masas mucho más grandes de seres humanos habitantes de extensos territorios con leyes unificadas y cierto sentido de pertenencia. Esas entidades, no pueden cultivar en su interior los mismos comportamientos que en su origen impulsaron nuestro ordenamiento en manadas, entre otras cosas, territorialistas, caníbales y jerárquicas. Ese biologicismo retenido es fórmula, para que esas masas de seres humanos choquen entre sí y se destruyan. Tiene que haber una refundación, una metamorfosis y dejar dentro y atrás la bestia que fuimos. Nacería una nueva mariposa, otro *Ser*, que descansaría un tanto más en lo divino y no tanto en lo biológico de nuestra hechura.

Ciencia y conciencia

Podrá pensar el lector que este planteamiento va derivando hacia la fe, no hacia lo científico. Pero no, la ciencia no alcanza. Hace falta sublimación, creencia además de ciencia. Cuando aún vemos algunos guerreros danzarines alrededor del tótem, pero portando portafolios con botones rojos en lugar de hachas, creemos que hay que proceder a una refundación humana, dejar ya de pedir sangre para aceitar el chirriante mecanismo ingenieril de la civilización. Así, quedaríamos en haber sido un malgasto, un suspiro de las estrellas.

Los principales factores para el cambio son la tecnología y la pedagogía. La primera *per se* no es mala ni buena. Todo depende del jinete. La tecnología se ha convertido en el factor más dinamizador del mundo, entendido éste, El Mundo, por lo que nosotros los humanos comprendemos y hemos hecho del planeta Tierra. Hemos avanzado en comprenderlo, tantos seres humanos pensando y recorriendo los caminos...pero el mundo no se comprende desde la lengua materna, ni desde el terruño, ni desde los acomodos en la patria, ni bajo la acotación de cerebros de monos que se transmiten parte de sus informaciones. El mundo se entiende cuando la pedagogía apunta en la dirección apropiada de educación, de formación y no de *deformación*, y el individuo se encuentra a edad temprana con un maestro que abra ventanas, y no solo con escribas que cierren puertas. El mundo se comprende cuando el maestro evita los grandes tropezones y luego el individuo gatea en el bilingüismo, balbucea en el multilingüismo, viaja profusamente, tiene internet a un *click* y se adoptan distintos ángulos latitudinales de observación, rotos los anclajes del acomodo a la *aldehuela* (aldea pequeña), impidiendo al pensamiento embotellarse en una frontera, un país, una especialización...

El mundo se comprende cargando cada uno su cruz, pero transitando por el sendero de la multiculturalidad, el multilingüismo y con nuestras extendidas capacidades cerebrales en diversos aditamentos para acumular, procesar y enviar conocimiento, que no solo información.

Hemos intentado hablar de *evolución cultural plena de tecnología, saltando ya sobre nuestra biología, pero buscando las raíces de nuestra estirpe.* ¿Logramos decirlo?

Una reflexión final

Cambio Climático toca a la puerta, no debe abrirle un mono constructor de rascacielos, vestido, depilado y perfumado, cuidadosamente entrenado para ocultar que lo que le preocupa no es ser o no gentil, sino tener o no misil y cuándo va al recibidor a abrirle al que llama, lo que más le preocupa es poner detrás de la puerta su portafolio con los botones rojos.

Al cambio climático no hay quien lo engañe, va a entrar de todas formas por cualquier ventana rota. Hay que recibirlo como un nuevo inquilino. El picaporte lo debiera accionar gentilmente un ser humano que se haya acercado unos pasos al Ser.

Estructura de la biosfera

Desde hace millones de años, el planeta Tierra depende de dos capas fluidas que actúan de termostatos, repartiendo el calor que arriba (atmósfera, océanos). Es por su acción que el planeta alberga la vida, se convierte en biosfera. A su vez son fuentes de recursos y receptáculos de desechos. Para no dañarlas, debemos dejar de ser trogloditas cabalgando sobre buldóceres, y terminar de diseñar y construir una tercera capa fluida, la de la sabiduría humana, la *Noosfera*, como le llamara Vernadsky o Chardin Se trata de elevarnos aún más en nuestra evolución cultural, no en nombre del progreso continuar el alegre uso y dispendio de energía y recursos, con consideraciones científicas o tecnológicas al bulto y enfocadas al corto plazo. Afinarlas sería ser muy cuidadosos en nuestro proceder, seleccionar qué hacemos y qué no hacemos, hacerlo mirando al largo plazo y lo integral (holístico). Debemos abocarnos, con sabiduría y no con mera ingeniería y mucho menos a politiquería, a una era de evolución cultural y no de desarrollos puntuales (como ha sido usual en nuestra historia reciente). Debemos repensar nuestras concepciones, enfocadas en valores artificiales (oro, moneda, fama farandulera) y gestionar la nueva moralidad (ojo: gestar no es *management.* Gestar tiene que ver con cuidados maternos que quieren ver crecer a su hijo;

administrar implica violentar y hasta violar los ritmos de los ecosistemas), desde equipos de trabajo multidisciplinarios (*team works*) compuestos por genios y talentos de educado ego, que tendrían a su disposición nuevas facilidades de información (teledetección, *internet*, *big data*), mientras sus propuestas son auscultadas públicamente. Esto último debe significar que la política, el histrionismo o la farándula no permeen y desestructuren las metodologías científicas. Ello se logra entre otras cosas con un no a la farándula política o a universidades politizadas. Si dejáramos incidir a la politiquería, corrupción y el burocratismo en los estudios, su divulgación o las decisiones derivadas, caeríamos en un maremágnum, mucho más caótico que el actual en ciertos parlamentos y organizaciones internacionales, que por lo general solo atinan a reunirse y emitir documentos, luego de interminables maratones de declaraciones de intenciones. Bien poco se preocupan por educar a los no entendidos.

¿Tiene que ser anárquica la globalización, al no ser algo pensado sino improvisado?¿No han dado ya los estudios científicos previos algunas pruebas de haberse dejado influenciar por intereses parcializados? ¿Responderán a intereses creados o simplemente a la inercia social? ¿Pudiera haber ocurrido la industrialización sin una descuidada contaminación? ¿Es un improcedente idealismo, pretender que voluntariamente se aparten del rumbo previo los grandes contaminadores? Pues no hay de otra, la complejidad del asunto del Cambio Climático y el futuro rumbo de la industrialización solo puede ser enfrentado buscando las herramientas más confiables que tengamos y ajustándolas a su nueva envergadura. Solo podemos hacerlo caminando por los senderos de la ciencia, que en última instancia no es más que la duda sistémica. Nada de circo.

Especialización vs comprensión

El pensamiento fraccionado y compartimentado ha sido muy exitoso en Occidente. Mas se ha constituido en un *bumper* para el pensamiento sinóptico y holístico. Hemos castigado y empobrecido al sabio de visión sinóptica y aupado-enriquecido al narrador, al histriónico, al observador de rama estrecha, al clasificador prolijo y al impenitente detallista. Abundamos en especialistas o expertos, pero ya no tenemos mentes renacentistas. Y comprender el mundo en su funcionalidad global está resultando difícil.

La ciencia se ha sesgado en campos divorciados en que todos pretenden aplicar metodologías científicas específicas y casi nadie integra la información. Los congresos, libros y *papers* están llenos de metodologías puntuales para clasificar, valorar, criticar lo que otros afirmaron, pero...casi no aparecen integraciones holísticas y propuestas de cambio.

Desde Atapuerca las llamadas artes y luego las humanidades y la filosofía, se lanzan al ruedo de las dudas a pretender explicarnos. Participan con desparpajo sofistas, descriptivos que no llegan a alguna conclusión, pero disfrazan asertos como verdad comprobada, observadores puntuales que con métodos epidérmicos llegan a con conclusiones intrascendentes, pero luego quieren robar cámara con sus vanidades. En fin, se ha priorizado la sensorialidad, la sensibilidad que no busca lo sistémico. De esta manera lo humano se ha humanizado en el detalle y el arte ha emborrachado nuestros sentidos y postergado la sabiduria.

Se ha impuesto socialmente una visión excelente para los detalles, pero miope para las visiones integrales. Las visiones sinópticas, entonces, escasean. Pero los aventureros se adentran en este terreno propicio para los arriesgados: sean artísticos, políticos o académicos. Los que no se exigen hasta el fondo, generalmente son buenos comunicando a los otros "ideas", pero la mayoría de las veces, vacíos de ideas y llenos de ego.

Por otra parte, la extrema exaltación de la democracia, como panacea social, ha dejado que entre por la puerta de la cocina lo que se había expulsado por la entrada delantera: la exaltación del hombre común, o sin tapujos, el comunismo y sus versiones de disfrazadas: el socialismo, el comunitarismo o el gregarismo oriental.

La sabiduría, no es bien que esté al alcance del hombre común. La sabiduría tampoco es el saber religioso, filosófico o científico. En estos meandros se ha mareado la cultura occidental. Tal vez toca ahora ir a abrevar en formas de pensar más holísticas y que aspiren auténticamente al orden del cosmos, no (taimadamente) al gobierno en la tierra. Pero entonces vienen estas dentelladas víricas y uno se queda sin palabras.

Si queda claro algo. Hay que someter a escrutinio e inmediata transformación los sistemas de educación, que impulsan al individuo a la repetitividad, castran su creatividad e identidad personal especifica. Desde la escuela se ha masificado un individuo enfocado en su ombligo, especialista de rango estrecho, consumista, tecnocrático, y mentalmente idiotizado. A eso le llaman democracia, a masas de idiotas que creen tener todos los derechos humanos en una cartilla y ningún deber humano (sobre lo cual no hay documento alguno). Pero no solo es el sistema educativo formal el que ha fallado, tal vez ha fallado más profundamente el informal, los medios de difusión masiva, que bombardean al individuo con una serie de clichés, amoralidades e inmoralidades, que han destruido el ciudadano y lo han convertido en un masticador de imágenes, en un consumidor compulsivo, un detallista observador de su ombligo o fotos pornográficas, pero con un cerebro hueco para interiorizar el orden del Cosmos que le rodea. El deber que tienen los individuos es consumir. Es secundario el producir o el ser ascético. Incluso, esto último es como ser loco o apestado, en medio de una manada de felices consumistas.

Una persona no la conocemos hasta que no estamos con ella en un naufragio o cuando ejerce el poder. Ya hemos vista a algunos de estos buenistas, reservándose altos salarios por su cotorreo o robando al tesoro público, repartidores de lo que no son capaces de crear. Son los mismos sofistas que enfrentó Sócrates.

¿Creer o saber? Esa es la cuestión

La principal asignatura pendiente para la ciencia es su aproximación al todo, a lo holístico, al *logos*. Hasta el presente, la solución ha sido creer que se comprende algo cuando apenas se nombra, o se le reconocen algunas propiedades, llegando como máximo a caracterizarlo con determinados parámetros. Sin embargo, la presente acumulación de información y la posibilidad de analizarla con una visión amplia, holística, gracias a las computadoras personales y las redes, permite hoy a la ciencia comprender el todo funcionando, por ejemplo, el planeta como ecosistema (Biosfera) o la Vía Láctea (Cosmos). Esto, al contrario de lo que pueda parecer, le quitaría a la ciencia ese papel de enjambre de expertos que ha tenido desde la revolución industrial y aproximaría lo científico a la sabiduría.

Es vieja ya la discusión sobre si lo que es capaz de captar la mente viene a través de los sentidos (Aristóteles, Locke), o hay conocimientos que no tienen que pasar por lo sensorial (Platón, Kant, Leibniz). Dados los grandes problemas acumulados en el planeta, la solución de esa disyuntiva no es solo teórica, pues puede ser decisiva para el futuro de la humanidad. Algunos de los problemas son inherentes a cómo se ha aplicado el llamado método científico (la lógica hecha método: observación-formulación-comprobación) que por debajo de la cuerda absolutiza la experimentación (no es ciencia lo que no se observa, menos lo que no se formula, ni pensar que sea científico lo que no se puede comprobar repetidamente). Cabe la duda platónica: ¿y lo que intuimos?, ¿y lo que no es comprobable, pero algo nos dice que es así? O la pregunta de Confucio: ¿y lo cósmico? Ni Platón, ni Aristóteles, ni Confucio tenían toda la razón. La verdad es una llama oscilante.

Es el caso del calentamiento global ¿Hace falta que sea totalmente evidente para tomar medidas? Debemos aplicar aquí, como siempre, el Principio de Precaución.

Otro motivo para la acumulación de problemas ambientales en tantas partes y globales, es cierta inercia de la economía y la política, que no tienen que ser necesariamente perversas pero que actuando con cortedad de miras y únicamente después de que tenga lugar una catástrofe aceptan que la anterior posición estaba equivocada. El catastrofismo, que es la palabra con la que se quiere desautorizar a los que quieren ser prevenidos, es en realidad una característica de los que actúan con cortedad de miras y sólo cambian bajo golpes catastróficos.

Ante la evidencia del rumbo equivocado, se rectifica sustituyendo al político o a la empresa conservadora, dando paso a otro que plantee las cosas de una manera más "realista", pero más hipócrita. Por ejemplo, tomar algunas medidas visibles y populares a favor del medio ambiente, como reciclar ciertos productos, poner un cartel ambientalista en el cuarto del hotel para no cambiar las toallas diariamente u organizar una recogida de basura en las playas una vez al año.

Atrapados por ¿la ciencia o el método científico?

En esta época en que han cambiado las escalas de los modelos y en que virtualidades creadas en las computadoras u ordenadores nos permiten simular situaciones ¿es lógico que sigamos aplicando este rústico método de prueba y error, que tantas veces nos ha llevado al precipicio? Lo que está indicando esta situación es la necesidad de un pensamiento y una actuación prospectiva e integral, está pidiendo a gritos que se vea la situación con mente sinóptica y con intelecto generalista, sobre ese saber desmembrado, de especialistas, que nos ha llevado lejos pero que ahora nos está impidiendo observar el todo, dejándonos perdidos en la parte. Porque estamos atrapados en la miopía del especialista, del experto en hacer experimentaciones parciales.

Actualmente, existen diversas formas de avance de la concienciación sobre los problemas ecológicos. Pero ni siquiera así es suficiente para hacer retroceder los efectos de siglos de desmembramiento cultural, persecución del generalista, evolución cultural equivocada, lo que es propio tanto del "norte" como del "sur", de "occidente" como de "oriente". Los problemas ambientales o ecológicos, deben y tienen que ser abordados a nivel de localidad (comunitario), de nación (político) y planetario (ideológico- filosófico-científico).

El ser humano antes creía, pero no sabía. Hoy sabe algo, pero no cree ni en lo que sabe. Tal vez la verdad, el equilibrio, esté en creer que cree y saber que nada sabe.

Petroadicción. La energética en el conflicto Rusia-Ucrania

Tras el estallido del conflicto bélico entre Rusia y Ucrania en 2022, los precios del mercado energético mundial se han disparado, dado que Rusia es uno de los mayores productores mundiales, en especial para el mercado europeo, al que estaba conectado por varios oleo y gasoductos, de los que estaba en cara terminación el oleoducto a través del Báltico, el *Nord Stream*.

Con la guerra, el precio de la energía en el mercado europeo se disparó en promedio un 100%. El precio del barril de petróleo está por encima de los 100 USD, en ocasiones cerca de los récords históricos. El Brent, de referencia, ha estado a unos 125-140.00 USD/barril, lo que no se registraba desde 2008. El precio del petróleo intermedio de Texas (WTI, referencia estadounidense) llegó a unos 118 USD/barril. El megavatio por hora (MWh) ha llegado a un promedio de 360 euros en la Unión Europea, el valor más alto de la historia. Los más afectados son España e Italia, con 545 y 587 euros/MWh respectivamente. Se estima continuará subiendo hasta llegar unos 700 euros/MWh.

La Unión Europea (UE) pagaba a Rusia diariamente unos 260 millones de euros ($ 285 millones USD). Las cifras todas hablan de dependencia energética, cortoplacismo y falta de previsión de políticos y servicios secretos. Su ineficiencia, una vez más, es lo que ha permitido que esto sea así. ¿No pudieron prever este escenario, y actuar antes de que fuera tarde? Pero el hecho es que hasta ahora provenía de Rusia alrededor del 40% del gas que emplea Europa, principalmente en su calefacción. Pero solo un 4-8% del suministro de petróleo europeo llegaba mediante oleoductos rusos. Si se plantea un cambio, esto último no es tan enorme.

Ante la guerra con Rusia, la economía europea enfrenta inmediata recesión económica y colapso energético, en un momento en que estaba debilitada y aumentaba la inflación porque fue llevada casi al colapso por una pandemia muy mal administrada por gobiernos y la OMS. Pero no caben dudas de que Europa y el resto del mundo, van a sufrir más aún en un futuro cercano.

Arquitectos falsarios

Ha llegado a su fin la era del uso alegre de energía, pero a la vez del político egocéntrico, vanidoso, buenista, hablantín. El complejo mundo, no puede depender de saltimbanquis y leguleyos tramposos. Debemos ser conducidos por decisores (*decision makers)* con una fuerte formación científica-ingenieril. No por populistas "buena gente" que jamás han aportado algo meritorio al mundo, pero prometen "justicia social", es decir, repartir ellos lo han creado otros... y quedarse con una buena parte.

Se abre un paréntesis, en que los funcionarios electos (los políticos), tendrán que ser sometidos a pruebas y test, y aquellos que no tengan un conocimiento suficiente, no podrán ocupar posiciones decisoras. Tampoco se trata dc "academizar" la sociedad, dado que abundan los individuos malformados dentro de los invernaderos universitarios, principalmente los de carreras humanísticas modelados al capricho de profesores especialistas en nimiedades y vanidades. Los gobiernos deberán dejar de ser presidencialistas para ser colegiados. El político individual debe ser sustituido por equipos de trabajo (*team work)* que integren individuos formados en la vida real, pero con sólidas bases formativas en la vida y en Ciencia y Tecnología.

Los gobiernos personalistas, centralistas, presidencialistas, están demostrando ser un total desastre para enfrentar la complejidad de la modernidad. La vida está pidiendo que se gobierne desde equipos multidisciplinarios, en permanente cambio y relevo. Ya la selección no debe ser una simple votación, que basada en la "democracia" da un voto a cada individuo, que llega a las urnas totalmente confundido por la propaganda y gritería previa. Europa, EE.UU. y el mundo occidental adolecen de arquitectos que regeneren un edificio mundial estable y sostenible. Aunque muchos usan la palabrita sostenibilidad en aburridos discursos repetitivos.

Ahora los responsables del presente desastre se rasgarán las vestiduras y preguntarán: ¿Pero ¿cómo lo podíamos prever? Y ese exactamente el trabajo de un líder, su función es prever, ser prospectivos, no títeres de las encuestas o remendones miopes de desastres. Pero ese es el arte de los políticos, hacerse los buenos pastores y llenar por ello las cámaras con su rostro buenazo. Cuando llega el lobo, salen en cámara explicando que era imposible prever cuándo y por donde llegaría la bestia. Una vez más, mienten.

La transición energética, no será ya solo sustituir el crudo ruso, sino terminar la dependencia del mundo industrializado del petróleo. Son necesarias medidas generales, entre las que recordamos:

> Diversificar los mercados para reducir la dependencia de Moscú,

> Acelerar las inversiones "masivas" en energías renovables

> Impulsar mejoras en eficiencia energética y traslado de energía.

> Aumento del teletrabajo y días sin coche,

> Subvencionar los gobiernos la compra masiva de vehículos eléctricos y eliminación en el corto plazo del parque obsoleto.

> En general se debe racionalizar el transporte y acelerar su electrificación.

> Valorar las fuentes alternativas de energía y priorizar el uso de las más amigables con el ambiente.

El callejón sin salida energético y social en que se encuentra el mundo, deja entrever una falta de visión y prospección de los que se han encargado de la conducción de Occidente. Ahora todos estos políticos, "asesores políticos", "funcionarios", "opinólogos", etc., aunque cobraban sumas escandalosas por "su saber", siempre esgrimirán ¿Como lo pudiéramos prever?

¿Quiénes fueron y son los arquitectos que construyeron el edificio de la economía mundial con tan corta vista y no la han hecho previsoramente adaptarse a lo que emergía del catalejo? Cuando se trata de líderes, políticos y empresarios de corta vista, que se enfocan en ganancias monetarias del mes que viene, y no saben ni les interesa lo que pueda derivarse el año siguiente. Y les podemos preguntar a estos pícaros y vividores ¿Puede la economía ser un bulldozer que aplane la ecología? Sabremos que ellos apenas tienen unas nociones de los que es un ecosistema, y mucho menos conciben al planeta Tierra como biosfera, un enorme ecosistema fluidamente interrelacionado. Ellos insistirán, aducirán que se mueven por el epígrafe 3-22-45 de la constitución o como orgulloso heredero de tal o más cual prócer.

El hecho es que la humanidad es ya una fuerza geológica, con capacidad de desequilibrar el planeta, la biosfera. Y eso no lo prevé constitución alguna, ni les preocupa a los abogados, ni se resuelve a sablazos. Si hubiéramos quitado la vista del micrófono y del microscopio y usado También el telescopio, desde hace rato hubiéramos visto un cuadro mundial que se ha hecho cada vez más evidente, desde el punto de vista ecológico: el mercado de energía mundial es excesivamente poco eficiente. Y tenía que reventar.

Una posibilidad

Los hombres y mujeres que fundaron el occidente industrializado eran curiosos, viajeros, aventureros, conquistadores, pioneros, verdad que a veces crueles y casi siempre excepcionales en algunas cosas, pero en otras pertenecientes a su época. Nada tenían que ver con la mayoría de la juventud actual: banal, fotocopiada, acristalada, hormonada, nexflixada. Aquellos eran improvisadores, arrestados y místicos. El "ciudadano" promedio actual es un infante con pantalones largos: googlero, gpsero, manualero, teatrero, tiktosero. La diferencia es abismal con sus generaciones precedentes. Los sistemas educativos, están fracasando rotundamente en crear ciudadanos para el mundo que viene. Los jóvenes son muy observadores de su ombligo. Ello tiene que reorientarse. La transición energética y una educación para lo holístico pudiera ser un buen motivo para redireccionarnos, abandonar nuestra actual petroadicción.

Ciencia: ¿método o intuición?

Son variados y complejos los problemas que enfrentan actualmente las ciencias y sociedades en cuanto al cambio climático. Los científicos que en esto están involucrados deben soportar las suspicacias de la masa sin conocimientos específicos, los arrogantes propagandistas que jamás han sentido que crean algo o al menos se han encerrado en una torre de marfil a buscar una verdad. Los suspicaces, como habitantes usuales de los pasillos del poder, creen que a todos los seres humanos les mueven "principios" cortesanos.

Es del todo injusto que se acuse a todos los científicos de moverse por intereses y ambiciones personales. No son santones, alguno puede estarlo haciendo, pero lo económico es generalmente secundario para un verdadero científico. Ello es exactamente lo contrario al comportamiento de faranduleros ambiciosos, políticos, economistas, banqueros. Para estos es difícil imaginar con cuanto idealismo, en la historia humana y el presente, algunos hacen que evolucione la ciencia y el mundo.

Hemos creado herramientas, armas y múltiples palancas tecnológicas que tienen escala de fuerzas geológicas, capaces de desenraizar los macroequilibrios que la biosfera fue creando en un constructo planetario por millones de años. No podemos seguir comportándonos como tribus a las órdenes de caciques incultos o de espadachines. No podemos continuar aceptando dogmas tribales, primitivismos, sacrificios de los mejores a autoritarios implícitos y explícitos, que conllevan el suicidio de la civilización. Tenemos que respetar las identidades de nuestro pasado, y a la vez construir no un mosaico de países continentes, muy interconectados en un mundo informatizado, que salte sobre nuestros atavismos totémicos. Un mundo donde se tenga como principal valor la sabiduría, la energía, la información y la diversidad. Ello implica un cambio social fluido, permanente, no traumático, pero muy profundo.

Informatizarnos es lo tenemos que hacer bajo el imperio de nuevos comportamientos de la atmósfera, océano y biosfera que se producen bajo el cambio climático. Tenemos ahora que construir-deconstruir el mundo empleando a fondo nuestra mente prospectiva, enfocada en los hechos mediante un parlamentarismo global fluido, que implique la aceptación sin reticencias del cambio social e interrelaciones mundiales de mucha mayor envergadura. La ONU está muy lejos de cumplir este rol. Pero, o hacemos funcionar orgánicamente un ente mundial o pereceremos en masa. Nos hacemos más sabios socialmente, en este mundo densamente habitado o seremos víctimas de nuestra propia inteligencia anarquizada y poderío contradictorio. ¿Qué construiremos? ¿Una globalidad antitribal o tribalismos cuasiglobales? ¿Qué construiremos? ¿Civilidad, proyectando esperanzas, o mitos, refundando pasado?

El desorden colectivo no puede ser domado desde un estado policiaco, pero si desde la genialidad creativa de algunos excepcionales. *Dadme una palanca y moveré al mundo*, está bien Arquímedes, pero mira en donde la sustentas, no vaya a ser que destruyas tu punto de apoyo. La ciencia no puede darse el lujo de pretenderse ciega, como se dice de la Justicia. Al contrario, debe emplear todos nuestros sentidos y habilitarnos tecnológicamente con algunos nuevos.

Actualmente, sin batuta ni brújula, lo que torpemente intentan algunos es rehacer nuestros viejos tribalismos de empalizada, camello y aldehuela, ampliado a nivel planetario, con pequeños grandes muros, reales y virtuales. La mentalidad feudal no ha sido superada, aun queremos delimitar el mundo en modo feudal. Eso es un serio error de escala y de tiempo. Es atavismo y reduccionismo atroz. Porque *el todo es mucho más que la suma de las partes*. Debemos aplicar los principios dialécticos de Hegel, uno de los cuales afirma que cambios cuantitativos determinan cualitativos y viceversa. No se trata de pretender ahora funcionar en países-continentes, como alguna vez pretendimos actuar dentro de la tribu, en la ciudad estado, en los reinos, imperios o países. Ahora, luego de la explosión demográfica, somos mucho más grandes masas de seres humanos habitantes de extensos territorios con leyes unificadas y cierto sentido de pertenencia. Esas entidades, no pueden cultivar en su interior los mismos comportamientos que en su origen impulsaron nuestro ordenamiento en manadas, entre otras cosas, territorialistas, caníbales, autoritarias y jerárquicas. Ese biologicismo retenido en la globalidad sería fórmula para que inmensas masas de seres humanos choquen entre sí, pierdan su energía en fricción ineficiente, y se destruyan en guerras infernales. Tiene que haber una refundación, una metamorfosis y dejar dentro y atrás la bestia que fuimos. Nacería una nueva mariposa, otro Ser Humano, que descansaría no tanto en lo biológico de nuestra hechura sino en un humanismo cultivado, tendiente a lo divino.

Podrá pensar el lector que este ensayo ha derivado hacia la fe, no hacia lo científico. Pero no, la ciencia puramente experimental y académica no alcanza. Hace falta sublimación, creencia además de ciencia. Popularización, además de creación. Cuando aún vemos algunos guerreros danzarines alrededor del tótem, pero portando portafolios con botones rojos en lugar de hachas, creemos que hay que proceder a una refundación humana, aceitando el chirriante mecanismo ingenieril de la civilización. Si no cambiamos, quedaríamos en haber sido un malgasto, un suspiro de las estrellas.

Los principales factores para el cambio son la tecnología y la pedagogía. La primera *per se* no es mala ni buena. Todo depende del jinete. La tecnología se ha convertido en el factor más dinamizador del mundo, entendido éste, lo que nosotros los humanos comprendemos y hemos hecho del planeta Tierra. Hemos avanzado en comprenderlo, ...pero el mundo no se comprende desde la lengua materna, desde el terruño, ni desde los acomodos en la patria, ni bajo la acotación de cerebros de monos que se transmiten parte de sus comportamientos e informaciones. El mundo se entiende cuando la Pedagogía apunta en la dirección apropiada de educación, y el individuo encuentra a edad temprana un maestro que abra ventanas, no asalariados escribas que cierren puertas. El mundo se comprende cuando los maestros nos evitan la descarnada prueba y error, los grandes tropezones. Luego del bondadoso ahorro de energías del maestro talentoso, el individuo está preparado para ser más de lo que iba a ser, ser *open mind*. El alumno talentoso queda habilitado para ser genio, todos llegar a adoptar ágilmente distintos ángulos de observación para gatear en el bilingüismo, balbucear en el multilingüismo, viajar profusamente, tener con internet a un *click* la consciencia de lo holístico y cósmico, rotos los anclajes del acomodo a la aldehuela, impidiendo al pensamiento embotellarse tras una valla, un muro, una frontera, un país, una especialización. Debemos salir con éxito de aquel periodo escolástico, en que nadie te perdonaba nada, a no ser que tuvieras la suerte de tener un genial padre o maestro que te hacia mirar por sobre tu abrumadora miopía de párvulo. El mundo se comprende cargando cada uno su cruz, pero transitando por el sendero de la multiculturalidad, el multilingüismo y con nuestras extendidas capacidades cerebrales en diversos aditamentos para acumular, procesar y enviar conocimiento, que no solo información.

Cultura

Communication Architecture with Human Net © Antuan Rodríguez

*Lo viviente es un devenir, no un ser. Así también lo que usted llama
"cultura" no es algo definitivo y concluso, que se puede heredar y cultivar o
desechar y destruir. De nuestra cultura permanece vivo y operante todo
aquello que cada generación puede hacer suyo e incorpora a su vida.*
Hermann Hesse

Algo de historia

La red del orden cósmico es espaciosa. Sus mallas son grandes, pero nada se desliza entre ellas.

Lao Tsé, Tao Te Ching

Durante un período de la historia humana anterior a las *"Revoluciones"* americana (1775-1783) y francesa (1789-1799), la intelectualidad se había lanzado a un idealismo creador, que cuestionaba el ciego fatalismo de las civilizaciones que surgieron en el Oriente medio y que, en su intento monoteísta de ordenar el desorden politeísta previo, vislumbraban a un dios-comandante, vengativo y cruel. Y el mundo, para ser habitable, debía estar dentro de murallas. La civilización que así nació, incluyó una información tan equivocada, que hoy actúa como droga.

Las teologías de las tres grandes religiones monoteístas originadas en el Oriente medio, implican y favorecen un autoritarismo amurallado, un militarismo a veces embozado y otras desembozado. Al menos, eso nos hacen creer sectores interesados en mantener el ser humano dentro de parámetros violentos para ellos naturales, deseables, indiscutibles.

Y no se trata de una conspiración secreta (aunque puede haber habido miles en la prehistoria y la historia) sino simplemente de que esa parte de la sociedad que visible y hormonalmente asume como natural la violencia, ejerce una y mil maneras para exponer y hasta imponer sus visiones y criterios. En la historia podemos llamarles castas guerreras, señores de la guerra, mosqueteros, samuráis, mercenarios, guardias de corps, genízaros, camisas pardas, tropas de asalto, excombatientes, grupo de respuesta rápida, milicias o sindicato de policías. Están hoy en muchos países y barrios. Su gran masa está integrada por simplones musculosos, que necesitan motivo para segregar adrenalina y oscuramente buscándolo convergen hacia la instrucción y la carrera militar. Pero el tiempo es el tiempo y apoyados en la fuerte institucionalidad de las fuerzas armadas dondequiera, más de uno logra recibir esmerada educación, que le habilita para sobreponerse a estupideces pensadas al principio, o al menos, en saber mimetizarse como seres humanos constructivos, aunque a otros se les sale en la primera frase el autoritarismo rampante de su pubertad de cuartel y hablan con la lengua de la bota.

Tal vez si pudiéramos llevar a estadísticas los daños que ha provocado este tipo de sicología humana a través de la historia, no habría ningún otro factor más ralentizador de la evolución cultural que ésta.

No es el fin ni el alcance de este ensayo llevar un récord pormenorizado de este asunto, para ello, tal vez necesitaríamos indagar mucho más. Simplemente, vamos a hacer algunos cuestionamientos de manera superficial.

¿Qué pudiera haber sido Egipto y la humanidad si en lugar de vencer Homenreb, hubiera preponderado Tutankamón? ¿A dónde habría llegado el pensamiento griego, si en vez de arrodillarse ante los Agamenón y los Ulises y luchas fratricidas entre ciudades-estado, hubieran gobernado los Platones y en vez de a la Odisea hubiéramos enaltecido la "Platonea"? Si el imperio Romano hubiera continuado bajo el cierto equilibrio imperfecto republicano, sin caer en el torbellino cesáreo y luego las falanges enfrentadas a falanges y emperadores dementes incendiando hasta a Roma, ¿habría llegado Atila a Roma? ¿Desapareció la floreciente cultura maya por entregar toda su energía a la guerra? ¿Habría sido Japón alguna vez la segunda economía del mundo, como una sociedad dominada por guerreros-kamikazes como lo fue hasta Hirohito? ¿Cómo puede explicarse que Europa saliera del baño de sangre de la IGM y reincidiera en el holocausto de la IIGM? ¿Es buen ejemplo del costo del lastre militarista, el florecimiento postguerra de países semi-desmilitarizados (Japón, Alemania, Italia) que salen de la devastación de la guerra y entran en un auge social que nunca habían vislumbrado bajo aquellas ideologías tremendistas? Desde luego que estos planteamientos son algo utópico. Bien se encarga Antonio Escohotado de describir las formas sociales primeras como clericales-militares, cuyo único fin era obtener botín e impuestos de ocupación.

Con heroicidad o con artimañas, los "heroicos" que se hacen de resortes del poder han logrado tener un protagonismo permanente en toda la historia humana. En los últimos decenios las sociedades civiles han intentado mantenerlos dentro del concepto de ejércitos profesionales, pero se les nota que por muy respetados que se sientan en la comandancia de los ejércitos, muerden el bozal.

El Racionalismo, el Iluminismo, el pensar de muchos intelectos principalmente franceses del siglo XVII y XVIII, fue una verdadera **evolución** del pensamiento (su epifenómeno, Voltaire), con respecto al previo eminentemente enaltecedor de la violencia, feudal y piramidal. Pero ello, no podía quedar sin una reacción, sin una "contra- evolución" que estuvo dando vueltas en planteamientos difusos a favor de lo piramidal y territorial (Locke, Hume, Hobbes). Con Carlos Marx aparece un planteamiento intelectual aparentemente coherente e innovador, pero, de hecho, retoma los viejos odios y ofrece un nuevo polígono: la lucha ideológica. Hasta con lanzas atómicas.

Porque los planteamientos autoritarios del Manifiesto Comunista y otros libros de ese estilo, simplemente volvían al primitivismo del Moisés que bajó de la montaña y eliminó a la tercera parte de su tribu que dudaba de sus visiones y de los 10 mandamientos.

Ideas simples, una referencia oscura a un ideólogo que luego tergiversan, manzanas al alcance de un sablazo, es lo que necesitan los jóvenes llenos de hormonas, pero vacíos de ideas propias, que han constituido por siempre una cierta parte de la población "humana" y el músculo militar deseoso de que las chicas sin cerebro lo celebre y lo reproduzca.

Ideas simples, maniqueas, por las que se pueda discutir en el campo de batalla, ocultando que lo que se discute no es idea alguna sino el derecho de uno u otro bando a secuestrar el resto de la sociedad y, de hecho, el enaltecimiento de los héroes que arriban del campo de batalla no ha sido más que la aquiescencia de la sociedad a que la secuestren. Pocas veces, muy pocas veces, el secuestrador ha renunciado a su derecho de pernada. Washington, Camilo y Ciccinatus son las honorables excepciones que nos fundan. Somos entonces, culturas que padecen un «Síndrome de Estocolmo» grupal.

La acumulación de cultura durante siglos y los absurdos tan evidentes de la estructura social y sus guerras religiosas que habían devastado toda Europa por unos 100 años, con ambos bandos proclamándose ejecutores de la voluntad divina cuando en realidad eran ejecutores del vencido, determinaron a que algunos pensadores dijeran ¡Ya basta de idiotez! Y durante un tiempo, la semilla pareció haber prendido. ¿Qué otra cosa puede explicar su comedimiento y la estatura de estadistas de casi todos los padres fundadores de Estados Unidos de Norteamérica? Cada uno era una personalidad por sí mismo, George Mason, Alexander Hamilton, Thomas Jefferson, James Wilson, George Washington, Benjamín Franklin, Thomas Paine. Ellos no se guiaban por encuestas, sino por principios. Veamos algunas de sus afirmaciones:

Mi respuesta personal, la escribieron B. Franklin (1759): *"Aquellos que renuncian a libertades esenciales para obtener seguridad temporaria, no merecen ni la libertad ni la seguridad"* o G. Washington (1796): *"Establecimientos militares desmesurados constituyen malos auspicios para la libertad bajo cualquier forma de gobierno y deben ser considerados como particularmente hostiles a la libertad republicana".* Ello, poco penetró las sociedades o países que se desgajaron del reino de España. Se hicieron cargo una serie de hacendados, con mentalidad más primitiva, orientada a lo territorial y feudal. Al ocurrir la traidora invasión napoleónica, que fue lo que determinó la implosión del reino, los movimientos independentistas con muy poca eficiencia intentaron incorporar elementos del Racionalismo y del Iluminismo y de exaltación de la Revolución Francesa, y ello dio base a estructuras sociales no evolutivas, de base era esencialmente medieval y agraria.

En Hispanoamérica se sucedieron luchas entre hombres de a caballo, los autoritarios de siempre. Y en el siglo XX fueron a desembocar en los mandamientos marxistas, que volvieron a ser el método "incuestionable" para asaltar las sociedades y gobiernos, secuestrarlos en nombre del "pueblo" y la "lucha de clases".

Es tan sorprendente que por vía del marxismo haya ocurrido una vuelta de "la gente era hecha para el rey y no el rey para la gente" como criticara James Madison a las sociedades europeas en el siglo XVIII. Y no se trata de una metáfora, sino en que el autoritarismo calzado con ideología marxista ha recreado nepotismos y reyecitos megalómanos dondequiera, que no solo se perpetúan en el poder ellos mismos, sino cuando no pueden más biológicamente, dejan en heredero a sus familiares (Fidel Castro y su hermano Raúl y todo su clan, en Cuba; Chávez y su clan, en Venezuela, Ortega e hijos en Nicaragua; Kim Il Sun- a su hijo y luego a su nieto Kim Jong Il, Corea del Norte; Hafez al-Assad a su hijo el Bashar al-Assad, Siria).

La repetición de estos hechos implica que no se trata de casualidades o excepciones sino de tendencias, en que jóvenes de mentalidad militarista-autoritaria ambicionan el poder. No son santones reformadores sociales como se proclaman, sino ambiciosos de poder y si se declaran Robin Hood o brazos ejecutores de una ideología, es para ocultar que son simplemente machos alfa luchando por su tribu y por su harem. Cuando la Unión Soviética se desmembró, casi el 50% de los "nuevos capitalistas" eran parte del aparato partidista y de la KGB. En Iraq, Sadam Hussein gobernaba rodeado de miembros de su tribu, que ocupaban todas las posiciones claves. La Revolución mexicana produjo una casta de hacendados-revolucionarios, como los revolucionarios nicaragüenses se repartieron en una piñata las propiedades de los Somoza. Los invasores normandos de Inglaterra o coreanos de Japón se habían constituido en castas gobernantes.

En el marxismo encontraron un filón intelectual "modernizador" los autoritarios Stalin, Mao, Pol Pot, los Kim, Castro y Chávez. En oponerse al marxismo los Franco, Somoza, Trujillo, Videla, Pinochet. Unos se visten de izquierdistas, otros de derechistas, pero su verdadero traje debiera ser el de «Señores de la Guerra», que necesitan del poder sea quien sea quien lo confiera, una divinidad como pretendieron desde el principio de la historia o una masa confundida y aterrorizada que llaman "pueblo en revolución".

Hoy, los mosqueteros no deben repetir "uno para todos y todos para uno", sino conceptos que explican de manera burda como "la lucha de clases" "las leyes de mercado" , todo lo que sirva para controlar mentalmente a los otros y vivir ellos su sueño de gloria, emborrachándose con sangre.

No lo explica totalmente, pero las enormes contradicciones medievales en los países que se desgajaron del Imperio Español, que nunca han sido plenamente superadas, pueden ser una explicación de las pretendidas recurrentes soluciones militaristas de los problemas sociales en la américa hispana. Son una y otra vez, mosqueteros que asaltan el poder para ejercerlo con saña. Brillan por su ausencia soluciones graduales, parlamentarismo, voces profundas de intelectuales en una confrontación de ideas mediante ensayos u otros escritos de fondo. Son paisitos, republiquitas bananeras, de un raquítico pensamiento y revoluciones con tumbadora.

Se arrodillan a esa maldición de la civilización que no se puede liberar de su pasado violento, aceptando y pretendiendo que las sociedades son como enormes manadas que en algún momento llegarán a un estado de estampida, la **r-evolución**, que, en todos los casos, con esas bases tan endebles y discutibles, son **contrarrevolución**. El intelectual, de una u otra manera, tiene que aceptar que periódicamente la masa humana va hacia esa estampida fatal, en que todo se vuelve un desorden y fiesta del mediocre pescador en aguas turbias.

Desde luego, toda sociedad tiene contradicciones y períodos de crisis, pero no puede ser una crisis administrada desde una mente autárquica o un buró, que cueste millones de vidas de seres humanos, como perecieron por las órdenes de Stalin o Mao, siguiendo las tradiciones autocráticas de ambas naciones, bajo zares o emperadores.

En una sociedad evolutiva, pueden y suelen sucederse estados inestables, algo así como lo que Jefferson describe como *"Una pequeña rebelión de vez en cuando es algo bueno y necesario en el mundo político, tal como las tormentas lo son en el físico"*. Pero las sociedades no evolutivas desembocan en anular toda idea que no sea la de encender un cartucho de dinamita.

Es decir, durante un período cada sociedad acumula contradicciones, que luego son resueltas de un porrazo revolucionario. Por debajo de ello los seres humanos, metidos todos en una gran masa amorfa que suele llamarse "el pueblo", seguirán dos variantes determinadas económicamente:

- Determinismo del mercado. Una fuerza ciega, con crisis periódicas de sobreproducción que se balancea por una pretendida ley equilibrante de oferta-demanda

- Determinismo histórico. Como paulatino ascenso fatal en que se irán reconformando Formaciones Socio Económicas (FES) cada vez más próximas a un estado perfecto, la dictadura del proletariado, una situación en que lo común es lo que desean todos los seres humanos.

Uno de los errores más difundidos y completos sobre el ser humano y la humanidad, es querer verlo víctima de determinismos o fatalismos No es su albedrío, ni su espíritu el que lo conduce, son fuerzas externas, el individuo y la sociedad las siempre víctimas. La sociedad no es sistémica y perfectible como sistema, sino una cumplidora de leyes indiscutibles, superiores, ya sean divinas como terrenales, a las que el que no se amolda, perece. En estas asunciones reduccionistas y fatalistas, con pretensiones científicas, nada es el individuo, el ser excepcional. Pero incluso, los generadores centrales de esas tesis, las niegan con su propia vida y con su idealismo, como es el caso de los seres humanos excepcionales que se llamaron Adam Smith, David Ricardo, Carlos Marx y Federico Engels. Fue su mente intelectual e idealismo lo que los lanzó como prospectados, acertados o equivocados, constructivos o destructivos, no se puede negar que los une el mínimo común denominador de ser mentes creativas e idealistas.

Que podamos percibir como motor de la historia determinadas regularidades de la economía, influencias de la geografía o de la biología, no quiere decir que la humanidad en pleno y en todos los momentos, se guía por regularidades o fatalismos económicos, geográficos o biológicos.

La emergencia de lo humano desde los abismos de la historia, se debe al empuje de raros y a situaciones totalmente fuera de lo cotidiano, de lo esperado, de lo común. Es lo excepcional, lo que no cabe en un pellejo animal, lo que imprime su sello a largo plazo, aunque el plato de frijoles ser el *dictatum* de la mayoría. Es una suerte, pero a la vez una necesidad que sea así porque de otra forma, la humanidad habría sido otra simple gran masa física, esclava de sus inercias, la primera de las cuales sería seguir amarrada a los árboles.

La tendencia, seguida hasta ahora por la civilización, ha convertido al planeta en un campo minado. Laten en el seno del mundo bombas que el ser humano ha sembrado: exaltación de la violencia, fuerza centrífuga del individualismo chato, pretensión de que las sociedades funcionen con una herida abismal entre "clases", primeros y terceros, centros y periferias. Es poco propicio un campo minado para que se trasplante allí los árboles del humanismo, la sensación de lo perfectible o la ecología, porque éstos necesitan terreno limpio, donde no compita con otros por luz o espacio.

Son allí malas palabras *logos*, ascetismo, *nirvana* y *ataraxia*, y los apurados profesores actuales enseñan mecánica, cálculo y *marketing*. Y es así que la mente pierde su dimensión y la humanidad su viabilidad. Porque son los sistemas educativos, los que han estado traicionando el futuro humano. La academia, el presuntuoso sub-mundo científico, el encasillamiento aislacionista del intelectual y la oscurecedora jerga del profesional, no son errores colaterales, sino parte de un desliz hacia la ingobernabilidad, a favor de los que dicen poder solucionar el entuerto, los ambiciosos de poder, los musculosos sin ideas propias de siempre.

Lo humano no es resultado de los que se someten a determinismos sino por lo que se rebelan contra estos. Lo humano no es tallado por los que se concentran en sus problemitas inmediatos, las dictaduras diversas, sino por los que los olvidan y sueñan.

Una cosa puede ser válida para la mayoría, pero otra puede ser vigente para los excepcionales. Son estos últimos los catalizadores del cambio. Una sociedad poco evolutiva, como la medieval o bajo un totalitarismo, acepta con cierta facilidad a los que saben adaptarse prontamente y expresen evidentemente felicidad por insertarse en el *statu quo*. Así, continúa siendo una manada. Y rechaza con incrementada energía al inadaptado, al distinto, al forastero, lo que no se arrodilla a lo que la memoria colectiva tiene prejuiciado y establecido como bueno. Son grupos humanos uniformes e intolerantes y en ellos, hay poco espacio para el creador y las sinergias positivas.

Muchas sociedades que se han degradado, han venido abajo desde sus propias contradicciones, tal como ya apuntamos, las culturas mayas, española colonial y soviética. Sacerdotes autoritarios se erigieron en la única minoría, que pastoreaba a una gran mayoría adocenada. No había alternativas y las minorías apenas aceptadas fueron aplastadas por el peso de la masa cuando esta al fin se movió luego de ser aterrorizada y uniformizada por un tiempo. Y los malignos le llaman a eso revolución. No es más que epilepsia social y nos deja muy mal parados para explicar que somos seres inteligentes.

Porque la danza o contrapunteo entre mayoría y minoría es bien compleja. En realidad, la mayoría tiene una limitante natural para identificarse. Como dijera Jean Jacques Rousseau *"Es innatural para la mayoría dirigir, porque la mayoría rara vez puede ser organizada y unida para una acción específica, pero la minoría si puede".* Por ello, es demagogia y falacia hablar del "gobierno del pueblo", lo que debe considerar deseable es la alta movilidad social de los individuos que alcanzan el poder. El concepto central debiera ser «gobiernos transitorios». Ello pudiera ser la manera aceptada de sociedades evolutivas y no epilépticamente revolucionarias. En la historia humana, la vanidad y arrogancia del héroe y su autoritarismo desembozado o maquillado, lo ha llevado de manera sospechosamente sistemática a estirar sus "minutos de poder" y de esta forma, todo lo que alguna vez fue revolucionario, luego ha sido contrarrevolucionario.

Y como todo el que llega al poder y se enajena con sus mieles, necesita para "vertebrar un plan" más tiempo en el palacio presidencial, donde no cobran alquiler, por el contrario, pagan. ¿Por qué, con tanta gente capacitada en la modernidad, las sociedades no se imponen límites y es mandato del que llega al poder preparar su relevo desde el primer día? ¿Es tan único un líder o solo se mantienen de líderes los que son capaces de eliminar a todo oponente, el mejor ejemplo de lo cual es Stalin?

Mas de una vez en la historia, o tal vez todas las veces en la historia, cuando la mayoría aplasta las minorías y/o la sociedad es intolerante, se uniformiza y expele a los distintos, a los no razonables, a los "locos", el grupo humano resultante pierde su capacidad de evolucionar. Como ningún contestatario o alternativo suavizó o minimizó los errores en ciernes, los deslices que luego se cometen son mayúsculos. Entonces, solo queda la vía tremendista, como la "revolucionaria", la "contrarrevolucionaria" y las sucesivas catástrofes sociales implícitas en la dualidad reduccionista.

El capital cultural, los valores de una cultura, tienen un gran problema. Hay que alimentarlos permanentemente con nuevas ideas, o degeneran. No pueden ser rígidos ni estáticos. Lo establecido puede tener una validez temporal, regional, contextual, pero ser totalmente inapropiado o inviable en otra región, tiempo y contexto. Tiene que haber algo que resalte o destaque lo válido en el futuro inmediato. Esa es la función de los talentos, de personas con capacidades excepcionales. Ellos, las mentes abiertas y proyectadas, son los creadores del futuro. Toda sociedad que los elimina de manera prolija, pierde su potencial de cambio. Eso pasó por la Inquisición en España, la KGB en la URSS, los guardias rojos en China, la SS y la SA en Alemania nazi.

El genio, eso es harina de otro costal, ello cae más en terreno de lo inexplicable, de lo irracional, de lo mitológico. Ellos son los que empujan la noria con más ahínco. Pero que surjan genios ¿Es un capricho de la genética o una necesidad de los sistemas culturales? Cada genio es una casualidad, pero que existan genios responde a una causalidad: es la manera que la cultura se prepara para el futuro. Pero, además, cada genio ¿no es un mensaje del cosmos, pidiendo evolución?

La complejidad del fenómeno humano, muy difícilmente cabe en un retablo y unos determinismos sobresimplificadores. En los hechos, la inmensa mayoría de los cambios que presentan las sociedades humanas, responden a la actividad de algunos pocos excepcionales.

En ello tal vez resida la respuesta a la pregunta que hicimos en la introducción ¿es posible que una gran masa humana, anule la genialidad de los visionarios y convierta en irracional lo que algunos adelantados plantearon? En el caso de las masas agrupadas sobre bases étnicas, tienden a crear una moralidad del grupo, que se va construyendo por generaciones en su experiencia diaria, desde situaciones concretas. Es muy posible, que generar una moralidad planetaria que sustituyera a la tribal conllevaría un proceso de contracción de esa moralidad tan largo, que antes que esté disponible para controlar las inercias y estampidas de la masa, ya habría acabado con sus recursos ¿Es esta la situación actual, en que bajo un industrialismo desbocado vamos consumiendo los recursos naturales sin crear recursos culturales, pero sin posible retorno ni siquiera a la sostenibilidad del plano inferior?

Es muy posible que jamás la masa creará la alternativa, por el simple hecho de ser masiva. La alternativa siempre residió y emergió del raro, del margen, del individuo. Si los sistemas educativos y las estructuras morales del mundo se han estado moviendo en el sentido de anular los innovadores sociales, las nuevas propuestas, y solo emergen los "líderes" a la vieja manera (con cimitarra o bandolera), ello puede ser un factor que nos lleve al borde de la viabilidad como cultura planetaria. Hacen falta planteamientos frescos y no aparecen.

Pero por lo general la *intelligentsia* luego de la revolución francesa ha estado secuestrada por la idea de que las sociedades se deslizan hacia la revolución, entonces ocurre la catarsis sangrienta y viene un período de espera

Muchos intelectuales, además, lejos de pensar y ser prospectivos, han aceptado como función azuzar a las masas hacia su animalidad. No solo convergen mayoritariamente hacia "el paradigma" revolucionario, sino que ven normal que hombres de acción, ambiciosos y activos (aunque no muy activos de mente), se atrincheran en intrigas, gimnasios y cuarteles, preparando sus músculos para la hora cero, la acción, la revolución. Sencillo y fatal. El intelectual que acepte esto, está haciendo dejación de su más sagrado deber: discutir.

Por esta vía, sin embargo, el intelectual moderno se ha convertido en muchos casos, otra vez en mero cortesano en la corte de los brutos, como ocurrió a lo largo de la historia humana tantas veces.

Aceptar que las toxinas sociales se acumularán y vendrá un justiciero Robin Hood, junto con un grupo de valientes escogidos por él para luchar denodadamente por desvalijar a los poderosos y repartir el botín al pueblo. Ese guion tan poco original, es el que hace parecer que el intelectual está cumpliendo su función, cuando en realidad, es la traición de su función prospectiva. Y luego, algunos de estos son llamados como bufones de la corte y hacen odas e inventan la historia oficial.

En un mundo tan complejo y necesitado de planteamientos frescos como el actual, solo una maldad maquiavélica o el tratar no buscarse problemas haciéndose pasar por tonto dentro de un *main stream* intelectualoide, explicaría que tantos pretendan seguir atados al modelo del bueno y el malo y otros dualismos simplistas.

Ante la pobreza de la discusión, nada sorprende que una vez más, el pensamiento se ha quedado detrás de la acción, y la tribu global es comandada por modernizados artífices del hacha. Leyes, moralidades, burlas, simpatías, etc. actúan como sostenedores de la estructura social establecida y de su continuidad. Son selectores de lo que se estima es apropiado, es razonable. La sexualidad, las preferencias alimentarias o de la vestimenta, todo tipo de comportamiento humano, en definitiva, tiende a ser cribado en sociedades grises, para dejar pasar por la red "los no problemáticos". La masa resultante, en muy poco se diferencia de una manada.

Necesitamos sociedades basadas en la meritocracia, en donde todos somos distintos y ello se asume y acepta, y hay algunos que son tan excepcionalmente distintos, que educan la masa inculta e inercial. En otras palabras, aunque ello se haga en función de un ser humano hipotético y amorfo, para las grandes mayorías, no podremos atarnos al criterio de la mayoría porque " La peor forma de desigualdad es tratar de hacer iguales cosas desiguales" como acuñara Aristóteles, y "La minoría está algunas veces correcta; la mayoría siempre equivocada" como dijera con su característico humor G. B. Shaw.

El modelo social a perseguir no será ya más la pirámide social sino la red. Del paradigma piramidal, evolucionaremos hacia un modelo social de múltiples nodos intercambiables, una organización en red. Una red amplia, pero a la vez, que capture lo esencial, como la frese de Lao Tsé, al inicio de este ensayo.

Una red con muchos nodos, que facilitan la comunicación fluida, oír los distintos criterios. Una estructura que no espera haya dioses, héroes o supermanes omnipotentes o gerentes desde la cima de la pirámide, sino seres humanos bien dotados cada cual, en determinados aspectos y momento, con contexto propios donde unos deben ser determinantes y otros secundarios, o sea, a veces cooperantes otras influyentes. Y que no inculque a sus integrantes creencias religiosas en que se pasa por debajo de cuerda la visión maniquea y autoritaria de autoritarios arrogantes, confabulados o siendo ellos los mismos sacerdotes supremos.

Hay que establecer equilibrios entre muchos dotados, porque cada uno puede aportar al todo determinadas habilidades o inteligencias, pero ninguno es el salvador de la sociedad ni tiene el monopolio de las estrellas ni de la Salud Pública, ni un teléfono rojo con Dios. Y el héroe, no tendrá derecho a dictar sus ideas al resto de los mortales, y al que no le quiere oír u obedecer, guillotinarlo.

Esa estructura que ya se perfila, es alérgica a los Robespierre, a los Superman, a los Robin Hood o a cualquier manera de reinado, disciplina militarista, guillotinamiento. Es ampliamente politeísta, como quisieron los presocráticos, inclusiva y evolutiva.

La construcción equilibrada de un cuerpo social no es un proceso automático de evolución, como lo es la gestación o el crecimiento del individuo. La genética, se expresa muy aleatoria y paulatinamente porque está hecha por el azar y para ritmos milenarios y geológicos. Esa contradicción de la construcción consciente del cuerpo social, es la que explota cuando el cemento del edificio social ya no resiste el peso arriba y se quiebra o un grupito se quiere hacer dueño de los truenos e imponer sus ritmos históricos. El resultado, es el cáncer social. Y muchas veces, las sociedades han hecho metástasis.

Humanidad significa cultivar responsablemente lo mejor del ser humano y que se ofrezca en un útero, un nido de amor, una cuna, un hogar. Si queremos que nuestros hijos sientan también que su vida se continua en hijos-otros a los que empujan para que los hereden, tenemos que redireccionar nuestra previa evolución cultural y hacerla navegar hacia el seguro puerto de lo pensado a larga distancia, lo inclusivo, la sabiduría. Educar a amplias masas para que sean unos obedientes consumistas es una segura fórmula para el desastre, como lo es la sola alternativa que sean felizmente comunes.

Nos ayuda, ciertamente, que cultura es una palabra relacionada con cultivo y lo materno-fundacional se va viendo paulatinamente enaltecido y hecho comportamiento en la medida que evolucionamos culturalmente. Si nuestros genes nos recuerdan que fuimos tiburones y felinos, relámpagos neuronales nos impulsan a ser espirituales. Espíritu que no se compra en ningún supermercado ni se aprende en un manual. Y así algunos, ya son más espíritu que carne.

Del brujo al científico

La intelectualidad nació en Europa medieval a partir de una semilla católica, humanista, "revolucionaria". El ser humano de cerebro cabalgante, inquisitivo y poderoso, es un resultado de milenios de uso de las manos y de coordinación mediante la palabra y la acción en la partida de caza. La sinergia fue milagrosa, enérgica y emergente. Ocurrió mediante miles de años de artesanía y convirtió al ser pensante en un "producto" excelso de la civilización. Excelso, pero defectuoso y vulnerable. Muy a merced de los terremotos sociales y naturales, cuando lo culturalmente más excelso es lo primero que se tira por la borda en la guerra, en periodos de crisis y lo más cuestionado en círculos pensantes.

Lo anterior explica por qué luego, raíz, tronco y las ramas más gruesas de la intelectualidad, han tendido al pobrismo, buenismo y a ser dinamiteros de la propia cultura. No es extraño que a la intelectualidad le cueste tanto desprenderse de sus mitos fundacionales. Y estos abrevan siempre en el origen pobre e igualitario.

Es extraño con el intenso fulgor de odio-amor que el ser humano manual mira al cerebral. ¡Cuántas veces un vil y tosco pelotón de soldaditos, ha cercenado la vida del sabio! ¡Cuántas veces el tosco labriego o la porcina masa medieval, han incinerado en hogueras a visionarios, excepcionales, adelantados!

Por lo general ha habido dos grandes tendencias en el pensamiento occidental, como si pretendieran recorrer el mundo por dos senderos. Llamémosles el de las arte-humanidades y el de las ciencias-ingenierías. Es enorme el divorcio entre estos dos pensares, decires, haceres, su manera de concebir la sociedad y su propiocepción (como perciben su papel dentro de los grupos humanos).

El arte tiende al ensueño, al vuelo, a ver el universo en verso. Cuando lo maneja un verdadero creador, logra obras que sintetizan y mejoran lo humano. Los primeros artistas parecen haber sido a la vez brujos.

La ciencia tiende a la fórmula. Es un fenómeno social reciente, aunque hay intentos de vuelo científico desde hace miles de años. La ciencia tiende a ascender por etapas, integrando conocimientos en concepciones, proyectos e ingenios, mapas, algoritmos. En su creatividad, sin embargo, hay algo de brujería y mucho de arte.

En sociedades de relativo poco nivel evolutivo (comunismo primitivo, esclavismo, comunismo cristiano, socialismo inca, feudalismo europeo), las expresiones artísticas eran religiosas, y casi exclusivamente la manera en que la cultura miraba los dogmas religiosos. Las ciencias estaban en estado embrionario. Pero cuando ya la tecnología deja de reptar a la velocidad de los martillazos de un herrero, surgen toda una serie de inventores, científicos e ingenieros, que van creando cuerpos de conocimientos que aumentan notablemente la productividad en fábricas y en la economía en general.

Hoy es la Ciencia-Tecnología la columna vertebral de la civilización. Tanto brujos como artistas aún creen tener algo que aportar. Y lo hacen.

El brujo angustiado

En realidad, todos y cada uno de los seres humanos normales tienen adentro algo que los impele en mayor o menor proporción a creer que: ¡YO puedo reordenar el entorno! ¡Mi mente es capaz de ordenar el aquelarre social! ¡YO soy capaz de reordenar el mundo!!! Si ello no es decantado o cribado con la duda sistémica o cartesiana, el pensamiento puede llegar a ser bastante turbio y hasta conducir a comportamientos que serían de pura arrogancia intelectual. Ese es el caso de los grandes dictadores, que no solo exponen sino También imponen sus ideas, con discursos encendidos, pero también con cimitarras, jenízaros, camisas pardas, SS, brigadas de respuesta rápida y comunas.

En algunos intelectos, políticos y artistas, esa excesiva autosuficiencia que no es escardada por el Método Científico, puede llegar a ser patológica. Las culturas que no tienen defensa para estas patologías, suelen ser desmontadas desde adentro. El proponente puede constituirse en un verdadero biocida (a veces genocida) que, en nombre de la vida, el progreso o su sagrada verdad, dilapide, asesine o subyugue.

Este es claramente el caso de Stalin, el Hombre de Acero, que en realidad era un hombre de acción e intrigante (un *hitman*) que se consideró a si mismo el brazo ejecutor de la dictadura del proletariado. Ello le costó más de 40 millones de vidas a los soviéticos, dentro de estos, sus mejores intelectos.

El brujo evolucionado

Fue el empoderamiento a partir de los métodos científicos (en especial el Cartesiano) el que lanza a las nubes el poderío humano, principalmente por el surgimiento de la imprenta y de internet. No fue resultado de unos activistas repartiendo prebendas. Especializa una capa de la sociedad en procesar informaciones muy difusas y convertirlas en alta cultura, en capital cultural. Emerge entonces lo que hoy llamamos intelectualidad o *intelligentsia*. Son individuos más inteligentes y cultos que el resto, y comienzan a sistematizar el saber hasta sintetizarlo en sabiduría, pero algunos se llenan de vanidad. En el caso de la ciencia y la tecnología, esta tendencia a la vanidad tiene un factor que no le deja levantar el vuelo. Pero en el caso de las humanidades, que no aplican el método científico, esa tendencia a la vanidad y la lentejuela se hace vicio.

La *intelligentsia* desde su origen se pretendió capaz de entender, comprender y mejorar el mundo. Pero debe estar contrapesada con humildad y nobleza, larga tradición que podemos entrever en Confucio, Lao Tse, Zaratustra, Platón, Aristóteles, Cicerón, Thomas More, Erasmo de Rotterdam, Goethe, Hermann Hesse, Víctor Hugo, etc., etc. Históricamente, mientras las condiciones culturales eran primitivas y asistémicas, el pensador era una avanzada del pensamiento. Era un soñador genial, y sus propuestas de crear mitos y leyendas eran parte de la tendencia humana y humanizadora.

Pensar es inherente al ser humano y su cultura. Debiera ser considerado un derecho humano. En sociedades larvales, el pensador se expresa de disimiles maneras: filosófica o filosofante, gnóstica o agnóstica, teísta o ateísta, política o apolítica. Pero el poderío de algunos individuos y por la suma de los individuos en ciertas sociedades (mayormente la europea) se incrementa notablemente gracias a la acción de otro tipo de pensamiento humano: el científico-tecnológico, que ya había dado nacimiento a la Industrialización (mal llamada Revolución Industrial).

Hoy nos enfrentamos a una gran confrontación entre tres partes de la cultura: la masa ovejuna e inercial, la de los intelectuales "humanistas" y la de los intelecto científico-tecnológico. Al menos Occidente está atrapado en este laberinto. La grandeza y la miseria humana es un dilema constantemente planteado, nunca resuelto, que nos hace ser de manera compleja a la vez Quijotes y Sanchos, dioses y bestias, depredadores y productores, innovadores y conservadores, ángeles y diablos. Pero en madeja o ecosistema, no en situaciones duales.

El universo se guía por determinadas reglas dialécticas que Hegel identificó como "unidad y lucha de contrarios", "negación de la negación" y "cambios cuantitativos determinan cambios cualitativos y viceversa". Por ello la vida a la vez es innovadora y conservadora, crea y a la vez se opone a la creación de mutaciones y variantes "alocadas". En otras palabras, lo vivo y la masa crea y destruye información. Es la madre anónima contra Polifemos que devoraban su progenie. Pero si existen Polifemos y Minotauros, También afloran de vez en cuando los raros Ulises, Icaros y Prometeos. Y a veces no los devora o los laberintos los perdonan. En mi creencia, la humanidad es fundamentalmente prometeica. Por eso la Ciencia es la que nos hace evolucionar culturalmente en la actualidad.

Masa e individuo

El individuo mismo es el guardián soberano de sus intereses, de su salud física, moral. La sociedad no debe mezclarse en la conducta humana mientras no dañe los demás miembros de ella.

Ignacio Agramonte.

S

iempre es posible que la gran masa humana sea incapaz de percibir en toda su profundidad el sistema que estamos construyendo, que una vez más la media anule la excepcionalidad, que la genialidad de los visionarios sea domesticada con pedagógicas anteojeras, y hasta la necesidad de *evolución* se aplace "por irracional". Se le aplace u obstruya con acelerones y frenazos que desvencijen el tren civilizatorio. En lugar de cumplir con aquello de *"Hay que tener aspiraciones elevadas, expectativas moderadas y necesidades pequeñas"* como planteara H. Stein, una educación equivocada (demagógica en nombre de ser pedagógica), nos introduzca en la tembladera cultural de pretender que todos somos iguales y que todos nos movemos a igual velocidad en la vida, para resultar una densa masa humana de idénticos soldaditos de plomo que no tienen aspiraciones espirituales sino ambiciones sensoriales. Seriamos un conglomerado de pequeños egoístas de expectativas desproporcionadas y necesidades que se comerían todos los recursos naturales y culturales en una orgía final, y sin poder contenerse, porque hasta el más incompetente, cree tener grandes derechos y escuálidos deberes. Ello puede estar ocurriendo por vía de millones de seres humanos, en los que sistemas educativos equivocados que han desdibujado el individuo, han remarcado la masa y los derechos de todos y minimizado los deberes de cada uno, es decir, tienen aspiraciones elevadas y necesidades elevadas, pero que lo esperan todo de estados omnímodos y sociedades industrializadas. Si ello resulta, lo primero que va a ocurrir es que, en las bibliotecas de tantos recintos académicos, un librito denominado "Un mundo feliz", pasaría de ficción a no ficción.

Es muy sorprendente como el ser humano responde a lo que primero le educa, a lo que primero entendió (*imprinting*). Lo demás, lo toma como referente, pero resbala sobre la duramadre. Lo primero cree saberlo de manera natural. Lo posterior, solo aprende a creerlo cuando se profesionaliza o cuando es víctima de un bombardeo de informaciones. Pero, la humanidad de cada uno y el todo mismo, está maniatada a biologismos, tribalismos o nacionalismos. Continua asentada en su *imprinting*. Uno de estos atavismos, es danzar alrededor del tótem con el hacha de la guerra. ¿Lograremos desembarazarnos de estos lastres? Y si lo soltamos, ¿perdería su equilibrio nuestra pequeña Arca de Noe?

En mi criterio sí, gracias a la cada vez mayor productividad industrial de nuestra civilización industrializada y ahora googleada. Pero hay todo un "sistema" de educación pretendiendo borrar nuestro *imprinting* y dicen que "empoderarnos". Pero ese poder adquirido, no depende de políticos Robin Hood, sociólogos o abogados, sino de científicos, médicos e ingenieros.

Si bien las ciencias y las ingenierías cada día son más sistémicas, potentes, empoderadoras, gracias a que se basan en el pensamiento crítico y modular, las humanidades (filosofía, sociología, ciencias políticas, abogacía) siguen siendo verborreicas, una chusmería de ágora y farándula, un quítate tu para ponerme yo entre discursos y egos, dando vuelta alrededor de similares métodos primitivos de transmitir ideas y habilitar mentalmente a los individuos. Creen estos señores que aun hoy hay que tratar de llevar el cuerpo social a lo que ha interpretado un literato, un filósofo, un poeta, incluso alguno que vivió hace 200, 500 o 2500 años. Abundan citas de Confucio, Platón, Lenin, Marx, Nietzsche, etc. Es una especie de llamado a cursar por su pensamiento, con nuestra vida. Una cosa es que seamos cultos y sepamos de lo que nos precede, otra es concebir la cultura como eterna adoración de becerros y tótems. Lo peor es cuando algunos de estos intelectuales, hacen un llamado a que nos encaminemos por senderos pedregosos, entrópicos.

No es posible pretender que lo que ocurrió en la historia humana es plenamente válido hoy. Media una *evolución cultural*, hija de la *evolución biológica*, en que cambian premisas, circunstancias, métodos y resultados esperados. Un héroe de entonces, es casi seguramente un criminal en nuestra jurisprudencia actual.

Eso no autoriza a derribar estatuas a jovenzuelos que no saben ir al supermercado sin GPS.

Lo que pasó en el tiempo de la dinastía Ming en China, Carlos V en España o los Luises en Francia, se ajustó a las condiciones socio-históricas de aquellos períodos. Si en algún momento fue válido arribar a "soluciones" violentas, militares o revolucionarias, que implícita o explícitamente conllevaron destrozos y asesinatos, ello correspondía a grupos humanos relativamente aislados, poco densos, mal armados y con un conocimiento muy fraccionado de sí mismos y sus propias circunstancias. No hay que derribar estatuas sino educar sobre bases científicas auténticas a las jóvenes generaciones. En la modernidad y en el futuro, aceptar soluciones arrasando y rehaciendo sobre los cenizas y escombros, no solo es irracional e inhumano, También puede destruir al ser más excelso que ha parido este planeta, el *Homo sapiens*, anulado su canto por el ruido armagedónico de volcanes gritando estupideces por todas sus bocas.

A la Jerusalén bíblica la tomaron y arrasaron una y otra vez hititas, egipcios, judíos, cristianos, mahometanos, romanos. Unos u otros no dejaron piedra sobre piedra. Era un problema que se repitió varias veces en la historia, pero era local. La Jerusalén global del futuro, solo la podrá ocupar un ser humano sabio, bondadoso, que combata en ideas y por las ideas y no en murallas y por el territorio. El quid de la globalización es la humanización. Una globalidad Tecnotrónica, sería un infeliz "Un Mundo Feliz".

Élite y masa

La opinión de 10000 sujetos no tiene importancia cuando
no saben de lo que hablan.
Marco Aurelio

Toda forma de comunismo o colectivismo es una institucionalización de la envidia, ideologizada como política de estado. Se trata de bajas pasiones humanas: envidia, orgullo y vanidad, expresados como ideología y estructurados como sistema social.

El comunismo primitivo, fue una imposición autoritaria del medioambiente al ser humano. En especial mandaban los gérmenes, que cuando se hacían masivos en una tribu, la diezmaban con una epidemia. Hoy la ciencia y la tecnología nos han permitido evitar esas altas mortandades iniciales. Sin embargo, comunismos intelectualizados (marxismo, maoísmo, guevarismo, mariateguismo, etc.) plantean desde su tribuna eliminar una parte significativa de la población, casi como hacían las epidemias. Cuando se declaran deudos de "La Razón", en los hechos, solo son una mala puesta en escena de "La Pasión".

El ser humano que solo es capaz de trabajar y producir con sus manos y apenas vislumbrar lo que sucederá el mes que viene, siente una gran admiración por el individuo que es capaz de trabajar con la cabeza y puede proyectarse 3, 6, 10 jugadas por delante. Pero es un sentimiento ambivalente, de amor-odio. A la vez lo envidia y lo cela, con frecuencia le pone traspiés, con frecuencia lo elimina. Porque sabe que en justa competencia el otro lo aventajaría siempre. Dice Marx que la humanidad es una eterna lucha de clases. En realidad, ha sido un constante aplastamiento del talento y del genio, por la masa inercial.

Cuando luego de la Ilustración (s XVIII) comenzaron a acumularse grandes cantidades de conocimientos en las mentes de algunos seres humanos, se destacó que algunos tenían una fuerte ventaja competitiva y cuando se unían en *team work*, eran muy creativos. Toda nuestra emergencia civilizatoria se la debemos a las pocas veces que los más inteligentes han logrado reunirse, cooperar, y no ser arrasados por la mediocridad de las masas.

El fenómeno de la emergencia de Inglaterra como superpotencia en el siglo XVIII, se debió a que crearon un "contrato social" en que se permitía y facilitaba formar pequeñas elites creativas, el mejor ejemplo el de los Lunáticos de Birmingham. Allí se reunieron nada menos que Matthew Bolton y James Watt, desarrolladores de la primera máquina de vapor, y los abuelos maternos (Josiah Wedwood) y paterno (Erasmus Darwin) de Charles Darwin. Con seguridad, allí la máquina de vapor de Watt recibió un empujón. Y este fue el corazón de la industrialización.

Las humanidades en general son afirmaciones no demostradas de personas hábiles con la palabra y la comunicación. Al ser humanísticas, son intuitivas y subjetivas, no experimentales y científicas. Son puro aserto y teatro, algunos miligramos de ciencia. En especial las llamadas Ciencias Políticas y la Sociología, no son ciencias, pero al vestirse con la toga y el birrete, quieren ser científicas a como dé lugar. Y con tal de hacerse un espacio en el teatro social, mienten descaradamente. Ello pasa en menor proporción con otras ramas como la Psicología y la Economía, que pueden tener sectores en que se apliquen estrictamente métodos científicos, estadísticas y fórmulas.

La crisis mayor del saber humano hoy radica en las muy mal llamadas Ciencia Políticas, donde los "profesores" son políticos que alguna vez ejercieron el poder. Entonces mintieron, robaron, incumplieron mil promesas. Luego, les hacen profesores. ¿Qué es lo que vienen a enseñar estos "profes" ¿Fraude I Y II?, ¿Desfalco I, II, III? ¿Palabrería I y II?

La Academia, ha traicionado a Occidente. Entre otras cosas, porque en Humanidades acepta académicamente concepciones de dudosa certitud, pero que desmontan el cuerpo social que duramente hemos ido creando en el Proceso Civilizatorio. Entre estas el marxismo, el buenismo, el igualitarismo. Pero, además, el academicismo minimiza o silencia planteamientos alternativos, con su tendencia a lo pomposo y a crear exclusividad en el acceso a los micrófonos.

El ser humano se diferencia de su histórica animalidad, cuando cuida del caído, del enfermo, del infante. Los animales no aman, se guían por patrones de comportamiento instintivo e instantáneo. Pero tampoco odian. El amor y el odio son comportamientos humanos. Saber regularlos, es parte de nuestro autocontrol, de nuestro Gólgota. He ahí una de nuestras grandes contradicciones. A veces, pretendiendo ser ángeles, somos solo bestias odiadoras.

Ser bueno indiscriminadamente, es ser malo en los hechos. La bondad es algo que nos eleva y diferencia de lo zoológico. Pero tiene que ser una bondad selectiva, discriminadora entre el bueno y el malo. Si fuera no selectiva, pudiera implicar subir en el arca de Noe alguno que otro *Tyrannosaurus rex* y tigre de dientes de sable. En los hechos es peor aún, abordarían nuestra embarcación "humanista" tantos monstruos antediluvianos, que a la postre la desestabilizarían y hundirían. Estos "buenistas" indiscriminados, lo que van a lograr es una vuelta en campana de la nave humanidad.

El humanismo, no puede navegar por los mares de este mundo sin una buena proporción de bondad, de perdonarnos en nuestros aprendizajes individuales y colectivos, nuestros deslices, nuestras confusiones y algunas pequeñas maldades, pero no se puede aceptar a aquellos que son esencialmente malignos. Claramente NO caben en nuestra Arca humana, los deshumanizados Gengis Khan, Tamerlán, Hitler, Lenin, Stalin, Pol Pot.... No debemos dudar en bajar de nuestros mitos a los que pueden haber causado mucho mal, disfrazados de bienhechores o de guías. Y aquí es cuando viene la larga discusión, porque son muchos miméticos, los maquiavélicos, los que han causado determinado bien más a la vez un inmedible dolor.

Hay algo que ya sabemos con certeza. Todo poder corrompe y el poder absoluto corrompe absolutamente. Nuestra naturaleza humana es imperfecta. Tenemos que crear métodos que rígidamente impidan la perpetuación en el poder de todos. Lo más sano, en nuestros imperfectos contratos sociales es la alternabilidad. ¡Abajo el que suba!

La fatal arrogancia intelectual, 1er acto

Las ciencias dicen la primera palabra de todo, y la última palabra de nada.
Víctor Hugo

El mundo se debatió en su pasado oscurantista por milenios. Lo que destacaba en un grupo humano era su dominio de la fuerza. El militarismo era la regla. El espadachín hábil y musculoso fue el arquetipo humano.

Los grandes imperios o reyes fueron los guerreros más enérgicos y eficientes: (Mesopotamia, Egipto, Roma, Esparta, Vikingos, Otomanos, Aztecas, Incas, España imperial de Carlos V y Felipe II). Eran sociedades guerreras y entonces valor era oro y riqueza era acumulación de oro, plata y joyas. Se organizaban alrededor de un hombre de a caballo, quien simplemente consideraba la sociedad como retaguardia de sus falanges, sus jenízaros, sus jaguares, sus tercios. Los enviaba a la rapiña, conquistaban, obtenían un botín, luego pedían impuestos.

El oro y otros valores "valían" porque había un mito, un acuerdo generalizado sobre su belleza y que, con este adornando el cuerpo, el individuo valía más. No eran sociedades creativas e industriosas, no creaban nada.

Esas culturas guerreristas y áureas se encaminaron por otros senderos sociales cuando en Grecia (unas *polis* esclavistas, de comerciantes y piratas) unas cuantas mentes inquietas quedaron en posición de volar sobre lo estomacal y fueron especialmente creativas en pensamiento, arte y ciencia. Por vez primera, la genialidad, la creatividad humana fueron un valor evidente y deseable. Eso sembró la semilla en Europa, y a partir de eso algunos *Homo sapiens* dejaron de querer ser una horda carroñera. Entonces riqueza comenzó a implicar también sabiduría. El oro y otros valores continuaron siendo considerados, pero se amplió el diapasón de valores. Eso fue un enriquecimiento, una Evolución Cultural. Debo aclarar que la Evolución casi nunca implica que la estructura previa desaparece, sino que se le echa a un lado, pasa al centro otra más terminada y energéticamente eficiente. Acumular saber es mucho más inteligente que amontonar metal.

La estructura social funcional, basada en la sinergia positiva entre los seres humanos, fue emergiendo por siglos de forma no muy evidente y nada lineal, por el contrario, es muy ramificada. Primitivas emergencias se pueden entrever allá en el fondo del pozo de la historia en la India de los Asoka, la Atenas de Pericles, la Florencia de los Médicis. Pero fueron intentos aislados de individuos brillantes en un periodo corto, logros civilizatorios que no perduraron. Los aplastó una epidemia, uno u otro ejército, la arrogancia de uno u otro Jerjes, Nabucodonosor u Horemheb. Luego de algún destello, se apaga la hoguera. Porque la evolución cultural necesita de una masa crítica mínima, cierto aislamiento y es alérgica a la violencia. Solo así se mueve hacia la sostenibilidad. .

Aun permeados de cierto militarismo obtuso, después de la Ilustración y el Racionalismo, ciertos lugares en Europa albergaron núcleos de meritocracia y dieron un salto hacia la ciencia y la sabiduría, no ya como algo que generaba un demiurgo e interpretaban unos iluminados hechiceros, sacerdotes o filósofos, si no abrieron espacios para construir mitos de abajo hacia arriba. La Inglaterra isabelina, el París de Luis XIV, la Prusia de Bismarck. Ello se superó cuando en Europa ciertos grupos humanos fueron especialmente cuidadosos y tolerantes con el pensamiento, la genialidad y la creatividad humana. Entonces riqueza comenzó a ser materia gris, sabiduría, *industria*. Y la humanidad dio un salto, dejando atrás definitivamente la barbarie para desembarcar en las playas de la modernidad. La sociedad resultante la conocemos ahora como *Capitalismo*, que aun con sus grandes defectos, es la forma social que más se asemeja a cómo actúa un bosque, un arrecife o la Biosfera: acumulando energía e información. En mi criterio, sería más apropiado llamarlo *Industrialismo*.

El salto evolutivo cultural hacia el Capitalismo lo podemos percibir en Holanda en los siglos XVI-XVII, pero era apenas era un retoño, un embrión. Se hace muy visible en Inglaterra en el S XVIII. El Proceso Civilizatorio dejó entonces de ser solo un lento proceso de siglos, una misteriosa alquimia, y comenzó a ser cotidiano suceso, que a veces sale en los cintillos de los periódicos.

Donde ocurrió la metamorfosis social profunda, donde realmente la sociedad se reestructuró de una manera totalmente innovadora, fue en el relativamente aislado Reino Unido, un archipiélago donde llegaban atenuados los vaivenes y desastres promediadores continentales. En el continente europeo, guerras y epidemias echaron al piso, una y otra vez, la metamorfosis social en gestación. La gran masa continental y humana tiende a aplastar a la innovación. En Europa insular, por el contrario, se alcanzó una masa crítica y ya no se volvió al salvajismo previo. Y no se trata de determinismo, sino de posibilismo geográfico.

Luego de la Ilustración y el Racionalismo europeo, hubo una real y gigantesca Evolución Cultural. Emergió una forma de pensamiento y estructura social que daba valor al saber, la sabiduria, la información, acumulados de manera similar a como evoluciona un (eco)-sistema. Porque la vida es un sistema autoorganizándose y los seres vivos no son más que reservorios de información. A nivel individual en los cromosomas la llevamos, muy concentrada y codificada. A nivel social, en ciencia y tecnología la concentramos en leyes, hipótesis, fórmulas, planos. Últimamente la hemos ido destilando y codificando en mentes muy geniales, *internet*, hipótesis científicas integradoras, algoritmos, libros fundadores e instituciones tecnológicas muy creativas. Pero el proceso ha sido largo, ineficiente y aun no terminado. Es más eficiente y viable, aquel que es más cuidadoso en la acumulación de información. Mas todavía, a veces, el inculto soldadito, irrespeta al sabio e incluso lo asesina, pero ya se sabe que un cerebro puede ser más valioso que todo el oro acumulado en el sótano de un banco.

Muchos aun hoy creen que valor es oro. Desde hace mucho se sabe que valor es información. E información y ciencia actualmente es capital, como lo demuestran las enormes empresas de tecnología de la información (Amazon, Google, FB).

La ciencia no es infalible. Con frecuencia, las ciencias siguen teorías desacertadas o aproximaciones inexactas. A veces se comenten errores mayúsculos. Se acepta algo cuando debiera haberse rechazado o se rechaza cuando debiera haberse aceptado. El camino, es largo, empedrado y empinado

Los métodos para discernir lo falso de lo verdadero, suelen ser muy exactos en las ciencias experimentales, pero muy subjetivos en las ciencias blandas humanidades y artes. Por ahí, es por donde hoy se nos está colando la arrogancia intelectual. Un cierto tipo de personas, los intelectuales, con habilidades en comunicaciones e intercambio cultural, pueden confundir y adormecer a un joven auditorio, y con muchos títulos y verborrea venderse como científicos, como sabios, cuando en realidad son solo sofisticados megáfonos.

Si un grupo humano alberga núcleos de meritocracia, da un salto cósmico hacia la ciencia y la sabiduría. Eso fue lo que ocurrió en Europa en el S XVIII. Porque la ciencia es un método para ordenar y discriminar las ideas previas que sirven de las que son confusas o no tienen utilidad. Desde luego, la vara de la ciencia alcanza para tumbar los mangos bajitos del árbol del saber (lo físico, químico, biológico...). Pero apenas es apropiada para concebir el funcionamiento de los niveles más altos y lejanos del universo (lo social, metafísico, espiritual...). Pero lo científico, como método de decantación y discriminación, es un proceso complejo, de sendas discutibles y apenas alcanza para responder dudas básicas como: ¿Para qué hago este libro, si los seres humanos son reacios a comprender lo mas allá de su misera animalidad? ¿Qué remotas posibilidades tengo de que al menos presten atención a algunas de las dudas que planteo, si la academia está ampliamente tomada por ideas contrarias a las mías?

Usando los muros de la academia como barricada o facilidades de los medios de comunicación masiva como catapulta, vemos profesionales y talentos que con el solo uso de su cerebro e imaginación pretenden ser capaces de interpretar cosas complejas, ser sabios. Les tienen horror a los números, a las fórmulas, a la auténtica ciencia. Pero pretenden ser expertos en el mundo. De manera absurda, hoy debaten lo mismo y con similares pobres métodos palabreros que debatió en su momento Homero, Confucio, Platón o Lenin. Y enaltecen a Marx porque en su descomunal arrogancia intelectual, pretendió que indemostrables rejuegos de palabras y asertos, son fórmulas científicas que pueden representar el complejo fluir de los social.

El enaltecimiento de Marx (marxismo en sus múltiples variantes) es caso no excepcional actual entre filósofos, sociólogos, politólogos, de algunos economistas. Y entre escritores divorciados totalmente del método científico y las evidencias empíricas de la historia. Se declaran *PENSAMIENTO*, pero apenas son *SENTIMIENTO*.

Sentimiento que es una carga de bajas pasiones humanas, en especial de envidia. Y eso es lo que aportan intelectuales como Sartre, Marcuse, Foucault, Simone de Beauvoir, Judith Butler, y actuales hablantines buenistas como Pablo Iglesias, Iñigo Errejón, Juan Carlos Monedero, Enrique Dussel, Atilio Borón, Ernesto Laclau y Darío Sztajnszrajber .

A una persona no se le conoce hasta que no estamos con ella en un naufragio o ejerce el poder. Ya hemos visto a algunos de estos buenistas, repartidores de lo que no son capaces de crear, reservándose altos salarios por su cotorreo en cátedras o en el gobierno o robando descaradamente al tesoro público o pretendiendo ser grandes intelectos cuando tienen sofisticados métodos de acallar sus oponentes intelectuales y aun así, son más de lo mismo: vanidad y ostentación. ¿Nos enfrentamos a los mismos sofistas que enfrentó Sócrates?

Sean sofistas o no, les digo: El Capitalismo, como sistema social, ha ido evolucionando y ya no puede ser representado por un viejo avaro, en smoking, contando dinero en el sótano del banco. El capitalismo actual no tiene una única versión. Algunas variantes tienen grandes defectos, pero por lo general tiende a la organicidad de un bosque, un arrecife o la Biosfera: acumulando información. Es degradador desmontarlo a lo jacobino, o con intrigas intelectuales que implican colocar en las torres de marfil francotiradores que eliminen pensamiento alternativo.

Pretender reconstruir la humanidad como masas igualitarias, como propone mucha intelectualidad y académicos, es algo irracional, contranatura, que solo puede terminar en destruir nuestro acervo.

De comunes y excepcionales. La fatal arrogancia intelectual, 2do acto

El mundo avanza subido en el tren de la Ciencia. Porque la Ciencia tiene métodos eficientes para discernir lo falso de lo verdadero. La verdad no es importada desde las estrellas, ni la pare un iluminado en súbito alumbramiento, sino se la construye por muchos con pedazos de verdades y mentiras, que someten a la duda sistémica. En Ciencia no hay verdad inamovible o universal.

La búsqueda de "la verdad" es muy sistémica y eficiente en las ciencias exactas o experimentales (Matemática, Física, Química, Biología…). Es inexacta y muy discutible en las ciencias blandas (Sociología, C. Políticas, Psicología…) que en realidad son más intuitivas, subjetivas y humanísticas que científicas. Y es muy relajada y totalmente subjetiva en las artes y humanidades, aunque suelen o invocar lo científico y por lo general lo mimetizan. Por ello a veces las Humanidades caen en la deshumanización, porque no tienen métodos eficientes de decantar la verdad. Y eso es algo que actualmente está ocurriendo de manera muy evidente en este mundo acelerado tecnológicamente y por tanto evolucionante de manera inestable.

En Artes y Humanidades, es usual asumir lo universal en lo puntual. A veces intentan una concertación posterior, más o menos negociada, hasta forzada. La mayoría de las veces el artista se queda con su experiencia y visión personal, excepcional, pretendiendo que en una inspiración ha capturado un fractal del mundo o un destello del cosmos. Valiéndose de métodos de ciencias no experimentales humanísticos, sólo algunos genios egregios logran decantar la información epidérmica de la sustancial y compleja, es decir convertir lo sensorial en racional. Por ello, rara vez por estos rumbos se arriba a la anhelada sabiduría. Porque la sabiduría no consiste en la iluminación puntual de un ser sino una integración de miríadas de destellos humanos intentado SER.

Sin embargo, algunos "humanistas", pretenden redefinir el mundo como si fuera una novela y sus personajes o un ensayo y sus disquisiciones. Con simples asertos y suposiciones (algunos con una agenda oculta o sesgos personales), actúan como emisores privilegiados. Pero hoy, además, valiéndose de privilegios académicos o de bulla farandulera, algunos pretenden que desde atalayas culturales pueden "reorientar" el mundo. En ello no solo son intelectualmente arrogantes, sino que además simplemente ilógicos porque el pensamiento, necesita de tener constante retroalimentación (*feed back*) Es así que estos "ingenieros sociales" están colando en la cultura una serie de incongruencias, algunas que tenemos que llamar estupideces, desde sus personas con evidentes agendas desde sus sesgos mentales, profesionales y traumas personales.

El anterior es el caso de algunos de los grandes referentes intelectuales actuales, como Marx, Sartre, Foucault, Marcuse, Derrida. Es por haber entronizado a estas figuras envenenadas y resentidas, falsamente humanistas, que estamos caminando a ciegas cuando ya podríamos avanzar iluminados.

¿Cómo es posible que, desde el Humanismo y parapetados detrás de las murallas universitarias, los nuevos cuidadores del templo ametrallen a lo Humano? Por orgullo, vanidad y arrogancia intelectual.

Arrogancia intelectual que puede estar implicando un desconcierto globalista e impidiendo una efectiva concertación global. Por ahí, es por donde hoy se nos está colando la ingobernabilidad planetaria: *Muchos emisores mirándose el ombligo, muy pocos receptores oteando concienzudamente el horizonte.*

Nos están deshumanizando en nombre del humanismo. Un humanismo irrealista, etéreo, lunático, que apunta a lo masivo como lo fundacional de lo humano, cuando lo gregario es simple comportamiento animal, pasado, callejón sin salida evolutivo. Un humanismo que deprecia y desprecia al individuo, que pretende residir y descansar en la masa, que martilla la excepcionalidad. Un humanismo que guillotina al creativo y resalta lo común, "tu si puedes" es su slogan. Ello es muy evidente en el comunismo, pero está presente en las actuales maneras de los diversos populismos, socialismos, buenismos, formas culturales degradas (reguetón, pinturas que son una burla, sexo convertido en deporte, comportamientos sociales vulgares).

Sin embargo, lo que hoy hemos alcanzado a ser en la gesta de SER humanos, no se lo debemos a los promedios, ni a la numerosidad de las proles, sino a los excepcionales. Porque este es el mismo esquema que siguen los seres vivos, sus poblaciones y especies: generan mutaciones, raros, excepcionales y luego los discriminan. Los que pasan por la criba de la selección natural, son los que fundan futuro.

Contradicción de las contradicciones, es que todos los santones que exaltan lo común, y han sido luego escogidos como referentes intelectuales, no eran seres humanos comunes. Eran excepcionales.

Razón o pasión. La fatal arrogancia intelectual, 3r acto-

> *Mientras los serviles trepan entre las malezas del favoritismo, los austeros ascienden por la escalinata de las virtudes. O no ascienden por ninguna.*
>
> José Ingenieros, El Hombre Mediocre.

El comunismo se declara una raza de la Razón, cuando en los hechos es una variedad degenerada de la Pasión.

Como ideología y sistema social, el Comunismo es una ralentización de la sociedad, es una mala puesta en escena de las bajas pasiones humanas, en especial, la *Envidia* y la *Vanidad*. En todo igualitarismo, se envidia a todo lo que brille, todo lo que sea excepcional. Se le cubre con una pátina de saliva, chismoteo y resquemor desde los mediocres, lentos o resentidos, que creen que la excepcionalidad es solo pura casualidad. Y no. Bajo el comunismo (y sus variantes), *Envidia* y *Vanidad* devienen las piezas centrales del comportamiento social humano:

La envidia, que es autorizada ideológicamente porque se exalta al ser humano común y mediocre, que quiere que todo esté a nivel promedio. Esa es la felicidad del comunista. Ver al de al lado embarrado y apestado. Que todos sean cojos y tuertos. El que brille un poco, tiene que declarar que su luminosidad no es la del Sol (que emite con luz propia), sino la de la Luna (que es un reflejo del Sol). Para ello, puede que tenga que usar el mismo tipo de ropa que el promedio, delatar a sus padres por acomodados burgueses y dejar claro que no tiene ideas propias sino repite los mismos viejos mantras y dogmas de Marx, Lenin, Bujarin, Trotsky, Mao, Marcuse, Sartre, Foucault y un largo etc. de teóricos, arquitectos e ingenieros de la "igualdad". Este es el concepto central que aportan al mundo las "ciencias" sociales. No se pueden tener ideas propias.

Aparentemente el Comunismo ensalza al común, al humilde, al pobrismo. Mas en los hechos lo que hace es quitar voltaje a todo lo que brille y concentrarlo en una sola figura autorizada, el secretario del Núcleo del Partido, el Gran Hermano, el Gran Líder. En vida, hay que ser su avatar, un animal de granja. Y el día que el líder máximo muera, llorarlo histéricamente en la plaza pública.

Un buen método para que te permitan acceso a los micrófonos en una sociedad igualitarista, es declararte humilde, justiciero, considerando justicia a la escasez permanente y la miseria compartida, humillada felicidad. Puedes así acceder a micrófonos, a repetir lo que ya se dijo. Aunque se dijera hace más de 200 años, cuando ciencia y tecnología apenas gateaban.

La vanidad en el comunismo, no se expresa en ostentar joyas
o autos, aunque alguno especialmente vanidoso no pueda evitar
cierta ostentación. La veremos, entonces, en pequeños detalles de
algunos míseros e irrelevantes cortesanos, que creen un gran ho-
nor haber sido elegidos para ladrar las mismas consignas a voz en
cuello. Es una vanidad histriónica, de payaso, muy poco creativa,
pero como el sistema elimina toda oposición, se puede hacer omnipresente.

Dentro de estas sociedades igualitarias, insectiles, vemos obreros, zánganos y soldados, pretendidamente igualados. Pero destaca un muy especial individuo, al que alimentan con jalea real.
Es el líder, el elegido para darle voz a la masa amorfa, el genial
intérprete de las necesidades y sentimientos del "pueblo". Bien
conocemos en la historia, que las colmenas comunistoides han
encumbrado cada una a al menos un "iluminado", quien, primero
presenta una serie de planteamientos intelectuales (libro, programa, discurso) y cuando ejerce el poder lo olvida, se desdice, va
adaptando su discurso al contexto y a los imponderables del camino, de modo tal que termina haciendo todo lo contrario de lo
que prometió. Cuando algunos del corito no los acompañan con
prontitud en el variable decir y hacer, les dan como carne a las
hambrientas guillotinas o pintan con su sangre altos paredones.

Suciedad bajo la alfombra de la sociedad

Una sociedad humana, no parece ser algo que piense uno u
otro, sino un permanente ejercicio de concertación, de perfeccio-
namientos puntuales, enmendando errores puntuales. Ciertos intelectuales, se pretenden ingenieros reseñadores, de su estructura. Ninguna sociedad es un paraíso. Los males de las sociedades

son múltiples y tal vez intrínsecos. Son más bien suciedad, que a veces logra blanquear y diluir sus manchas.

Una sociedad funcional es una concertación que asume que los seres humanos somos imperfectos y hay que evacuar periódicamente nuestras suciedades. Para ello evita que uno u otro imponga sus imperfecciones, sin contrapeso.

Es natural e inmanente en cada ser humano, sobre todo los de viva inteligencia, creer que su cerebro puede des pensar, representar, pensar y replantear el mundo. Nada extraño escuchar la voz de Confucio, Lao Tse, Platón, Aristóteles, Goethe, Víctor Hugo o Thomas Mann y casi querer seguir el curso de su pensamiento creativo, fluido prospectivo, original.

Son intelectos de alto vuelo los que creen leer el libro de la vida, y luego de su lectura, proponer innovaciones. Hasta ahí no hay arrogancia. Menos la hay cuando una sociedad antes de tomar una decisión X intercambia ideas en Ágora, Academia o Parlamento, en cuanto a lugares para la libre expresión y concertación. El problema aflora, cuando el intelecto se cree único proponente, y ahoga el ágora.

La generalidad de los cerebros auténticos de la antigüedad, los genios fundadores de la humanidad, creían que ellos eran capaces de dilucidar lo correcto. Tuvo que correr mucha agua debajo de los puentes para que al menos algunos creyeran necesario facilitar una muy fluida concertación, el parlamentarismo.

Lo contrario es el autoritarismo. Sus males los sufrimos embridados por hombre de a caballo. Pero hemos emergido trabajosamente y hoy las corrupciones de grupos autárquicos son tan evidentes, nos han marcado tan profundamente en la historia, que casi todos aspiramos a formas de gobierno rotativas, con elegibilidad periódica. No es una solución mágica y total, pero evita males mayores.

La intelectualidad prospectiva

Un pueblo que elije corruptos, impostores,
ladrones y traidores, no es víctima, es cómplice.
Nietzsche

El intelectual desde su surgimiento como brujo angustiado pretende que la improvisación y la ineficiencia del mundo (de su tribu, de su reino, de su casa), lo puede *despensar* y repensar su intelecto. Que es su función invocar espíritus, adelantar elucubraciones, hacer recomendaciones.

La mayoría de los mejor dotados veían y ven a la masa humana como manada. Durante milenios, las sociedades tendían a organizarse con una estructura piramidal, de avasallamiento de la mayoría por una minoría, a veces a uno solo, el Faraón, el César, el Zar, el *Khan* o el *Führer*. Luego, van apareciendo formas participativas y surgen métodos de disfrazar a un Zar como compañero "secretario general" o un democrático "presidente" de sustitución periódica. Son una gran falsedad en cuanto a que sean "gobierno del pueblo", pero aun así un enorme logro en cuanto a evitar la creación de cofradías enquistadas en el poder y el anquilosamiento de la estructura social en las mismas ideas.

Hoy asistimos a la contradictoria situación de que las sociedades industrializadas, con su enorme productividad y producción, han permitido crear una considerable capa de la población dedicada a "la intelectualidad". Resulta que a muchos de estos intelectuales se les permiten posiciones sociales muy acomodadas, encerrados en torres de marfil, con muy poco riesgo para sus personas y nulo contacto con situaciones sociales, ecológicas y planetarias, que sean objetivas, comedidas, reales.

La riqueza producida desde las industrias, ha posibilitado masivamente invernaderos del pensamiento (universidades, instituciones, la Academia), de donde está emergiendo una serie de propuestas desvinculadas de la realidad, algún puro suicidio cultural.

Gran parte de la intelectualidad ha dejado de ser prospectiva y está actuando de manera suicida. Es una intelectualidad de invernadero.

La sinrazón de la razón

Hoy el mundo avanza subido en el tren de la Ciencia. Porque la Ciencia tiene métodos para decantar lo falso de lo verdadero, lo inviable de lo viable. No es infalible ni omnipresente, pero es la mejor herramienta que tenemos para comprender al Mundo, transformarlo gradualmente sin hacerlo reventar.

La verdad en Ciencia no se importa desde el cielo ni de las estrellas, ni la pare un escogido en súbita iluminación, si no se construye con pedazos de verdades y mentiras, que se someten a la duda sistémica y luego se ensambla con saliva, semen, experimentación y concertación. Ello es muy intrínseco, preciso y constructivo en las ciencias exactas o experimentales (Matemática, Física, Química, Biología...), pero muy subjetivo y periférico en las ciencias blandas (Sociología, C. Políticas, Psicología...) e imposible con los métodos de las humanidades y artes, aunque todas hacen referencia a "la Ciencia" o al menos a "lo que dicen los científicos".

La verdad en Artes y Humanidades, puede ser un súbito destello que no se sabe de dónde bajo. De manera impensada y subjetiva, podemos crear una obra o por el contrario caer en la deshumanización. La mayoría de las veces el artista se queda con su experiencia excepcional, pretendiendo que es un fractal del mundo o del cosmos. Valiéndonos de los métodos de las Humanidades, solo algunos muy excepcionales genios tienen manera de acceder y discernir en la información compleja, para convertirla en conocimiento, o más excepcionalmente, en sabiduría.

Algunos "humanistas" actuales, más desde el arte que desde la ciencia, pueden estar impulsando el desconcierto globalista. Por ahí, es por donde hoy se nos está colando la ingobernabilidad planetaria. Muchos emisores, mirándose el ombligo. Muy pocos receptores, oteando el horizonte. Se puede afirmar que nos están deshumanizando en nombre del humanismo, desde las Humanidades. También desde una burocracia internacional, una serie de burócratas de mente estrecha, atrincherados en organismos internacionales, imponiendo sus criterios a gobernantes elegidos.

Muchos incompetentes, improductivos y mediocres han acercado su hambre al cuerno de la abundancia industrializado. Con un título, todo lo que desean es ser "funcionarios" de las extensas burocracias de los países industrializados, muchas veces con posibilidades de determinar la historia de otros verdaderamente creativos. Ello explica la diarrea documentos que emiten las cumbres o de "obras de arte" que inundan ferias y museos.

Estas castas de "funcionarios" son como masas de sanguijuelas en el cuerpo social. Ni remotamente existían hasta el medioevo. Antes, para ser artista o creador, había que ser genio, cuando menos talento. Y luchar por su pasión. Hoy, hay que aprobar primero unos exámenes de verdadero o falso que propone un académico caprichoso y luego dedicarse a cortejar funcionarios mediocres y chantajistas, llenar papeles para subir por las estructuras o solicitar una subvención de un mecenas masivo, generalmente gobiernos (representados por funcionarios que no funcionan).

Los subvencionados son por lo general parte importante de las sociedades industrializadas actuales. En cada país puede tratarse de millones de personas, algunas muy talentosas y educadas, otras, la mediocridad personalizada. Generalmente son a su vez activos en los rejuegos políticos, dado que su vocación es gritar y pedir. Los partidos políticos se han convertido en lanchas de desembarco para llegar a las playas de la hacienda pública. Este burocratismo globalista es una enfermedad que está desangrando a las ricas sociedades creadas por la industrialización.

Un caso muy significativo, pero no tan visible desde el exterior, es el de las universidades. Allí, miles y miles de profesores conforman "el claustro" (en latín *claustro* significa cerrado). A veces se les llama en conjunto "la Academia". Y pueden darse el lujo de pretender estar creando arte, ciencia, cultura, sin contacto con la realidad, y sin un mínimo de control de calidad. Sus integrantes con frecuencia nunca han salido del sistema educativo, algunos fueron graduados a los 23 años, master a los 26 y Doctores a los 30. Muchos permanecen en el sistema universitario estudiando hasta sus 40s (recibiendo ayudas). Los que son profesores de carrera, pueden tener un perfil superespecializado, que se suele corresponder con la estructura disciplinar de las ciencias cuando son carreras científico-tecnológicas, pero que caen en un caos cuando se trata de humanidades, porque lo unitario e indivisible lo pretenden abordar con visiones tales como "Especialista de siglo XIV Florentino" o "especialista de arte barroco mexica del siglo XVI". Sus mentes y conocimientos parecen más un conjunto de piscinas de especialización que un mar del saber. Son Doctores que no son doctos, pero no han vivido y luchado por ese conocimiento en la vida. Se les ha implantado como un chip, proveniente de profesores que ellos mismos estaban bastante alejados de la vida. A resultas de lo anterior, ahora tenemos una generación de jóvenes formados por estos "académicos" que no conocen otra cosa que estudiar textos (ahora *papers* en la *web*) y responder sus preguntas verdadero-falso, estandarizadas y preconcebidas.

Esto no es un malgasto o un vicio de la modernidad industrializada, en realidad es un cáncer porque estas personas suelen ser muy activas y eficientes en reclamas derechos, y totalmente desacertadas y desmemoriadas a lo hora de sus deberes. Creen merecer todo, a cambio de aportar unos ensayos insulsos, llenar unas planillas. Padecen de una enfermedad intelectual que se ha dado en llamar pensamiento Alicia.

Las universidades, tienen numerosos, objetivos y palpables aportes en ciencia, tecnología, medicina, en áreas donde no se puede crear conocimiento desenraizado. En el área de Humanidades, la situación es la opuesta. Están inculcando en sus estudiantes una serie de ideas que pueden ser tóxicas, biocidas sociales, drogas. Y de esta manera, hoy vamos camino de hacer implosionar a las sociedades industrializadas de Occidente, que ahora compiten con las sociedades hiperindustrializadas y autoritarias de Oriente.

Esto es lo que ha estado pasando en Occidente y en los últimos 50 años y que hoy hace crisis tal vez por algún interés oscuro de desmontar el edificio cultural eurocéntrico, tal vez para sustituirlo por uno Confuciano.

La Academia, en Occidente, se ha constituido en una Quinta Columna cultural, dedicada a confundir y subvertir la estructura social creada por milenios, en base a una serie de subjetividades y algunas no tan evidentes estupideces. Han convertido a las Universidades en centros de intriga social. Los que lo hacen desde las Humanidades, son especialmente entrenados para tener habilidades en comunicación y cultura general. Con estas habilidades pueden confundir y adormecer al joven auditorio. Si además acumulan muchos títulos y verborrea, es muy difícil hacerlos entrar por razones. Ellos, con su pensamiento Alicia, son *La Razón*.

Humanidades deshumanizándonos

Las convicciones son más peligrosos enemigos de la verdad que las mentiras.
Nietzsche

Hoy el mundo evoluciona subido en el tren de la Ciencia. Algunos, que lo percibimos portamos la biblioteca de Alejandría en el bolsillo y la consultamos. La mayoría, sin embargo, continúan bajo el imperio de sus hormonas y ahora tienen un apartico que les da acceso permanente a desnudos y pornografía. La cascada de información que corre ente sus ojos no la pretenden entretejer, solo les dan explicaciones desmembradas.

La Ciencia tiene métodos eficientes para discernir lo falso de lo verdadero, dentro de cierto rango del Universo. Nunca hay una verdad inamovible en Ciencia. La verdad científica no se crea en raptos o fogonazos de un Cicerón o un Shakespeare. No se pare en súbitas iluminaciones, si no la construyen paulatinamente muchos talentosos individuos con pedazos de verdades y mentiras, encoladas mediante la duda sistémica y de vez en cuando, un brochazo de genio. Arte, Filosofía, Religión, son otros modos de auscultar el universo, pero son más ensoñación, más verdad dada e instaurada, y menos palancas que la Ciencia.

El problema actual de la Ciencia es que, dentro de su propio SER, han surgido toda una serie de cuerpos de saber, que con un crecimiento desordenado la distorsionan, sin un claro respeto por los métodos científicos de metabolizar y aceptar la verdad. Y ello puede llegar a hacer metástasis. Esos crecimientos tumorosos no llegan a tener la coherencia del cuerpo principal y se declaran auténticamente "científicos", aunque estén mal encolados. Puede que sea el caso de las llamadas ciencias blandas, la Filosofía, la Economía y algunos planteamientos desde las humanidades.

Aun cuando es evidente su (muy) pobre bagaje estadístico, así como la probabilidad de que sus "verdades" sean verdaderas, se declaran formas válidas y duras de auscultar y redefinir el mundo. El caso más prominente y costoso es el marxismo, que se pretende ciencia a golpe de martillazos e intrigas, imponiéndonos ideas, más concretamente jueguitos de palabras que nacieron en la mente atormentada de Marx (clases, luchas de clases, plusvalía, dictadura del proletariado...), y repiten agentes de la Internacional Comunista, la KGB y algunos vanidosos profesores de "filosofía" y "ciencias políticas".

Ya hemos visto los millones de fallecidos que ha provocado tratando de embutir lo humano en sus andamios mentales marxistas. ¿Como es posible que tantos profesores repitan estos asertos ante confundidos alumnados de occidente? Porque el marxismo no es científico y un llamado a la racionalidad, sino a los bajos instintos humanos. Los lerdos, envidiosos y resentidos del mundo están preadaptados a "comprenderlo".

Es indudable la necesidad que tenemos de pensadores, soñadores y de amplias discusiones filosofantes. Pero no así, como la mayoría de los profesores de filosofía, sociología, economía van por el mundo regando la semilla de "su verdad" que consiste en que todos somos iguales. Y peor, los que no los reafirmamos, somos execrados, ninguneados. Casualmente, el mundo biológico basal, evoluciona hacia la diversidad, no hacia la igualdad. Eso no le hace mella a la arrogancia intelectual de Sartre, Foucault,

Gramsci, Marcuse, Simone de Beauvoir, Judith Butler) y comunicadores actuales como Atilio Borón, Darío Sztajnszrajber, Arturo López-Levy, Pablo Iglesias, etc., etc.

Que una novela sea una herramienta socio-ingenieril o que un filósofo sea ingeniero social, es error mayúsculo y arrogancia intelectual improcedente. Sin embargo, abundan hoy esos filósofos reingenierizando el mundo o sociólogos proponiendo e imponiendo concepciones que no ocurren en la base biológica, en los hechos son anticientíficas.

Hoy vivimos en sociedades industrializadas, que por su enorme productividad pueden tener amplios sectores de su población dedicados a elucubraciones y creatividad difusa, entre estos claustros numerosísimos en universidades cerradas. No puede ser que estos se dediquen a desmontar las bases culturales de occidente. Con simples asertos y suposiciones, pero valiéndose de bulla farandulera, privilegios académicos o falta de recurso de otros, imponen sus ideas. Actuando como emisores privilegiados, algunos pretenden "reorientar" el mundo. Y en realidad, están poniendo al mundo de cabeza.

Algunos "ingenieros", tienen evidentes agendas desde sus sesgos culturales, traumas personales y mentales. Este es el caso de algunos de los grandes referentes intelectuales actuales como Marx o Foucault. Es por haber entronizado a estas figuras resentidas, falsamente humanistas, que estamos caminando en redondo, alrededor de los mismos mitos.

¿Como es posible que parapetados detrás de las murallas universitarias se ametralle a lo Humano en nombre del Humanismo? Por orgullo, vanidad y arrogancia intelectual, que puede estar implicando el desconcierto globalista de seres desvinculados de la realidad y así previamente erosionados en su humanidad e identidad. La concertación global no puede hacerse pretendiendo un ser humano igualitariamente ovejuno en todas las latitudes y longitudes. Los grandes mitos religiosos, se esforzaban en lo superior, en encontrar en el Ser Humano un destello de lo divino y se basaban en la excepcionalidad de figuras individuales (Cristo, Buda o Mahoma).

Nos emborracha hoy un humanismo lunático-igualitario, etéreo, que apunta a lo masivo como lo humano fundacional, cuando lo gregario es ancestral comportamiento animal. Resaltando lo común, nos deshumanizan en nombre del humanismo, que no, que nos pretende manada, deprecia al individuo, martilla lo excepcional. Ello está presente en toda forma de populismo y en el buenismo laxo que permea actualmente Arte, Humanidades, Academia y que está desmontando la Gran Pirámide de la cultura occidental.

No sean alumnos que dan pena

Ante este mundo de ganadores vulgares y deshonestos, de prevaricadores falsos y oportunistas, de esta gente que ocupa el poder y que escamotea el presente, ni que decir el futuro, de todos los neuróticos del éxito, del figurar, del llegar a ser. Ante esta antropología del ganador, de lejos prefiero al que pierde.

Pier Paolo Pasolini

Los corazoncitos y cerebritos que más han soñado con mitos dinamiteros sociales y con bandidos redistribuidores, no lo han hecho en la modernidad desde el hambre y la miseria, ni en tugurios de barrios marginales, sino apostados en barrios elitistas, con la barriga llena, acceso a educación selecta, universidades, academias, y luego desde altos puestos burocráticos, instituciones con amplio presupuesto, donde se han dedicado a jugar a la ingeniería social sin saber manejar ni una regla de cálculo ni el azadón.

Filósofos, sociólogos y politólogos se dicen científicos, manejando verbalizaciones que no son más que verborrea incomprobable. La palabrita primero, la dinamita después. Luego a repartir lo que la auténtica ciencia y la economía han creado, no ellos. Son "buenos" con lo que han creado otros. Sorprendentemente, aun hoy proponen cosas similares a las de Platón en *La República*. ¡Tremenda evolución del pensamiento en 2000 años! Nada sorprende que los males del capitalismo, que los tiene, pretenden resolverlos empujando a la sociedad contra el reloj, hacia el feudalismo. !Genial!

Veamos como ajusta lo anterior en la muy mal llamada "revolución cubana". No fue una apuesta desde una enérgica intelectualidad cubana, sino un gran cansancio del militarismo previo, pero en esencia una movida de peón de intelectuales norteamericanos y europeos, alimentados desde los éxitos de su industrialización nacional, lo que les permitió encerrarse a soñar en torres de marfil faranduleras, hippies y universitarias, a drogarse con ideas desconectadas de la tierra. Terminan incapaces de leer reales dolores de la historia, en especial los millones de crucificados en los márgenes de los ríos de sangre de las violencias "revolucionarias", que no fueron, ni son, ni serán evolucionarias.

Muchos, guerrilleros devenidos en académicos o "pensadores", pretenden y asumen que los males de las sociedades industrializadas, de todo tipo, no se resuelven con ciencia, industria y economía, palancas técnicas y métodos científicos, sino con palabrería, *papers*, discursos emotivos, dinamita y solidaridad de barricada o trinchera. Como resultado, occidente se ha visto inundado por PhD analfabetos de lo histórico, hábiles en lo histriónico. Y sus alumnos, dan pena. Insisten en cultivar leyendas y mitos acientíficos como el "salvaje inocente", la "revolución redentora", la "partera de la historia", las "sociedades estratificadas en clases" (exactamente es el capitalismo industrializado lo que hace desaparecer la estratificación feudal) y la lucha de clases (que nada tiene que ver con la lucha por la existencia animal), la "dictadura del proletariado" (eliminar a los que usan espejuelos), el "antimperialismo" (antiamericanismo), la "igualdad" (todos somos buenos, todo el mundo se merece un amorcito) y la justicia social redistributiva (mayores impuestos a los más productivos y altos sueldos para profesores de filosofía, sociología, politología y burócratas redistribuidores en todas las instancias de los gobiernos).

Discursos sociales necrosantes del cuerpo social ocupan altas atalayas en occidente, ya sea en París, Washington, Hollywood, Madrid o Bruselas. Innumerables "pensadores" utópicos y malcriados de todo tipo se dan el lujo de proponer cambios "revolucionarios" con las mismas ideas de Platón, Aldo Moro, Marx y los brutales métodos de Bakunin, Lenin y Mao. Mientras, la ciencia dura y la tecnología cada día son más innovadoras y productivas, más la llevamos descuidados en el bolsillo, solo con un leve asombro de lo que nos ofrece. Mala mezcla toda esa pléyade de palabreros, filósofos, sociólogos, poetas y pintores abstractos, con habilidad histriónica, con los parcos hombres de acción que por siempre han querido el poder a sablazos.

La favela que llamamos ahora Cuba, es resultado de la alquimia infernal de saliva monocromática de locuaces periodistas, profesores de filosofía, con guerrilleros heroicos, todos con ínfulas de ingenieros sociales.

Los utópicos de caviar de Occidente apoyan moral y materialmente a su experimento social más querido: la Cuba jacobina, que: !heroicamente enfrenta al amenazante y terrible imperialismo yanqui! Sin embargo, la hambruna del cubano actual, que a cualquier otro gobierno occidental le hubiera costado la renuncia para ensayar otra combinación de gobierno, no mueve ni un ápice a las autoridades eternizadas en sus puestos. Y es solo paliada con las tantas toneladas de pollo congelado producidas en el imperio. Aun así, los gordos generales morados no quieren dejar el poder de ninguna manera, y han inventado un oxímoron: la Revolución-Continuidad.

El país fue rediseñado por unos pocos hombres de acción, a punta de pistola y desde un poder jacobino. Fueron magnificados desde y por ciertos "intelectuales revolucionarios", algunos teóricos de café e incendiarios académicos, que impulsaron la lucha armada y las soluciones con dinamita para Hispanoamérica y África. La economía del país, fue cocinada en caldera militarista, todo el cuerpo social fue arrodillado a la histeria jacobina.

Se valieron de fusilar física o moralmente, ningunear, crear ruidos ante cualquier planteamiento alternativo y en aunar grupos de resentidos en el país o incluso en otros países, que "ideológicamente" (no cuente becas a hijos o subvenciones secretas) hacen de quinta columna internacional de la "gloriosa" revolución. Hicieron emigrar y expulsaron del país a toda oposición o conato de disidencia, incluyendo desde luego a los cerebros más creativos y productivos. Creando mitos propagandísticos, el más irracional y artificial ese de "el bloqueo", sin oposición interna, han llevado a la nación a su más profunda crisis. En los hechos, ya no es país sino un palenque. Pero, aunque no tienen oposición funcional y orgánica, tienen un enemigo considerable para permanecer en el poder: su propia estupidez. Ahora abonada con vanidad de nietos ostentosos. Los está tumbando que su "sistema" político es todo menos funcional y sistémico.

El gobierno en Cuba, ha basado su permanencia por más de 60 años en neutralizar toda oposición. Contaron con el empuje industrialista de su archienemigo, a 90 millas, que les extrajo más de 2 millones de los más inconformes, que ahora anualmente les envían más de 10 000 000 USD. El Ministerio de Remesas es el único capitalista y productivo en ese palenque y desgobierno. Pero gritan que su desmadre es porque "están bloqueados". Se han congelado en sus dogmas, porque por más de 6 décadas no han tenido oposición interna que destaque sus yerros y no han permitido que nadie que no sea rojo o verde olivo participe en la administración de "su" país-campamento. Ellos son la verdad, ellos que son inválidos manejando evolución cultural, ellos que son miopes, usan gafas marca Marx. Compréndalo, juventud del mundo, no sean alumnos que dan pena.

Taparrabos democrático para un rey desnudo

Ante este mundo de ganadores vulgares y deshonestos, de prevaricadores falsos y oportunistas, de esta gente que ocupa el poder y que escamotea el presente, ni que decir el futuro, de todos los neuróticos del éxito, del figurar, del llegar a ser. Ante esta antropología del ganador, de lejos prefiero al que pierde.

Pier Paolo Pasolini

La cultura del espectáculo, como le llamó Vargas Llosa, también ha aupado y enriquecido al de bajo vuelo creativo: al entretenedor *(entertainment),* al envidioso Salieri trampeando al genial Mozart, al descriptivo insulso, al mediocre prolijo clasificador (que no puede ver el conjunto, pero tampoco deja que otros lo vean), al repetidor de rama estrecha que vuelve a describir su aldehuela o su sensorialidad, al narrador morboso que no entreteje su trama con la vida.

El pensamiento especializado, compartimentado, fraccionado, ha sido muy exitoso en Occidente, que está en la base de su preeminencia en forma de especialización ingenieril. Pero ello se ha constituido ahora en un bache o *bumper* para la evolución posterior: avanzar hacia el pensamiento sinóptico y holístico que permita a todo ciudadano explicar la complejidad del mundo y comprender su evolución. Alabamos a los especialistas o expertos. Apenas tenemos mentes generalistas. Y cuando surgen, los crucificamos.

Desde el Arte y desde la Ciencia, la democracia se ha ido volviendo una mediocracia. Y lo humano, en nombre de las humanidades, se ha deshumanizado.

La ciencia, sesgada en campos divorciados y centrífugos que llamamos especialidades. Millones de "expertos" en minucias. Algunos tan ciegos que pretenden conocen el elefante cuando palpan su trompa. Algunos envenenados con ideologías que los impulsan a castigar y hasta eliminar físicamente a la mente abarcadora, al sabio renacentista, al creativo de visión sinóptica. Congresos, libros y *papers* están llenos de metodologías puntuales para..., y casi no aparecen integraciones holísticas. La Ciencia, está esquivando algunos problemas sistémicos, complejos y esenciales del Ser humano. Está enfocada en miríadas de problemitas vistos con incoherencia. Sin embargo, la naturaleza, la biosfera, la sociedad e inclusos el Cosmos funcionan integrados, no en cajas estancas.

Las humanidades y artes, desde Atapuerca hasta la actual hemorragia de ferias culturales, tienden a lanzarse al ruedo con desparpajo sofista o concentrándose en bellos detallitos que declaran universales, con la bonita varita mágica de su imaginación. Se quedan en la sensorialidad, analítica sin ser sintética, sin conclusiones, apenas sensibilidad del artista-individuo, que rara vez se atreve a escalar hacia el artista-transductor de lo cósmico. De esta manera, el arte es mísera sombra, objeto-*asset*, colorines miméticos del aposemático Cosmos.

En general, se ha impuesto culturalmente un Arte y una Ciencia-tecnología excelente para los detalles y lo nimio, miope para una visión integral. Proliferan los buenos comunicando "ideas", pero que esquivan la auténtica creatividad, odian fórmulas y números, prefieren el histrionismo.

Todo lo anterior puede tener relación con la extrema y enfermiza exaltación de la Democracia, el pretendido "gobierno del pueblo" como vía y herramienta social, que está resultando en dictaduras de lo común. De esta manera se ha dejado que entre por la puerta de la cocina lo que se había expulsado por la entrada principal, el comunismo y sus versiones disfrazadas: comunitarismo, socialismo, populismo, gregarismo oriental. Porque la exaltación del hombre común, con o sin taparrabo democrático, es desnudez de lo humano. En esos meandros se ha ralentizado la cultura occidental, y tal vez enfermado la oriental.

La sabiduría no es específicamente saber religioso, filosófico, artístico o científico. Hay que dejar claro una cosa: La sabiduría se obtiene con sumo esfuerzo, no es cosa que esté al alcance del ser humano común ni de compartimentos estancos de la cultura.

Toca ahora ir a abrevar en formas de pensar más holísticas y que aspiren auténticamente al orden del cosmos, y no (taimadamente) al gobierno en la tierra. Pero ahora han llegado estas dentelladas vírales y occidente está sin ideas y sin palabras.

Hay que someter a escrutinio e inmediata transformación los sistemas de educación, que impulsan al individuo a la repetitividad, castran su creatividad e identidad personal específica. Desde la escuela se ha masificado un individuo enfocado en su ombligo, mentalmente consumista, tecnocrático y especialista de rango estrecho, en otras palabras, se ha idiotizado al Ser Humano. Si a eso llaman Democracia, está mal. No hay fuerza ni idea que gobierne a masas de idiotas que creen tener todos los derechos humanos y ningún deber humano.

Pero no sólo el sistema educativo formal ha fallado. Tal vez ha errado más profundamente el informal: los medios de difusión masiva, que nos bombardean con una serie de banalidades, clichés, amoralidades e inmoralidades, que han destituido el ciudadano y lo han convertido en un masticador de imágenes, en un consumidor compulsivo, un mero admirador de su ombligo y del "arte" pornográfico, gimnasta del sexo. Nada asombra que su cerebro esté mal preparado para comprender el orden del Cosmos o cuando menos, la organicidad de lo que le rodea.

Las sociedades industrializadas están industrializando al individuo, pretendiéndolo un igual entre iguales. Es primario consumir. Es secundario producir. En la estampida pueblerina, queda cada vez menos espacio para el ser ascético y sabio. Y cuando corre dentro de la manada de consumistas-incultos-felices, masas de Salieri atendiendo a lo que hace el otro, lo hacen como estampida aplasta dudas.

Pero yo tengo una duda: ¿El rey está vestido democráticamente? Me parece que su taparrabo no cubre sus vergüenzas: Somos conjuntos de individualidades distintas, algunos Gulliveres unos, otros liliputienses, ninguno igual a los otros. <u>En la variedad reside nuestra riqueza.</u>

La bondad no es valor negociable

A lo que asistimos no es a una crisis monetaria y coyuntural sino a una crisis mundial de valores. Luego de la caída del muro de Berlín, parecería que el pensamiento de David Ricardo y Adam Smith fagocitó definitivamente el de Carlos Marx y se hizo omnipresente. Sin embargo, "periódicos" sismos de los mercados de valores (tequilazo mexicano, tigres de papel mojado asiáticos, *zig zag* de la economía japonesa, incongruente baile del oso ruso, efecto tango, desplome de *Wall Street*) pueden estar indicando que la economía mundial está asentada sobre bases movibles, en un momento determinado pueden dejar en el piso los sueños de millones de seres humanos.

Tal vez esas "volatilidades" estén dejando al descubierto que tanto Marx como Smith u otros se equivocaron en querer que toda la economía se ajustara a un determinismo esquematizado, una formulita sencilla, al automatismo del mercado o de la historia. Ambos no pudieron vislumbrar el capital de alta gerencia de los países desarrollados, el comercio de intangibles, la mundialización y las primeras golondrinas de la Sociedad enfocada al Conocimiento. Ninguno pudo llegar a concebir que el mercado, más que gobernado por una dinámica interna, está supeditado a un entramado global de seres pensantes (la sociedad como ecosistema), que no podía asumir lo verdadero y valioso como lo que un cierto criterio momentáneo y sectorial, una moda, un capricho, considera útil y pagable. Nunca Marx o Smith vieron funcionando la especulación en las bolsas de valores (capitalismo especulativo, capitalismo de casino) como el motor central de la economía, como ha impuesto hoy Wall Street. Además: ¿Tiene lógica que nos debe mantener indefinidamente en esta discusión Smith-Ricardo-Marx del siglo XIX, en pleno siglo XXI?

Los llamados mercados de valores han sido y son sólo edificios para la puja y la concretización de ciertas especulaciones humanas, para fijar precios y ampliar ganancias, pero no para crear o acrecentar valores. Ello se reflejaría en que estamos comercializando cosas artificialmente valorizadas, con precios no sostenibles y artificialmente sesgados por los *advertisements*, valores de consumo irreales, etc. Una de las principales leyes del *marketing* es fabricar lo que se puede vender, no vender lo que se pueda fabricar. Ello niega el análisis de Marx y el de Ricardo-Smith. He ahí el SIDA económico, reflejado de una u otra manera: insinceridad de la economía, cálculos equivocados sobre los valores, pretensión de inundar al mundo de cosas vendibles al costo de enormes campañas publicitarias, venta engañosa de cuentecitas de colores, competencia desleal, monopolios globales, basureros obesos, mano ineficiente de gobiernos, etc.

El mundo lo que está reflejando es un cansancio por los ganadores a toda costa, hacia banqueros que son peores que los peores usureros. Estamos ante una crisis de valores, pero no del valor monetario estrecho que los financistas y economicistas creen omnipotente, sino de valores integrales, intangibles, inalienables, que son la parte más importante de los valores que no se pujan en los mercados: la inteligencia, la precaución y la bondad humana. La humanidad no es un negocio. La bondad no es negociable. Nace en casi todos los seres humanos, aunque la mayoría no lo puede retener ¿Por qué?

Tres modelos, muchas confusiones

Declaro primero mi desconocimiento de las culturas orientales. Tal vez en Asia Oriental, los esquemas que me hecho no sean aplicables. Pero algo puedo interpretar.

Algo conozco de Occidente. Su evolución social marcha principalmente sobre al menos 2 modelos distintos significativos de "progreso" y "país". Les llamaré roberspierrano y cromwelliano. Se enfrentan en la forma de concebir y tratar de reconformar a los grupos y seres humanos y ser su acervo cultural. Tal vez existan otros.

Robespierrano o *Revolucionario*. Es una emergencia humana que pretende lo inmediato en la perfección social, tiende a ser *manu militari* y dinamitera, participativa del "pueblo" en su inauguración, pero excluyente de los "no héroes" en la gobernación y ser progresiva en discursos, pero regresiva en los hechos. Presupone que el héroe es perfecto y lo enaltece, por lo que no se organiza para la elegibilidad sino para el liderazgo y crear nuevas vacas sagradas (caso extremo: adoración de los Kim. Método occidental maquillaje a lo Hollywood, F. Castro). Su sustitución posterior es traumática. No emplea a profundidad la ciencia y la tecnología, que considera herramientas en manos de ingenieros sociales. Es propio de países donde estaban a cargo, de una u otra manera, élites cerradas y arrogantes. (ejemplos: Francia de los Luises, Rusia de los Romanov, Haití como brutal plantación esclavista).

La muy emocional solución de sus contradicciones sociales se pretende realizarla con plomo y dinamita, a veces con extrema violencia, matanzas y dictaduras. Implica la incineración de toda la estructura social, llevada al piso, lo que luego vanamente pretender reconstruirlas desde cero y crear "el hombre nuevo". Dio lugar a matanzas masivas de Robespierre y Danton; de Henri Christopher; de Lenin, Trotsky y Stalin. Las sociedades resultantes quedan incineradas, desvencijadas, rotas en mil pedazos. No se recuperan en el corto plazo, o lo hace con traumas y heridas visibles e invisibles.

Cromwelliano o *Evolucionario*. Es una emergencia humana reformadora, con pasos paulatinos hacia la perfección social, gradual y participativa. Presupone defectos en el ser individual, por lo que se organiza para la elegibilidad y sustitución sin traumas. Emplea ampliamente la ciencia y la tecnología. Se puede ver que en donde quiera se reprodujo que tiende a ser más bien progresivo, reformista y a construir sobre algunos de los valores culturales previos. Permitió que los autoritarios reinos absolutistas, fueran sustituidos por elites liberales, más gradualistas, responsables, pensadoras y creativas, más sistémicas, abiertas y meritocráticas, basadas en valores personales medibles y reales.

Dado que no dinamitan las estructuras sociales, recuperan y reforman el acervo cultural y mediante reformas alcanzan cotas más altas de productividad luego de la reorganización. Su tendencia a la gradualidad y a proceder respetando ciertas reglas previas, permite construir nuevos pisos sociales, complejizar la sociedad, tal como sucede en los ecosistemas (*sucesión ecológica*).

Es el modelo social que inauguró Inglaterra, y que de una u otra manera trasplantó a sus colonias. Ello explica que los países de la *Commonwealth* sean hoy de los más estables y desarrollados. Son el núcleo de actuales sociedades industrializadas, con gran y creciente productividad y producción industrial, con aplicación a fondo de las ciencias.

Confuciano u Oriental. Colectivista, militarista, autoritario e históricamente distópico. Propio de países del lejano Oriente (China, Viet Nam, Pakistán, etc.). Diluye al individuo en el grupo (aldea, región, reino, ejercito, etc.). Como aplasta al individuo, tiende a moler sus genios. Hoy importa o roba tecnología y *know how*.

Ahora nos encontramos con la sorpresa de que 10 mandarines chinos, a los que no se puede discutir y son sostenidos por una estructura piramidal rígida (el PCCh). Están imponiendo a la población china (y al mundo) una confusa visión confuciana-maoísta-marxista, que mejor pudiéramos describir como confusionista-huxleriana.

Mientras, Occidente pierde su miasma en discusiones "democráticas" o permitiendo imposiciones de filósofos, doctores que no son doctos, hippies poliamorosos y agendas secretas desde márgenes oscuros. Están imponiendo a occidente una cultura suicida, muy conveniente al autoritario y distópico Imperio del Sol Naciente (China). Nos encontramos con la sorpresa de que 10 mandarines a los que no se puede discutir y una estructura piramidal rígida (el PCCh) que los sustenta y apoya, están imponiendo a la población china (y al mundo) una visión Mao-confuciana-marxista.

¿Modelo Cuba?

Es sorprendente que Cuba, dos veces en su historia se ha encaminado a una situación social de "soluciones" extremas mediante violencia. Me atrevería a adelantar, que ello es más bien una excepción que algo propio de una nación en formación reciente dentro del contexto occidental. Se debe principalmente a la participación desde el poder de 2 mentes militaristas y maquiavélicas, Valeriano Weyler y Fidel Castro.

Sin embargo, Cuba en otros periodos es un país contento, constructivo, inclusivo, con larga tradición de recibir extranjeros y ser centro comercial de las Américas. Su cultura ha sido capaz de crear numerosísimos ritmos musicales y bailes. Su capital culturalmente vibrante ha sido la cuna de genios como José Martí, Carlos J. Finlay, José R Capablanca. Su geografía es hermosa, con más de 600 playas de coralinas arenas, verdes paisajes paradisiacos y es un atractivo turístico natural, tanto que fue uno de los primeros países del mundo en desarrollar esta actividad de manera comercial. Todo da solidez al temprano decir de Cristóbal Colon: *estas son las tierras más hermosas que ojos humanos vieren.*

Hacia mediados del siglo XIX, España estaba recibiendo desde Cuba alrededor del 60% de sus ingresos. Eso se basaba en su posición geográfica excepcional y en especial su proximidad a otro grupo humano en pleno despegue industrialista. Tal vez eso explica las medidas extremas de Valeriano Weyler, como Capitán General en la isla, que creó hasta campos de concentración para evitar su independencia.

En los 1950s, Cuba no era una sociedad dominada por una aristocracia cerrada e incompetente. Sin embargo, sus intelectuales casi en pleno empujaban por un modelo "revolucionario". Surge entonces la figura fatídica del Dr. Castro. Este, un intrigante de pura cepa fue eliminando todo contrincante y constituyéndose en líder único. Ello conduce al país a situaciones numantinas y al modelo Roberspierrano.

A partir de 1959, el país sufrió de la matanza o neutralización social de sus mejores hijos, los que se opusieron a la vía gansteril, militarista, comunista y centralista, impuesta a traición desde un gobierno que sobrepasaba sus funciones de gobernar, para convertir la nación en un campamento militar. Pero en comparación con otros países, no ocurren pogromos o matanzas indiscriminadas y generalizadas, sino que desde los años 1960s hasta la actualidad, la población cubana sufrió una paulatina y silenciosa "limpieza ideológica" con guantes blancos (lo más común, se fusilaba moralmente y luego expulsaba al exterior a los "burgueses", a los "gusanos". Así, el gobierno *"revolucionario"* sacó hacia la Florida y otros lugares del mundo 3 millones de disidentes, revisionistas y disonantes de toda laya, incluso por posibles discrepancias dentro del marxismo. Es que la "verdad" luego de 1959 ha caminado sobre botas militares, las del comandante. mariposas,

El resultado es una población cubana actual muy sesgada en su composición y dinámica, domesticada y asustada. Está reducida de tal manera que recuerda las masas sometidas por señores feudales en el medioevo, envilecida a ser pobres, siervos, chivatos. Pero hay que aclarar que esa población, tanto la encarcelada en la isla como la emigrada, no alberga odios extremos, que la poseerían si las persecuciones hubieran implicado miles o millones de asesinatos masivos, como en otras latitudes y/o periodos históricos.

Asistimos hoy, con asombro, a como las sociedades occidentales, tanto las **Robespierranas** como las **Cromwellianas**, han creado toda una capa de población parasitaria, que, sobre bases pretendidamente intelectuales y académicas, pastorean a occidente a ser fagocitado por el mucho menos eficiente y humano modelo **Confuciano**. Y a cómo los mandarines chinos, quieren poner en La Habana una parada de su ruta de la seda. Más confuso no puedo estar.

Despotismo letrado

El socialismo no procede del pueblo. Es una doctrina de intelectuales que tuvieron la arrogancia de creer que podían planificar mejor la vida de todos.

Margaret Thatcher

Por miles y tal vez millones de años, el *Homo Sapiens* ha venido ascendiendo en el proceso evolutivo, integrando su origen animal y un toque divino. Algunos individuos dejan de ser masa amorfa, otros quedan encadenados a la tribu, a la aldea, a la manada. Pero siempre destacan los Prometeo.

Durante milenios, la evolución cultural fue muy lenta. Iba acumulando información, acervo, pero aún no alcanzaba la masa crítica mínima para que ocurriera una emergencia. Pequeños grupos humanos, vivían en eterna pugna por miserias. A veces, lo que se acumulaba culturalmente en decenas de años, se perdía en unos minutos de violencia. Porque entonces el criterio obtuso de una minoría armada se imponía a la mayoría.

Uno de los grandes momentos de dejar atrás ese legado de estupidez y malgasto, fue el despotismo ilustrado, que ocurrió en algunos reinos de Europa en el siglo XVIII. Entre sus más destacados representantes están Catalina la Grande (Rusia), Federico II (Prusia) Luis XVI (Francia), María Teresa I (Austria) y Carlos III (España). Se trató de reyes y aristocracias, que compitieron entre sí por mostrar engrandecimiento cultural, social y científico. Se constituyeron en un núcleo mundial aupador de la Alta Cultura europea, de la que ya no nos divorciamos nunca más. Ello nos diferenció de gobernantes predecesores, que ejercían el Absolutismo.

Hay que destacar que Europa es un subcontinente de relativo pequeño tamaño, de clima subtropical. Ello posibilitó que allí emergieran varias altas culturas, gracias a ciertas características del ambiente no tan cálido, pero, sobre todo, porque se establecieron diversos reinos de relativa poca extensión, que competían entre sí. A modo comparativo, las emergencias culturales que se han asentado en áreas tropicales (Khmers, Mayas, Timbuktú), han fallado en algún momento dado la acción de gérmenes y sus epidemias.

La segmentación de Europa en Reinos de relativo pequeño tamaño facilitó que cuando en el gradual Proceso Civilizatorio la intelectualidad ya fue lo suficiente madura como para repensar la sociedad y proponer alternativas "razonadas", si los poderosos del momento perseguían sus ideas (y sus personas), podían escapar hacia un lugar seguro, pasando por alguna frontera cercana. Son cientos los ejemplos de pensadores que lograron mantener la cabeza sobre los hombros, atravesando fronteras europeas. Descartes, Voltaire, Rousseau, etc., etc.

Esa posibilidad de escapar por una frontera porosa, le estaba negada a habitantes de extensos reinos, como los que típicamente se establecieron en la previa autoritaria y militarista Europa Romana o desde hace milenios en las extensos y autoritarios regímenes del Oriente (los más extensos y visibles, China, mongoles, Rusia, India).

Las grandes moles continentales humanas se prestan para que se formen enormes grupos humanos de gran inercia e injusticia social. Injusticia porque allí la justicia es autoritaria y demoledora, el individuo, aproximadamente una hormiga, de manera sistemática aplastada por la masa. Para gobernar esos extensos territorios, hace falta una autoridad indiscutida, omnímoda. Eso explica históricamente el surgimiento del emperador Qing, fundador de China, o Iván el Terrible, creador del imperio ruso, o Von Bismark, fundador de Prusia.

Cuando en una enorme masa humana, un grupo o un individuo se separan, constituyen una minoría y una alternativa. Las grandes mayorías tienden a ningunearlos y engullirlos. Por ello las sociedades muy masivas tienden a ser poco evolutivas. Las grandes masas continentales tienden a cercenar todo liderazgo alternativo y cualquier opción futura que se desgaje de lo establecido.

Es en pequeños grupos, en islas apartadas de los continentes (Inglaterra, Japón, Cuba) donde el carácter isleño que es propio de sus pequeñas masas humanas, deja opciones de futuro alterno, sin destruir ideas y vástagos que disientan del autoritarismo local y del momento.

En las sociedades feudales europeas, siglos X-XVI, los grupos humanos eran manejados militarmente por hombres de a caballo (caballeros), que se declaraban enérgicos defensores de "su" territorio. Ello está en relación con el comportamiento territorialista de los animales, o sea, territorios que demarcan y defienden ciertas especies. El individuo (macho alfa) o el grupo animal, es guardián de la "soberanía" dentro de un territorio que patrulla y defiende. Gobernaban por su "heroicidad", es decir, su capacidad de matar o dejarse matar. Aquellas sociedades eran una permanente lucha entre gobernantes hombres de a caballo y gobernados plebeyos de a pie.

En las sociedades modernas, todavía personas de origen militar se hacen del poder, someten a los ciudadanos a criterios militares. Y defienden la "soberanía" de "su" territorio. Es el caso de líderes militares como Hitler, Mussolini, Franco, los Castro, Chávez.

Cuando Fidel Castro se hace del poder total en Cuba, se permite la enorme dilapidación de expulsar del país a toda una capa bien educada (médicos, arquitectos, administradores y tecnólogos de centrales azucareros, técnicos de empresas extranjeras, etc.). Castro es un individuo imbuido de una extrema presunción en cuanto a su capacidad intelectual y su posibilidad de hacer producir al país desde su voluntad, con los métodos "no capitalistas", al considerar al país como un campamento. Él se estima comandante en jefe, médico, ingeniero, científico, entrenador de deportes, etc. Nada extraña que, desde entonces, la producción y productividad en el país, no ha dejado de descender, a la vez que depende de subvenciones y actividades económicas alternas (prestación de servicios médicos, ejército cubano actuando de mercenario en África, dependencia total del turismo, narcotráfico). Esto no se restaurará mientras la economía del país esté dirigida de manera centralizada y militarizada. No importa cuánto la patrullen el territorio los militares, la modernidad pertenece a la productividad científica, no a ejércitos luchando por un botín.

Cuando Hugo Chávez se hace del poder en Venezuela, igualmente impone sus conceptos de paracaidista y militariza el país. Lo hace en nombre del pueblo y la justicia distributiva, pero coloca a sus colegas del ejército como administradores de todo. En este caso la situación es algo distinta a la de Cuba. La producción petrolera nacional es enorme y la sostienen unos 40-50 000 técnicos de PDVSA.

Desde el periodo guerrillero de los 60's es el sueño de toda la intelectualidad venezolana había sido repartir la renta petrolera. Los militares en el poder eliminan la libre competencia profesional e industrial y la sustituyen por hacer de PDVSA el emporio donde puede colocar a sus seguidores y que sea su chequera gubernamental. Durante una huelga, Chávez expulsa a casi todos los viejos técnicos petroleros, formados a lo largo de decenios (emigran masivamente a Colombia, lo que determina que se incremente la producción de ese país, un regalo de alguien a quién ninguna cantidad de evidencia persuade).

Sin embargo, todo este desastre se vio ocultado por la coyuntura del gran incremento del precio internacional de barril de petróleo (pasó de unos 7 USD/barril en los 1990s a unos 150 a partir del 2000). Eso le permitió repartir esa riqueza coyuntural y crear artificialmente miles de nuevas posiciones burocráticas dentro de PDVSA, para sus seguidores. Impone a los Generales como administradores de toda la economía, que se vuelve parte de un esquema de narcotráfico. Es decir, También Chávez convirtió aquella sociedad en mero campamento militar, pero además incrementó el paso de alijos de drogas desde las zonas selváticas del país y desde Ecuador y Colombia. Los militares se declaran guardianes de la "soberanía".

Mas no crea el lector que lo que hasta ahora ha leído sirve para demostrar la inviabilidad del socialismo y colectivismo. No, por el contrario, numerosos intelectuales y académicos en las universidades del mundo occidental le dan artificial apoyo a los "modelos" sociales cubano y venezolano, sosteniéndolos con una serie de asertos y dogmas ideológicos. A su vez se les retribuyen con asesorías que les son muy bien pagadas. Lo hacen en nombre del pueblo, del buenismo, del *wishful thinking* y del futuro luminoso de las sociedades sin propiedad privada, administradas por comandantes, tenientes coroneles, sargentos y filósofos. Estos "Profesores", además, viajan por el mundo a dar conferencias pagadas por sus universidades y por arte de magia convierten sus asertos repetidos hasta el infinito y sus aspiraciones personales, en resultado científico.

Todo esto responde a ciertos teóricos y utópicos, que acusan a la propiedad privada de todos los males de la sociedad. Una cosa es que Platón en "La República", Tomas Moro en "Utopía" u otros intelectuales en etapas tempranas de la historia humana, se permitan literariamente un planteamiento alternativo, y otra que miles de académicos actuales sostengan yerros de esa envergadura, recibiendo altos sueldos por "educar" a la juventud.

¿Educar? Se trata de adoctrinar. Sin dar opción de discernir al aprendiz. Es estupidez en estado puro, porque el colectivismo ha fracasado dondequiera, pero estos profesores, se las arreglan para ocultar los hechos. Y las universidades públicas deben dar cuenta del tipo de ideas que están martillando en la juventud. Las universidades no pueden actuar como escenario privilegiado para un único tipo de pensamiento. Pero esto es lo que ha estado ocurriendo. Las cátedras de humanidades han perdido neutralidad y calidad intelectual.

En la modernidad hay toda una serie de "filósofos" y cientistas (También cuentistas) que sostienen desde trincheras universitarias, y en nombre de la libertad de catedra, ideas muy discutibles, en realidad insostenibles. Generalmente se apoyan en facilidades en los medios de difusión masiva.

Disfrazan criterios y métodos militaristas, medievales, feudales, con papel de regalo intelectual moderno, y así dinamitan el cuerpo social. Las altas culturas occidentales (mitos, hitos, moral, arquitectura, ciencia, etc..) montadas modularmente en albañilería de siglos, están siendo desmontadas desde la incompetencia de algunos. Los padres, tienen derecho a saber de dónde salen todas estas incongruencias del *Despotismo Letrado* de estos "educadores".

Encadenados por la academia

Una persona inteligente se repone pronto de un fracaso. Un mediocre jamás se recupera de un éxito

Seneca

En las "universidades" de Occidente, hoy miles y miles (¿millones?) de profesores en "claustros" (en latín *claustro* significa cerrado). Se les llama en conjunto "la Academia". . Con ello tal vez se pretende seguir la tradición fundada por Platón, que en Atenas daba clases a sus alumnos conversando a la vez que caminaba con ellos en sus jardines. La Academia actual, es toda una enorme institución, que suele ser subvencionada por el estado (publicas) o ser privados que reciben aportes. Pero ya en ninguna se establece una conversación peripatética. En casi todas, sin embargo, su aislamiento y la desconexión con la sociedad, está convirtiendo su discurso en algo arrogante y patético.

Pretenden estar creando arte, cultura, ciencia. Sus integrantes nunca salen del sistema educativo. Algunos fueron Graduados a los 23 años, Master a los 26 y Doctores a los 30. Apenas reciben el control de calidad que es la vida. Muchos permanecen en las universidades estudiando toda la vida. Cuando son profesores de carrera, pueden tener un perfil especializado y superespecializado, que suele corresponderse con la estructura disciplinar de las ciencias (en campos científico-tecnológicos), pero que cuando se trata de humanidades caen en un caos inentendible, porque lo unitario e indivisible lo pretenden abordar con visiones puntuales y subjetivas, hasta personales. Son Doctores que no son doctos. No han vivido y luchado por ese conocimiento en la vida. Se les ha implantado como un chip, proveniente de otros profesores que previamente estaban bastante alejados de la vida.

Hoy tenemos una generación de jóvenes formados por estos claustros. En ciencias e ingeniería, tienen que haber impartido cosas concretas y comprobables. No en humanidades, donde se suelen dar como ciertos asertos (generalmente comenzando por los presocráticos y terminado por vacas sagradas modernas, ej. Marx, Marcuse, Foucault o Derrida...). En nombre de la filosofía, nos embuten su ideología.

En ciencia, tecnología, medicina, las universidades, la academia, tienen numerosos, palpables y objetivos aportes. Es conocimiento enraizado, concertado, sistémico. En las áreas de Humanidades, la situación es la opuesta. Es un verdadero caos de criterios, subjetividades y nimiedades. De esta manera, han estado y están inculcando en sus estudiantes una serie de ideas que pueden ser irreales lógicamente y tóxicas socialmente.

Hoy las sociedades industrializadas de Occidente, vamos camino de hacer implosionar los cimientos sobre los cuales se estableció nuestros mitos fundadores y nucleadores. Además, han surgido núcleos académicos en las sociedades industrializadas de Oriente, que ahora compiten en cuanto a creatividad, con mucho énfasis en lo industrioso y poca pérdida de energía y tiempo en subjetividades humanísticas, que allá están subyugadas por dogmas confucianos, maoístas y marxistas.

El malgasto o vicio de la modernidad industrializada occidental, en realidad es un cáncer porque la Academia suele ser muy activa y eficiente en reclamar derechos, pero muy desacertada y desmemoriada a lo hora de los deberes. Creen merecer todo, para aportar unos ensayos insulsos, desconectados de toda realidad. Creen merecer una subvención tras otra y que están cumpliendo su deber al pagar impuestos y presentar *papers*. Padecen de una enfermedad intelectual que se ha dado en llamar pensamiento Alicia.

Esto es lo que ha estado pasando en Occidente y en los últimos 50 años y que hoy hace crisis tal vez por algún interés oscuro de desmontar el edificio cultural occidental. La intelectualidad y la academia, se han constituido en una Quinta Columna cultural, dedicada a confundir y subvertir la estructura social creada por milenios, con una serie de subjetividades que ellos no exponen sino imponen, algunas evidentes estupideces.

Han convertido a las Universidades en rémoras y centros de intriga de la sociedad. Los que lo hacen desde las Humanidades, son especialmente entrenados para tener habilidades en comunicación y cultura general. Con estas habilidades pueden confundir y adormecer a un joven auditorio o a un país. Si además acumulan muchos títulos y desarrollan su verborrea, es muy difícil hacerlos entrar por razones. Por el contrario, ellos se creen poseedores de la "verdad". Ellos, con su pensamiento Alicia, son La Razón. Para colmo se pretenden científicos, que pueden y deben de facto ser agentes de cambio social. Pero filosofía no es ingeniería. Y Ciencias Políticas son ciencia sólo en el título.

Usando los muros de la academia como barricada y facilidades de los medios de comunicación masiva como catapulta, nos vemos hoy sobrepasados por un personal que se declara intelectual y académico de alto nivel, pero que se dedican a una serie de nimiedades intelectivas y no tienen un conocimiento integral (holístico, sistémico) del mundo. Son intelectuales aislados, que asisten a torneos de verborrea, y generalmente usan sus cerebros e imaginación para preparar explicaciones confusas que solo entienden o dicen entender unos pocos de sus colegas. Algunos, sin embargo, se las dan de grandes generalizadores, poseedores del Abracadabra de la viabilidad del mundo. Los peores de estos, son los Filósofos Marxistas.

Nada puede justificar que hoy las cátedras y medios de difusión masivas estén masivamente habitadas por sofistas que viajan por el mundo con su mensaje contranatura. Son intelectuales y académicos con poder de copar la prensa y facilidad de palabra, pero con horror a los números, a las fórmulas, a la ciencia cierta. El resultado está siendo un Frankenstein social. Occidente, desciende en su natalidad, gran parte de la juventud no estudia ni trabaja, la contaminación va en ascenso, etc. En los hechos, el alto edificio de la cultura occidental, sus mitos, sus hitos, su moral, montados modularmente como algo coherente y viable en todo un proceso civilizatorio de siglos, está siendo desmontada en una generación desde la arrogancia incompetente de algunos desquiciados.

Otro milagro económico cubano es posible

En estos momentos, el mundo sufre un proceso de transformación socioeconómica derivado de la reciente pandemia y de la guerra en Ucrania. Nada va a quedar como antes. Entre otras cosas, China parece empujada a dejar de ser la fábrica del mundo, se acortarán las rutas comerciales y se reubicarán muchas de las industrias que han proliferado en Asia en los últimos decenios, acercándose los centros de producción (México, Caribe) a los de consumo (EE UU, Europa).

La necesidad de dar este paso quedó en total evidencia recientemente, cuando bajo las condiciones extremas de la pandemia mundial fueron necesarios ciertos productos para la propia emergencia. Se destacó a China con un dominio de la situación que se sale de lo comercial y cae en los terrenos de la seguridad. En todo caso, la lejanía de las fábricas puso en grave peligro a las poblaciones de todos los países occidentales.

En cuanto a Cuba, se hizo bien visible que la propuesta salvadora de la "revolución", de la actual administración en el país, es hacerla un destino turístico "ideológico", un castroworld. Avanzan hacia el monocultivo playero. Pero saltemos un momento sobre la tragedia de un país destrozado por la estupidez en el gobierno. El gobierno cubano invierte decenas de veces más en turismo que en salud. Ni en medio de la pandemia la construcción de hoteles ha cesado. Los hospitales fueron incapaces de responder las demandas de la pandemia, mientras la ocupación hotelera nacional rara vez sobrepasa el 50%. La categoría en que se incluye al turismo recibe el 45.5% de las inversiones gubernamentales (las únicas permitidas), 3.1% se dedican a la agricultura, 0.8% a salud pública, y ciencia e innovación 0.6%.

Mas veamos lo que nos dice la historia. Si cesaran las series de medidas otomanas que imperan en La Habana, la economía cubana pudiera dar un gran salto, como el que ya mostró en 1900-1910. En 1902 el país estaba en ruinas. La guerra de independencia y la tea incendiaria había destruido ingenios y cañaverales, la riqueza fundamental de la isla entonces. Pero ya hacia 1910, la economía cubana se había reconstruido y avanzada a toda vela, gracias al aporte de capital desde el vecino del Norte, requerido de azúcar por su auge económico y para su población en crecimiento. A la latitud de Cuba, la caña de azúcar recibe mejor los rayos de sol y crece más rápido.

Si dejaran de regir los destinos del país este grupito de "gerentes-revolucionarios", puede volver a ocurrir un milagro económico cubano, como ya ocurrió en 1910. Esto pudiera ser parte de la enorme relocalización de industrias, de las que se mencionan con insistencia las farmacéuticas y las de semiconductores. Y en ambas, Cuba tendría evidentes ventajas comparativas, además de su localización, el relativo alto nivel educativo de su población y la serie de instituciones desarrolladas para la investigación biotecnológica.

Veamos lo que paso en México cuando abandonó la anarquía del "modelo revolucionario" y su serie de estupideces y malgastos. A principios del siglo XX, México tuvo un crecimiento de su PIB cerca de valores nulos. Una vez que pasaron los métodos dinamiteros, se impuso la estabilidad interna y un evidente industrialismo. El PIB fue de 13.04 miles de millones de dólares, en 1960, a 363.2 MM USD en 1990 y a 1076 MM USD en 2020. Se trataba de simple osmosis desde el Norte en ingente industrialización. Hoy México se cuenta entre los países más industrializados del mundo, y es miembro del TLCAN 2.0 (Tratado de Libre Comercio entre México, Estados Unidos y Canadá, en inglés United States–Mexico–Canada Agreement o USMCA, que sustituyó al NAFTA).

Lo que pudiera ocurrir en la economía y sociedad cubana si se incorporara a un TLCAN 3.0, puede inferirse de lo ocurrido en 1900-1910. En todo caso, no se trata de ingeniería social revolucionaria, mucho menos de los caprichos de un iluminado autonombrado sultán.

En las condiciones económicas mundiales actuales, está ocurriendo lo que se ha dado en llamar near shoring, es decir, el acercamiento de la producción a los mercados más hambrientos (EE UU, Europa). La relocalización de las infraestructuras podrá implicar que los 78,000 millones que compraba Occidente a China se repartan entre otros países, el más aventajado de los cuales sería México, que recibiría unos 35,000 millones, y un conjunto de países caribeños (Costa Rica, Panamá y República Dominicana) que se han aliado para ser receptores de esta relocalización. Pero no habría en el mundo país que esté mejor ubicado que Cuba para garantizar una cadena de suministro estable a EE UU, Canadá y México, dentro de TLCAN 3.0. Sus fábricas pudieran estar a cuatro horas de las carreteras de EE UU y trabajar según el principio de just in time (ir produciendo de acuerdo a la demanda y suplirla en pocas horas). Desde luego, para ello habría que darle una residencia permanente en Montecarlo o Luxemburgo a los gordos incompetentes que conducen la economía cubana actual.

Va a ser enorme la relocalización de infraestructura e industrias que se avecina. Se acentuará entonces la evidencia de la incompetencia del generalato morado cubano que pretende convertir al país en un *castroworld*, solo un destino turístico de sol y playa. Ello va a ser un factor extra en la perdida de fe de la población cubana en el mito de la "revolución".

Una vez más pesará la posición geográfica de Cuba y la tradición emprendedora e industrialista de al menos parte de su población. También el hecho de que el comunismo cubano se ha visto obligado a expatriar al 20% de su población, que ha refundado Miami como *hub* de las Américas y está regado por el mundo, por lo que, luego de un cambio de sistema socio-económico, constituye un notable know how. El éxito de la comunidad cubana en La Florida es una espada de Damocles sobre el empobrecedor modelo comunista cubano, que no es más que feudalismo verde olivo.

Herencia

Lo más difícil del mundo es conocerse uno mismo, y lo más fácil hablar de los demás.

Tales de Mileto

Crecimos acusando al otro de ser nada más y nada menos que otro, un inferior. Y nos alimentamos del desgarramiento de "los otros", de "los menos"; el de arriba de la plebe; el centro de la periferia; el culto del salvaje, el inteligente del bruto. Históricamente fomentamos la exclusión para justificar nuestra depredación. Y tomamos cualquier factor superficial para establecer la otredad: color de piel, lenguaje, acento, estatura, adornos sobre el cuerpo, sexo, edad, propiedades. El que se hacía de un paquetico de información, se ubicaba estratégicamente en la cima de la pirámide social, a comandar los "otros".

Y claro que hay otredades, pero no dependen de algún factor superficial. Cada ser pensante es profundamente otro cosmos. Porque somos microcosmos de universos en evolución, buscando mediante la diversidad la verdad profunda. Pero no todos somos otros en la misma proporción.

Cuando ha nacido un evidente otro, un superdotado, muchas veces ha sido aplastado por los prejuicios y los miméticos, por la fuerza del que ya está arriba o de la masa adocenada abajo, por el egoísmo o la idiotez asentada en lo histórico y en ese ápice comandante desde la pirámide o en esa base mediocre. La regla ha sido que "la virtud más es perseguida de los malos que amada de los buenos." como dijera Cervantes

¿Es el momento de cambiar? ¿Sería una Sociedad basada en el Conocimiento la que superará estas aberraciones de nuestra historia? ¿Es un error llamarles aberraciones, simplemente eran determinismos zoológicos, imposibles de soslayar? ¿Aprecia el saber, el joven que lo ha recibido como un regalo escolar, o solo lo aprecia aquel que fue capaz de destilarlo de la vida misma? ¿Está vedada la sabiduría al joven, es necesario haber acumulado muchos deslices para alcanzarla? ¿Son los actuales millones de mimados graduados universitarios, los que no saben cómo actuar y sin embargo, abarrotan los puestos burocráticos, sin tomar medidas? ¿Ante los disímiles problemas que se nos vienen encima, podemos seguir dilapidando nuestro valor más excelso, nuestra creatividad? ¿Es la inteligencia femenina mejor para un ajedrez en que el que hace tablas es el mejor?

Si la capacidad de comandar a otros fue durante un largo tiempo signo de inteligencia, en lo que viene lo inteligente residirá en la capacidad de controlarse a sí mismo. Las grandes reservas no están ya más en conquistar, sino en el autocontrol, conquistarse. Y la hembra humana, está mejor habilitada para ello.

Mas, aún a veces, cuando vamos a articular una palabra, emitimos un rugido. Sin embargo, esas mismas cuerdas vocales son capaces de musitar una palabra de misericordia, cantar una poesía o interactuar con unas manos para escribir un libro que pretenda una versión mejorada del ser humano. Lo humano, para emerger de su origen zoológico, de la brutal depredación de los de arriba por los débiles, no puede pretender un igualitarismo reduccionista y obtuso. La historia del largo emerger humano es una larga novela de "Auténticos Vs. Clones".

Es sorprendente como un tiburón es tan idéntico a otro tiburón de su especie; él solo puede vencer por la fuerza de sus dientes afilados y ser lo mismo que su progenitor: un simple músculo-dentudo-depredador. Como otras tantas especies biológicas, está encadenado a especializaciones de su cuerpo. El ser humano, NO.

La morfología, fisiología, sicología e historia del *Homo*

sapiens, no lo lleva a vencer por la fuerza de sus dientes, ni a repetir un único modelo corporal, mucho menos mental. Está hecho para vencer por la energía de su creatividad, personalidad y espíritu. Todo lo que somos para no ser tiburones, se lo debemos a <u>los otros que son más espirituales</u>. Lo que habremos de ser, no dependerá de depredación, sino de una emergencia hacia lo espiritual. Porque en materia de espíritu, todos somos desiguales y ello es la herencia que nos facilita emerger, pretender no ser tiburones, hidrodinámicamente perfectos, pero de alma plana. El ser humano está prefigurado para la diversificación y diferencia, no para la igualdad. No fundaremos futuro con concepciones del pasado, sino con sus excepciones.

Muchas injusticias se han cometido en la historia, en nombre de la fuerza, la territorialidad o de un mandato divino, en nombre de tener los dientes más largos o la fuerza más devastadora. La superación de ello no puede ocurrir en nombre de la igualdad, todos iguales menos aquel que se ubicó en el ápice de la pirámide social, gobernante incuestionable y sumo sacerdote, que se las arregla para meter a la fuerza a todos los seres humanos en unos moldes rígidos. La fuerza en nombre del orden piramidal o de la justicia social, es tan asesina como la que simplemente busca carne por hambre. Lo que hemos de ser, no será en nombre de la fuerza sino de la energía mental.

Lo que fuimos, somos, seremos

*Todo nuestro conocimiento
tiene su principio en los sentimientos.*
Leonardo da Vinci

Nuestro cerebro fue diseñado originalmente para que como mamíferos depredadores cumpliéramos una triste tarea: localizar a la presa y asesinarla, todo para alimentarnos de ella. Esa estrategia de vida depredadora y egoísta, es una herencia miserable que arrastra el *Homo sapiens* y comparte con muchos otros depredadores a los que la evolutiva energía del cosmos no facilitó emergieran del mundo animal y sus determinismos biológicos. Nosotros, los *H. sapiens,* emergimos de ese marasmo del instinto y la seminconsciencia animal, y nos hicimos de una "herramienta" que nos facilita "comprender" el mundo: nuestro raciocinio, nuestro cerebro, nuestra alma.

A algunos de sus compañeros en los vagones geológicos, el ser humano los hizo desaparecer usándolos para obtener alimento de sus partes, mientras que otros se suicidaron antes que se subiera a ese tren el *H. sapiens* porque su propia voracidad los impulsaba a degradar tanto su entorno que por su acción desmedida se quedaban sin alimento. Tenemos como ejemplos de estos callejones sin salida evolutivos al tiburón blanco gigante (*Carcharodon megalodón*) o el tigre dientes de sable (*Smilodon fatalis*). Ambos y muchos otros que así actuaron, depredadores incontenibles, cavaron su propia tumba.

No fue nada casual que cada vez que la evolución se introdujo por un sendero que implicaba el gigantismo de los depredadores, tuvo un fiasco y estos desaparecieron. La voracidad insaciable y la enorme cantidad de masa de especies de forraje que necesitaban diariamente, los hacía inviables en cualquier vaivén del tiempo. Tal vez más casual, sin embargo, sea que hace unos 65 millones de años un meteorito chocó con la Tierra y eliminó de golpe toda una serie de reptiles que conocemos como dinosaurios, entre los cuales sí podían sobrevivir algunos grandes depredadores, como el muy publicitado por Hollywood *Tyranosaurus rex*, que, en este caso, como posibilidad evolutiva, se fue de este planeta siendo parte de la masiva catástrofe. Quedó abierto así un espacio o nicho para unos oscuros pequeños seres que tenían mamas y amamantaban a sus criaturas con la extraña pretensión de ocuparse muy maternalmente de ellas en aquel mundo de garras, egoísmos y apenas unos enormes huevos de lagarto para garantizar la continuidad de la especie.

Los seres marginales, los pequeños mamíferos, resultaron más viables y pasaron a ocupar un lugar preponderante en la combinación de especies que pujaba por llenar de vida el planeta. La evolución tal vez no se lo proponía, pero el Cosmos disponía: la vida terrestre se encaminaba hacia una mayor *bondad*.

Puede que alguna vez la evolución en pleno sobre el planeta Tierra avanzara en el sentido equivocado de la hiperdepredación y la hiperbrutalidad. Y puede que cada vez que apunta hacia la depredación, en cualquiera de sus numerosas desproporciones, algunas áreas del pensamiento cósmico se encienden y dicen: esto no puede ser así.

La bondad humana no paró en el amamantamiento. Alguna vez desembocó en la madre humana, capaz de sufrir en su cuerpo lo que sufría su progenie aun cuando ya no las uniera nada más que el amor. ¿Es una casualidad del Cosmos que el meteorito se llevara todas aquellas fauces exigentes y cerebros concentrados en acabar con otro ser para sobrevivir? ¿O es una necesidad que los animalillos marginales que extienden su vida cada vez más en su cría se hicieran de un espacio? ¿Es una casualidad que luego los homínidos fueran especie exitosas? ¿Y que dentro de estos sobresaliera una especie que apenas tenía fuerza muscular y ninguna especialización corporal?

Nada es casual. Nuestra especie posee la madre más cuidadosa de todo el mundo animal, la que prodiga a su crío los cuidados más extensos en tiempo y la que establece los lazos afectivos más intensos, tanto que ya deja de ser humano afecto y se vuelve afecto divino. ¿O será a la inversa y lo divino deviene humano?

Virus PCCH

Las democracias industrializadas de Europa emergieron de la barbarie medieval dando traspiés sociales, científicos y tecnológicos por más de 300 años. Transitaron por el autoritarismo, el desconocimiento de lo básico de epidemiología. Desde lo feudal, militarista y eminentemente artesanal, pasaron a periodos agrícola, manufacturero, industrial con fases de Capitalismo Agrario, Industrial y Especulativo.

China, había quedado excluida de esa emergencia civilizatoria porque ha sido totalitarismo desde hace miles de años. Sus emperadores gobernaban sin replica y decidieron cerrarse al comercio. Sus estructuras sociales tienden a ser grupales, con muy poca preeminencia del individuo. Y su ejército, es la columna vertebral social. Como una herencia lejana de estas estructuras no evolutivas, hacia los años 1980 aun China padecía de hambrunas, y su paquete industrial era pequeño y poco tecnologizado. Su Ciencia y Tecnología eran, por decir algo, descriptivas, parvularias y artesanales.

En los años 1970's ocurrió un acercamiento a EE.UU. bajo una política diseñada por Henry Kissinger. Al parecer el objetivo inicial era desvincular el maoísmo de los soviets y luego se pretendió que las inversiones en aquel país lo harían democratizarse, incorporarse a las concepciones modernas de gobernabilidad internacional, dejando atrás su milenario autoritarismo.

La industrialización de China ha quemado en unos decenios lo que había costado a Occidente 300 años, con metamorfosis de sus sociedades, hacia democracias liberales, parlamentarismo, y un Sistema educativo (Bismark).

China en los 1980s, estaba en estado atrasado que más parecía feudal, con masas en periódica hambruna, y en el poder un iluminado, Mao Tse Tung, que actuaba como un emperador, lo que produjo millones de muertos por sus ideas absurdas. Nada asombra que su proceso de industrialización, muy acelerado, sea tan inestable y atípico. Todo esto es un engendro, un Frankenstein social-industrial. Ha consistido en importar, copiar y robar el *know how* (patentes, planos, métodos) de occidente.

China luego de 1980, no ha cambiado el modo de concebir el poder de sus gobernantes, iluminados en nombre de Mao y de Marx.

Nos enfrentamos a la inusual situación de que la Revolución Industrial en Occidente fue un proceso en contra del autoritarismo previo, pero en China actual, la Revolución industrial se ha hecho para sostener e incrementar el autoritarismo. Existen numerosas evidencias de que roba patentes, se involucra en sistemático espionaje industrial, el más blando de los cuales es enviar millones de alumnos a formarse en universidades de occidente para calzar su salto tecnológico, reproduce con baja calidad todo tipo de productos sin respetar derechos de autor, y cumple sus contratos en apariencia, pero con muy deficiente control de calidad. A la vez el estado es un gran carcelero y vigila su mano de obra hasta un hipertecnológico nivel real-orwelliano, contamina y destruye su propio medio ambiente y el del planeta, coopera en llenar al mundo y en especial los mares de pedazos de plástico de sus productos baratos que se descomponen fácilmente y compite agresiva y deslealmente con empresas capitalistas que no son santas pero que han tenido que emerger con duro trabajo y creando su *know how* desde la *dark era*.

La enorme creación de riquezas que ocurrió en Europa luego del siglo XVIII, el de las Luces, se basa en una gran acumulación de conocimientos y ciencia. Dejó atrás formas sociales serviles, feudales, muy improductivas.

La última de las epidemias originadas en China (Covit-19), ha detenido al mundo, que no es nada perfecto, pero que parecía emerger paulatinamente y acercarse rengando a lo que llamamos progreso. Es momento de bajarnos de carrito loco en que íbamos y sacar cuentas.

¿Es lógico ahora tener un competidor desleal, pero que a bajo costo ha importado toda una tradición occidental y ahora proclama que su ideología y Sociedad es superior? ?los militaristas chinos han disminuido o aumentado su autoritarismo? ¿Tendrá China condiciones sociales para aceptar gobernar con autoritarismo atenuado, parlamentarismo y respeto de los derechos humanos, como alguna vez acepto Europa? o ¿está imbuida la cultura china de un milenario autoritarismo de la que es incapaz de deshacerse?

¿Y ahora donde estamos? ¿Se trata de Guerra biológica? Si en USA o Europa hay alguien que ha habilitado tecnológicamente a China a plena consciencia, no es patriota. Si lo ha hecho pensando en las ganancias inmediatas de mano de obra muy barata, es idiota. Si no rectificamos, esperemos otros virus PCCh.

Intelecto como intento

No hay cosa más desigualmente repartida que la creatividad y la inteligencia. Comprenderlo es una casualidad y un privilegio. Al tonto, le parece que todos los demás son tontos. En ello reside su tontera y el poder devastador que alcanzan en la turba. Desprenderse de la dictadura de los tontuelos es larga gesta. En realidad, la humanidad ha estado casi toda su historia en este disloque. Organizarse solo lo pueden las culturas proyectadas a su autocultivo y sostenibilidad. Los grupos humanos que no han dado espacio para el florecimiento de las individualidades, han terminado en simple manada en estampida, en prueba y error, en el horror de la violencia en sus múltiples facetas.

La masa tiende a creer que el universo es masivo. La idiotez, cree que el universo es idiota. Les cuesta mucho trabajo vislumbrar brillantez. Y, repetimos, ello puede haberle costado muy caro al fenómeno humano. Una y otra vez los Salieri, los envidiosos y mediocres, han neutralizado o revertido el hambre de perfección del excepcional, el que es mensaje del cosmos en cada momento, con su extraña hambre de perfección y su nublado instinto de perfectibilidad.

Lo común se ha impuesto subrepticia o violentamente, con falsas palabras amables o con acciones enérgicas envueltas en moralidad. Cualquiera que sobresalga ha sido devuelto a la gelatina primigenia. Incluso, si nos abstraemos, nos daremos cuenta de que la vida toda es un intento de emerger desde las miserias fagocitantes, cámbricas o zoológicas, hacia una espiritualidad ilógica, no zoológica. Con harta frecuencia, se ha interpuesto la idiotez originaria. Es tan asombroso que luego emerja otro loco y arriesgue todo otra vez.

El pensamiento, no es un plural sino singular. Es cerril, fino, quebradizo, aislado, fracturado, volátil, centrifugo, huidizo, individualista. O no es pensamiento.

El horror y el dolor son dos senderos que el ser humano tiene que transitar. La abstracción emerge de las miserias ancestrales, pero no puede evitar volver al miedo, al dolor, a lo atávico, al animal, a las dentelladas y manadas.

La igualdad fue y es una condena desde las vastedades hidrogenadas, pasa por el microrganismo y se eleva hasta cierto nivel zoológico. A partir de ahí, el gusano deviene mariposa. Y en algún momento de la eternidad cósmica, surge el ser espiritual.

Los buenistas que hoy quieren considerar el fenómeno humano como un *melting pot* de individuos atómicos, bacteriales, o peor aún, virales. Están enalteciendo "la igualdad" hasta el paroxismo. Y ello, se traduce en una propuesta de retorno al primitivismo inorgánico. Se equivocan de medio a medio. En los hechos, están desmontando eones de evolución del universo y milenios de emergencia del *Homo sapiens*. No se trata de igualdad ante la justicia, sino igualdad ante el universo. El Cosmos fue una igualdad que se propone ser distinta.

Pero tampoco pretendas conducir al ser humano desde la Razón. Se guia más por hormonas, que por neuronas. Entiende con el corazón, desde los sentidos.

Cuba-Venezuela-Caribe

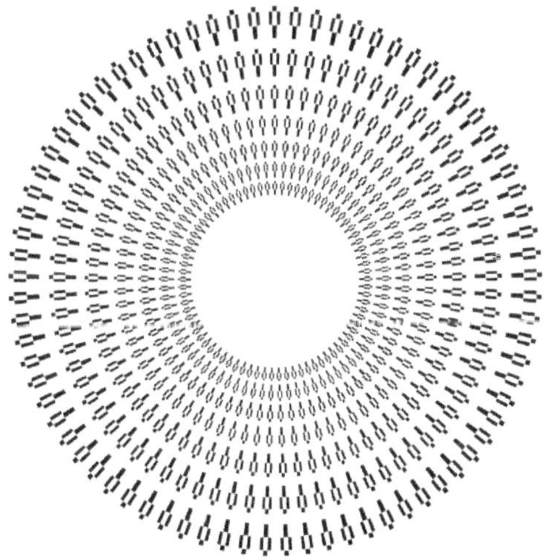

"White hole". Antuan Rodríguez

El hombre que quiere ahora que el Estado cuide de él para no tener que cuidar él de sí, tendría que trabajar entonces en la medida, por el tiempo y en la labor que pluguiese al Estado asignarle, puesto que, a este, sobre quien caerían todos los deberes, se darían naturalmente todas las facultades necesarias para recabar los medios de cumplir aquellos. De ser siervo de sí mismo, pasaría el hombre a ser siervo del Estado. De ser esclavo de los capitalistas, como se llama ahora, iría a ser esclavo de los funcionarios.

Esclavo es todo aquel que trabaja para otro que tiene dominio sobre él; y en ese sistema socialista dominaría la comunidad al hombre, que a la comunidad entregaría todo su trabajo. Y como los funcionarios son seres humanos, y por tanto abusadores, soberbios y ambiciosos, y en esa organización tendrían gran poder, apoyados por todos los que aprovechasen o esperasen aprovechar de los abusos, y por aquellas fuerzas viles que siempre compra entre los oprimidos el terror, prestigio o habilidad de los que mandan, este sistema de distribución oficial del trabajo común llegaría a sufrir en poco tiempo de los quebrantos, violencias, hurtos y tergiversaciones que el espíritu de individualidad, la autoridad y osadía del genio, y las astucias del vicio originan pronta y fatalmente en toda organización humana. ...La miseria pública será, pues, con semejante socialismo a que todo parece tender en Inglaterra, palpable y grande. El funcionarismo autocrático abusará de la plebe cansada y trabajadora. Lamentable será, y general, la servidumbre.

Y en todo este estudio apunta Herbert Spencer las consecuencias posibles de la acumulación de funciones en el Estado, que vendrían a dar en esa dolorosa y menguada esclavitud; pero no señala con igual energía, al echar en cara a los páuperos su abandono e ignominia, los modos naturales de equilibrar la riqueza pública dividida con tal inhumanidad en Inglaterra, que ha de mantener naturalmente en ira, desconsuelo y desesperación a seres humanos que se roen los puños de hambre en las mismas calles por donde pasean hoscos y erguidos otros seres humanos que con las rentas de un año de sus propiedades pueden cubrir a toda Inglaterra de guineas.

Nosotros diríamos a la política: ¡Yerra, pero consuela! Que el que consuela, nunca yerra.

José Martí,
La América, Nueva York, abril de 1884.

Cuba: encrucijada

La estratégica posición geográfica de Cuba (equidistante de los continentes al Norte y al Sur, frente a la Corriente del Golfo, con grandes bahías que hacen fácil el transporte marítimo, a unas horas de un enorme país en plena industrialización, la primera potencia económica actualmente,), su tradición cultural cosmopolita, su prosperidad y estructura social, la han llevado a ser ese laboratorio de lo humano. Por ello, me tomo la libertad de hablar de sus hechos como isleño con aspiraciones cosmopolitas, a cualquiera que en el mundo quiera leer estas reflexiones.

La Habana ha sido una ciudad internacionalizada desde el siglo XVI. De ello estoy impregnado y aquí lo descargo. Su evolución cultural y social ha marchado desfasada de las de los grupos humanos circundantes, de manera equivalente a como Inglaterra y Japón interactuaron con culturas continentales próximas. Ello ajusta con lo que en 1959 allí ocurrió: una "innovadora" propuesta "revolucionaria", pretendida heredera de otras precedentes, y luego catalizó grandes revuelcos sociales en el continente americano, así como intervenciones militares de sus propios ejércitos en otros.

En general, las efervescencias revolucionarias en la Historia sistemáticamente pasan por un periodo de ebullición, muertes, destrucción, catabolismo, para luego retomar poco a poco al camino constructivo, anabólico y orgánico. Ese fue el caso evidente de las incendiarias revoluciones francesa, rusa, china, etc., etc. Más no fue lo que ocurrió en Inglaterra en tiempos de Cromwell, lo que se ha dado en llamar Revolución Gloriosa. Tampoco es el caso de la Independencia de las 13 Colonias, que También pierde su nitidez y se oscurece cuando se la llama <u>Revolución Americana</u>

(American Revolution War). Ambas **NO** fueron revoluciones. Fueron esencialmente reformas, reordenamientos políticos girondinos, para dar mejor lugar a que ciencia, tecnología y competencia de mercado, hicieran más productivo su cuerpo social. Tampoco es apropiado denominar como tal a la *Revolución Industrial*. Sorprendentemente, la llamada Revolución Cubana, que luego incendio a Hispanoamérica de focos revolucionarios, no se basó en una enorme violencia y eliminación de enemigos. La mayoría, fueron expulsados al Cercano Estados Unidos. Y Miami es una playa tropical, no hay tanto frio como en la Siberia.

Solo puede explicarse el error recurrente de querer encaminase por vías revolucionarias, conociendo la preeminencia en las sociedades, más aún las modernas, del dominio de la información por sectores de la cultura de muy endeble formación científica, cierta farándula cultural y política que tiene muy baja capacidad de precisión científica, pero que intenta mimetizarla. Arrogantemente y a como dé lugar, quieren protagonismo intelectual, social y farandulero. Esas farándulas están comprometiendo el futuro de la evolución o progreso social, en nombre del progresismo y con planteamientos excluyentes del pensamiento crítico, imponiendo autoritariamente concepciones como igualdad, justicia social, derechos humanos sin deberes humano, transhumanismo, etc.

Ud. puede ser el mejor actor, poeta, escritor, pintor, bailarín, abogado, espadachín o pistolero. Eso no le habilita a ser ingeniero social. Porque las sociedades son ecosistemas, pero la sucesión ecológica es consciente, y ocurre por concertación.

En parte el error de volver una y otra vez a barricada y dinamita, es consecuencia de la tendencia del lenguaje a ser polisémico, así como el muy bajo nivel analítico y de pensamiento crítico de las "Ciencias" Políticas, la Sociología, la Filosofía. En la medida que estos cuerpos de saber, se han posesionado autoritariamente del teatro social, las sociedades han sufrido por violencia, malgasto de su potencial espiritual y disipación de su energía.

El mundo actual ya está funcionando con una gran interdependencia, es más sistema global cultural que nunca, pero como *sistema* es disfuncional. Los países que más han avanzado económicamente, lo han hecho abriéndose al mundo, participando en tratados de libre comercio y comerciando libremente, compitiendo. En Cuba, por el contrario, se ha impuesto el criterio de un grupo de individuos en el poder, que se cierran a la apertura al mundo, con todas sus fuerzas y se declaran "bloqueados". Ello, es evidentemente falso, retrógrado y contrario a como otros han avanzado, pero hay un detalle solapado. El PCC y gobierno (que casi son lo mismo) saben perfectamente del potencial económico de aquellos que desde los 60's han expulsado del país, y que han establecido en Miami y USA una amplia base. En los hechos, son Cuba capitalista y una continuidad de aquella Habana que era el París del Caribe. En caso de la más mínima apertura, serán inversionistas que luego revertirán el poder absoluto de los incompetentes en el poder en la Habana hoy.

En Cuba 2022, es cada vez más evidente la inviabilidad del régimen. El país está devastado y encabezado por incompetentes que no se autocritican y, además, pretenden no ser criticables. Insisten, hasta quedarse sin voz, que el bloqueo es el culpable de los males del país. Todos los que trabajamos con ese gobierno, sabemos que eso es completamente falso. Los males son ellos gerenciando un país con criterios comunistas y colectivistas, en lo oficial, pero mafiosos y dictatoriales en los hechos. Porque los males del colectivismo son inherentes a descabezar los emprendedores.

Cuba ¿geografía o ideología?

...al llegar a ser tan varia, activa y dominante la acción del Estado, habría este de imponer considerables cargas a la parte de la nación trabajadora en provecho de la parte páupera. Y es verdad que si llegare la benevolencia a tal punto que los páuperos no necesitasen trabajar para vivir —a lo cual jamás podrán llegar—, se iría debilitando la acción individual, y gravando la condición de los tenedores de alguna riqueza, sin bastar por eso a acallar las necesidades y apetitos de los que no la tienen.

José Martí

El valor de Cuba reside en su geografía, en especial su posición geográfica. Como se dice en inglés: *"location, location, location"*. El área norte de su Occidente, parece haber sido especialmente habilitada.

Ya en el siglo XVIII Arrate en "La Habana Descrita" (1761) calificó la ciudad como: *"llave del nuevo mundo, antemural de las Indias Occidentales"*. La razón concreta y específica era su magnífica bahía cerrada, capaz de albergar toda una flota, ubicada exactamente frente al ramales de la Corriente del Golfo (*Gulf Stream*), que es como una enorme cinta transportadora que va a desembocar en Europa. Ello fundamentó un desarrollo urbanístico e industrioso de la ciudad, lo que en 1762 llevó a los ingleses a asaltar militarmente la plaza, colocando frente a El Morro su más grande flota militar hasta ese momento. Y luego permutaron la ciudad a España por el extenso territorio de lo que hoy es el estado de la Florida.

A la Habana, antes y después de la independencia de las XIII colonias, llegaron ramalazos del empuje industrializador que ya

338

se gestaba en el seno de la emergencia nación y potencia norteña, que luego eclosionaría en el enorme empuje industrialista de ESTADOS UNIDOS que lo convirtió en la primera economía mundial en el Siglo XX. La Habana y Cuba, no asistieron pasivamente a ello, por el contrario, fueron parte activa. Muy activa.

El resto de la isla de Cuba, mayormente plana y de tierras fértiles, jugaba un papel como abastecedora de La Habana (su *hinterland*), pero no se puede negar que el Oriente de Cuba estaba mucho más sumido en el atraso agrícola, casi semifeudal, cuando La Habana brillaba rutilantemente, en sus días industriosa, en sus noches culturosa. En parte ello explica la predisposición y hasta el odio y envidia, con que esas tropas de campesinos mal armados la tomaron en enero de 1959. Y la inquina e incompetencia con que la dejaron se degradase, se ajase y llegara al estado misérrimo con que se le puede ver hoy, con muestras de decadencia por todas partes y solo un área alrededor de las plazas coloniales, preparada como una especie de castrolandia para turistas morbosos

La excelente posición del país, en vez de favorecer que sea actualmente el *Hong Kong del Caribe*, es dilapidada y malversada por un grupo de aventureros constituidos en gobierno, que administra los valores de la nación como su finca y acciona no por situaciones concretas (economía, concertación entre los cubanos todos, situación internacional, geopolítica) sino por dogmas del siglo XIX (ideología, a partir de unos pocos "bien pensantes").

Un grupito de iluminados ideólogos, imponen la "igualdad", el antimperialismo y "lo común" como una meta social deseable. Así, han destruido el tejido social, desoyendo a sus ciudadanos, a los que considera siervos que deben dejarse conducir por ellos, que recibieron los 10 mandamientos de San Marx, interpretados al capricho de su Moiscastro. Bajaron de la sierra como sencillos héroes verde olivo, pero 60 años después, actúan cual sultán y sus jenízaros, peores que una tropa de ocupación nazi. Y el cubano que no lo acepte, es un traidor, ya no compañero sino ciudadano de tercera, un gusano, un vendido al imperio, etc.

En los hechos, Cuba, con sus fértiles tierras y posición geográfica excepcional, es obligada a la miseria material, para satisfacer egos y privilegios de 40 ladrones disfrazados de Robin Hood.

Aspectos históricos

La historia de La Habana (el París de Caribe) y de Cuba halada por su capital urbe, se diferencia notablemente de la de los países circundantes. A nivel de las Américas, también ha marchado desfasada del resto de los países circundantes, tanto hispanos como angloamericanos. Y no por casualidad, está en el límite de estos dos idiomas y culturas.

Cuba es una isla-archipiélago de tamaño semicontinental (aprox. 111000 km²) que socialmente estaba realizando en el S XVIII y XIX una caminata social un poco desfasada y contradictoria, navegando hacia su desarrollo social mediante una rápida industrialización agroindustrial.

Un similar papel desfasado ha desempeñado en otros continentes la Gran Bretaña, con respecto a Europa y Japón con respecto al lejano oriente. Tanto el Reino Unido como el Imperio del Sol Naciente jugaron en sus áreas geográficas y en algún momento histórico, un papel innovador y decisivo en el **proceso civilizatorio**. Inglaterra tiene unos 243000 km² y Japón unos 378000 km². Cuba es como un 45% del primero y un 29% del segundo, pero de todas maneras su tamaño semicontinental, pesa en permitir cierta masa humana mínima, que forman un conjunto significativo para que la cultura local sea enérgica y creativa.

Reino Unido y Japón, a partir de una situación y estructura feudal, se encaminaron por una senda industrialista y capitalista. Cuba en un momento caminó veloz por el sendero industrialista, pero actualmente ha caído en ser un mero parque temático-ideológico, al que suelen conducir sus alumnos profesores de sociología y otras humanidades, desde Estados Unidos y otros países industrializados. Pretenden que les enseñan lo feliz que se vive bajo dogmas colectivistas. Algunos cubanos bailarines, cuentistas, contentos y risueños, los entretienen felices de que les den alguna propinita.

El gobierno de Cuba se declara socialista y desarrollista. En los hechos es feudalista y muy improductivo, parasito del avance de otras sociedades que les envían esos turistas morbosos, y remesas y subvenciones y.... Pero los desastrosos resultados económico-sociales pueden interpretarse de simples estadísticas.

Las tierras cultivables en el mundo son 10.6% de la superficie emergida. En Cuba son un 28%, un 18,2% de R Dominicana, un 17.2% de Estados Unidos un 5.7% de Puerto Rico. La superficie cultivable por persona (ha/p) es: mundial 0.2, Cuba 0.26, Estados Unidos 0.48, República Dominicana 0.08, Puerto Rico 0,02. *¿Como pueden faltar alimentos a la población cubana?*

Los mares de Cuba no son muy productivos en comparación con los de los grandes países pesqueros del mundo (Perú, Chile, Canadá, China), pero es un extenso archipiélago. La Isla de Cuba propiamente, tiene 106767 km² (la mayor de las Antillas), rodeada por unas 4200 islas, cayos y cayuelos de unos 3000 km² y la Isla de la Juventud de 2204 km². Sus costas presentan gran cantidad de bahías, esteros y otros accidentes costeros y alrededor de 600 playas de blancas arenas, óptimas para turismo masivo, complementado con ecoturismo y turismo cultural. La plataforma insular es mucho mayor que las de otras islas antillanas y con una mayor biodiversidad marina. Ello es suficiente para sustentar mayor volumen de pesca que todos las Antillas. Pero no es el mar, sino el sistema social impuesto (el bajo poder adquisitivo del trabajador y el actual atraso tecnológico en la pesca) el que impide que en la mesa de los cubanos se vea un buen pescado, como se puede ver en Jamaica, Puerto Rico o Republica Dominicana.

El malvado en el norte

El vecino del Norte, ha sido un país ocupante de otros, pero de manera muy permisiva, hasta paternal y pedagógica. No creían en Moloch, ni usaban cimitarra. De los 10 países más industrializados de la actualidad, 5 han sido ocupados por tropas norteamericanas. Y son hoy algunas de las más importantes economías y prósperas sociedades del mundo. Es el caso de Japón, Alemania, Italia, Francia.

En cuanto a México, es totalmente cierto que Estados Unidos les cercenó grandes extensiones en el Siglo XIX. Era una competencia entre un país industrializándose, con una notable explosión demográfica, y otro con muy baja densidad poblacional, en estado de anarquía y estructuras productivas semi-feudales, con un militarismo atroz en que los entorchados se organizaban en facciones para matarse o hacerse de un feudo. Llama la atención que, en la actualidad, viven emigrados en el Norte unos 10-50 millones de mexicanos. Además, todo el Norte de México está ampliamente industrializado por simple ósmosis tecnológica desde

Estados Unidos lo que empuja a México a ser una de las economías más potentes del mundo.

Solo un profundo desconocedor de historia puede comparar la ocupación de tropas de ESTADOS UNIDOS con la de ejércitos imperiales romanos, otomanos, sarracenos o chinos. Abundan las evidencias históricas de que antes las tropas llegaban a las puertas de una ciudad, les pedían su rendición incondicional, y si se negaban, los sitiaban y arrasaban, con genocidio de toda la población civil incluida. El saqueo de una ciudad conquistada era una de las formas de pago a tropas deshumanizadas y mercenarias.

La ocupación militar norteamericana de Cuba no fue un paseo de carnaval, pero también dejó huellas fecundas en la cultura nacional. Quedaron entonces sembradas las piedras fundacionales de su sistema educativo, de salud, de comunicaciones y una interrelación económica muy fluida entre la isla tropical y el enorme país subtropical empujando por su evolución cultural a través de la industrialización. En el periplo de aquel trasatlántico industrioso, Cuba resultaba un útil bote auxiliar.

El más mal negocio que jamás ha hecho un presidente cubano es haber apartado a un pequeño país de su vocación natural y las ventajas de su posición. Ello sucedió por el pretendido antimperialismo que Fidel Castro impuso a Cuba, a partir de su odio personal e irracional a los ESTADOS UNIDOS Para nada una decisión responsable y adulta de un estadista. Se trata simplemente, de los delirios de un irresponsable demente.

Es hora de que un pequeño país del Caribe use los zapatos de su talla y se reubique en el siglo XXI. Que otras propuestas de gobernabilidad sean expuestas, discutidas e implementadas.

Posibilidades

La conducción del pequeño país como un estado cimarrón es la más empobrecedora, estúpida e incoherente que se le pudiera haber ocurrido a un estadista cubano. Ello implica haber llevado, a partir de los 60s, a un grupo humano de unos 6 millones a que se enfrentara a la economía más pujante del mundo, su enorme vecino de norte de varios cientos de millones de habitantes.

Hoy, cuando ya las embarcaciones pueden navegar contra vientos y corrientes marinas, la ubicación de la Habana y con ella de toda la isla a 90 millas de Key West (Cayo Hueso), aún le confiere un enorme valor a la ciudad capital, a la isla, a sus habitantes. A modo de ejemplo, los terrenos de la isla, mucho más baratos que los de La Florida, pudieran ser objeto de inversiones masivas inmediatas y actual como "vivero", o sea, para producción agrícola e industrial intensiva, con relativos bajos gastos de mano de obra, flete, para abastecer el cercano y enorme mercado interno de ESTADOS UNIDOS Y recibir de este, a su vez e igualmente con poco coste de fletes, innumerables materias primas y productos.

Esta posibilidad, que el más simple sentido común percibe, y que pudiera hacer florecer la economía de la Isla de Cuba en nada, es desechada por los herederos de aquellos campesinos odiadores, hoy devenidos en visires y jenízaros, que han confundido y degradado a parte de la población cubana con dogmas y odios ideológicos. Lo principal que debe pensar un cubano es en ser "antiyanqui" y "antimperialista". Y dar curso a bajos instintos, como son la envidia y la delación, estar atento a lo que sucede al vecino, con chisme y chusmería convertidos en "idiosincrasia nacional". Pero todo está terminando en un teatro bufo, porque ningún país hispanoamericano mira a EE.UU con más admiración y proximidad idiosincrática y sicológica. Y hoy, además del posibilismo geográfico histórico, pesa en las relaciones futuras entre Cuba y EE.UU. la atracción gravitacional de más de 2 millones de cubanos que han emigrado al Norte.

Cuba fue convertida en una plaza sitiada donde no era permisible la disidencia, y la cultura tuvo que transitar por las loas al sultán y sus visires, cimitarra en mano. Ello ha ido destruyendo su tejido social, su histórico modo de producir de manera industriosa, su patrimonio arquitectónico y ha llevado su sociedad a una situación poco más que medieval, que, en su disfuncionalidad militarista, centralista y dogmática, mucho recuerda los modos de vida bajo Felipe II o Solimán el Magnífico en el siglo XVI.

Hoy, Cuba no depende fundamentalmente de su agroindustria y de su posición geográfica, sino de una serie de servicios (médicos) exportados, de recibir remesas de los expulsados y tal vez una serie de negocios oscuros (narcotráfico, trasiego de personas, venta de su mano de obra como semiesclava a inversores hoteleros, inversiones capitalistas en otros países, etc.).

Por otro lado, la ideología castrista-leninista que se ha impuesto en Cuba, en aras de una supuesta igualdad, la ha convertido en un reino encantado, al haber adoptado y entronizado el colectivismo y un centralismo atroz, derrochador y cercenador del emprendimiento individual. En el presente la economía de Cuba solo funciona como un parque temático-ideológico para turistas morbosos, que van a ver cómo se vive detrás de la muralla totalitaria o a aprovecharse de la mayor miseria del que visita y que tiene que supervivir bajo la filosofía de la miseria. Muy empobrecido, nuestro país se debate en el sino: *Geografía o Ideología.*

Cuba y la independencia de EE.UU.

La conexión española y cubana con la independencia de Estados Unidos es poco conocida. La independencia de las 13 Colonias inglesas tuvo un punto álgido en 1776 con la Declaración de Independencia, pero luego continuo la guerra. El papel de los franceses en la ayuda a las tropas de George Washington en la Guerra de independencia es ampliamente sabido. Francia reconoció formalmente a los Estados Unidos con el Tratado de Alianza, firmado en febrero de 1778. Poco después Gran Bretaña declaró la guerra a Francia. España entró en la guerra oficialmente un poco más tarde en 1779, pero antes había participado en toda una serie de operaciones de apoyo a los insurgentes. Sin ello, no se podría explicar que vencieran al ejército más poderosos de la época.

En esta guerra el rey español intervino de manera activa, con el fin de afectar a su archienemiga Inglaterra. Eso explica las acciones de las autoridades bajo su orden y las de la población de La Habana. Tanto la corona, el ejército, como la población española limítrofe se inmiscuyeron en el conflicto.

La Habana y sus ciudadanos estuvieron muy profundamente implicados en la guerra de independencia de las XIII colonias británicas en el atlántico norteamericano. Los cubanos empatizaban con los colonos estadounidenses porque ambos eran gente del Nuevo Mundo. Los habitantes de Cuba apoyaron la causa de la libertad estadounidense.

Carlos III, entonces rey de España, ordenó directamente a las autoridades y a la población de La Habana que se involucraran en el apoyo activo a las tropas del General Washington. Entre otras acciones, aprobó entregar dinero (primero 2 millones de libras tornesas) y materiales (uniformes, pólvora, cañones, pistolas, balas) al General Washington desde Europa, La Habana y New

Orleans. Igualmente autorizó el libre comercio entre Cuba y las Colonias sublevadas en el Norte. (Aunque antes ya había cierto nivel de contrabando con pequeñas embarcaciones, goletas). Es decir, derogó el monopolio en su reino que hasta ese momento sólo permitía comerciar con Cádiz.

El apoyo y la financiación de España y sus colonias fueron decisivos para mantener al Ejército Continental, que generalmente operaba en la peor situación financiera. Ahora sabemos que la inyección de efectivo en monedas de plata españolas, recogidas tan rápidamente en La Habana, permitió a Washington abastecer a su ejército justo antes de la batalla. Antes de partir para la batalla, en Elkton, Maryland, el 8 de septiembre de 1781, el ejército continental fue de hecho pagado con estas preciosas monedas de plata. Esto podría haber cambiado el curso de la historia.

El enviado especial del rey en La Habana, Saavedra, no tenía fondos en la mano, pero inmediatamente recogió el dinero necesario (primero 500.000 pesos de plata, más tarde 1 millón en moneda de plata de México) como regalo o préstamo al rey de banqueros, comerciantes y ricos tabacaleros, así como de la Marquesa de Cárdenas. Todos los fondos fueron autorizados por José de Gálvez, ministro del Consejo de Indias. El almirante de Grasse, que comandaba una flota francesa en el Caribe con rumbo a Norteamérica, llegó a Cuba y transportó el dinero hacia el Norte. Estando en la bahía de Matanzas, Cuba, envió una fragata francesa a La Habana y sin demora la reenvió hacia el Norte. Por otro lado, la Armada Española protegía las posesiones francesas en el Caribe, ello permitió a la flota francesa llegar con la ayuda monetaria y transferir 5.000 soldados para cooperar en el asedio y bloqueo naval de Yorktown. En ese momento Washington y los miles de soldados franceses del conde Rochambeau, necesitaban urgentemente dinero para sus soldados malamente vestidos, descalzos y hambrientos.

Gracias al comercio libre la economía de la isla de Cuba creció y se modernizó vertiginosamente y solidificó al emprendimiento de los cubanos. El país nunca volvió al ritmo social anterior, centralizado y feudal. Esto se vio reforzado más tarde (alrededor de 1805) por la destrucción de Saint Domingue (Revolución de Haití) como primer productor de azúcar del mundo. Subieron los precios del azúcar y el café y los hacendados criollos aumentaron su poder. La Habana brillaba económicamente entonces.

La isla caribeña recibe en esa época algunos empresarios del norte que invierten en la industria azucarera, dado el rápido crecimiento de la caña de azúcar en la latitud de Cuba. Los precios del azúcar y el café subieron. Los terratenientes cubanos, tanto extranjeros como criollos, aumentaron enormemente su poder económico, supliendo el creciente mercado de la enorme nación emergente. Durante el siglo XIX algunas de las mayores fortunas mundiales vivían en La Habana.

La ayuda española y de sus colonias, durante la Guerra de Independencia, fue dirigida por Don Bernardo de Gálvez, el Gobernador español en Nueva Orleans del Territorio de Luisiana. Gálvez era el comandante de todas las fuerzas españolas, incluidos los aliados franceses y su marina. Liberó a la flota bajo su mando de sus obligaciones en las Indias Occidentales y dio las órdenes de navegar hacia el norte y bloquear Yorktown. La superioridad naval franco-española permitió diseñar una estrategia que bloqueó y derrotó a la *Royal Navy* y les impidió llegar a las colonias con refuerzos y suministros.

La batalla de Yorktown fue un asedio de tres semanas del ejército británico con fuerzas terrestres y navales que viajaron desde Cuba. Los aliados de las 13 colonias, Francia y España, jugaron ese papel enorme entonces. Es reconocido como decisivo en la victoria estadounidense durante la Guerra de la Independencia. Debido a que los británicos perdieron esta batalla el Tratado de París se firmó el 3 de septiembre de 1783.

Gracias al contrabando y luego mediante el libre comercio con las 13th colonias británicas, la economía de la isla creció muy rápidamente. La isla caribeña nunca vuelve al ritmo colonial, cuasifeudales. Esto se vio reforzado (a partir de 1805) por la destrucción de Saint Domingue (Haití) como primer productor mundial de azúcar. Los precios del azúcar y el café subieron, y los terratenientes criollos cubanos aumentaron su poder. Durante el siglo XIX algunas de las mayores fortunas del mundo vivían en La Habana, que brilló económica y culturalmente entonces. Eso explica que en el siglo XX la ciudad se convirtió en un lugar especial para los estadounidenses y con su empuje el país no era solo agrario, sino agroindustrial, importando con numerosas innovaciones tecnológicas que provenían de su vecino norteño.

Cubazuela

Nada es tan peligroso como dejar permanecer largo tiempo a un mismo ciudadano en el poder. El pueblo se acostumbra a obedecerlo y el a mandarlo, de dónde se originan la usurpación y la tiranía.
Simon Bolívar

Fueron muy estrechas las relaciones históricas que existieron entre los habitantes de los territorios que actualmente son Venezuela y Cuba. Tanto en etapa precolombina como cuando eran parte del Imperio Español. Desde luego, que al nivel de la época.

En el extenso periodo precolonial, los habitantes de Las Antillas que ahora conocemos agrupados como los Tainos surgieron a partir de los Arahuacos de los que actualmente los más abundantes y nombrados son las tribus Yanomami. Emigraron saltando entre islas en canoas de troncos ahuecados. Partieron desde zonas alrededor de la desembocadura del Orinoco. Es decir, los Tainos cubanos, fueron originalmente Arahuacos venezolanos.

Luego, en el periodo colonial, desde temprana fecha La Habana fue el puerto de referencia para los habitantes de toda Hispanoamérica, en especial del Caribe. Lo que en algún momento fue la Capitanía General de Venezuela eran territorios relativamente aislados y pobres. Solo producían cueros primero y luego café y cacao, que es de suponer enviaban a La Habana, ciudad y puerto seleccionado por las monarquías españolas para establecer un monopolio con la metrópoli.

Entre mediados del siglo XVI y principios del XVIII los Reyes españoles solo autorizaban a Sevilla primero y a Cádiz después a comerciar con el Nuevo Mundo. Y el único puerto que podía enviar productos hacia la metrópoli era La Habana, hacia donde debían concurrir todas las mercancías desde los extensos territorios de Nuevo Mundo. Desde luego, este era el comercio oficial, pues había innumerables contactos de contrabando con corsarios de otros reinos, en especial de Holanda, Francia e Inglaterra.

La Flota de la Plata o de Los Galeones, en realidad, eran generalmente dos convoyes que salían de Sevilla (a partir de 1679 desde Cádiz) una o dos veces cada año. En su viaje trasatlántico, llegaban desde Las Canarias a las pequeñas Antillas. Allí las destinadas a Cartagena (Nueva Granada) iban en navegación de isla en isla, hacia el sur primero, luego hacia el Oeste, cuando pasaban costeando por Sudamérica (podían tocar Margarita, Coro,

Maracaibo, Cartagena de Indias, Nombre de Dios, Portobelo). Luego de descargar sus mercancías traídas desde la metrópolis (con productos manufacturados, pero a veces también esclavos), iban hacia la Habana a completar la descarga y a cargar de lo que debían llevar hacia Europa, en el viaje de tornavuelta. Ello puede haber dejado en la memoria histórica de los venezolanos, alguna relación con una Habana prominente

Por otro lado, dos figuras históricas descollantes, entretejen las historias de Venezuela y Cuba:

Francisco de Miranda, el precursor de la independencia. Nacido en Caracas. era un militar español que estuvo destacado en La Habana. Hacia 1780 actuaba de entonces ayudante del Capitán General en el sitio, Manuel de Cajigal. Se les ordeno entonces enfrentar a los ejércitos ingleses en guerra con el ejercito Continental de G. Washington. Al mando de tropas salidas de La Habana van a New Orleans, que en ese momento formaba parte de los territorios españoles. Combaten los ejércitos ingleses y los vencen varias veces. Es memorable en especial la batalla por Pensacola. Allí y en otras escaramuzas de la guerra Miranda tiene acciones muy destacadas por lo que es ascendido a teniente coronel. Luego Miranda abandona el ejército español y participa en otras acciones de guerra, incluso en la Revolución francesa.

Otra figura cimera de la época fue Narciso López, nacido en Venezuela. Era un alto oficial del ejército español. Representó entre 1841 y 1843 al gobierno colonial en Trinidad, Cuba, con el cargo de teniente Gobernador, año este último en que es separado, al parecer por sospecharse que estaba conspirando contra España: Pasa entonces a liderar a los que querían anexar Cuba a los estados sureños, que eran esclavistas. Intentó varias invasiones armadas a la isla, en la primera en 1850 por Cárdenas, donde brevemente hace ondear por vez primera la bandera que luego ha quedado como la enseña nacional de Cuba. En 1851 desembarca por Pinar del Rio, es capturado y ejecutado. Es de notar, que la actual bandera cubana es la de López. Todo esto se explica porque en el Siglo XIX algunos potentados azucareros en Cuba, consideraron conveniente y viable la anexión a Estados Unidos, más exactamente a los estados esclavistas del Sur, que en esa época estaban en beligerancia con los del Norte. Narciso López es el más destacado exponente del anexionismo de Cuba a Estados Unidos. Estos vínculos históricos, solidificaron una amistad especial.

No habían pasado 15 días de la toma del poder y llegada a La Habana desde la Sierra Maestra, cuando Castro organizo un primer viaje al exterior. Fue directo a Maiquetía, en Venezuela. El pretexto fue el primer aniversario del derrocamiento del dictador Marcos Pérez Jiménez. Lo recibió Wolfang Larrazábal (contralmirante que un año antes había comandado los navíos que provocaron la caída de Pérez Jiménez), ahora presidente de la Junta Patriótica en el poder. En la plaza de El Silencio Castro fue ovacionado en largo aplauso. Es notable que unos meses antes, en diciembre de 1958, había llegado a la Sierra Maestra un avión con una carga de armas procedente de Venezuela, el mayor que hubiera llegado a los insurgentes en toda la contienda.

Luego, cuando los militares fueron apartados del poder y siendo presidente Rómulo Betancourt, Castro envió alijos de armas e intentó varias veces sembrar en Venezuela una revolución armada. Fueron derrotadas, pero se establecieron muchos puentes en base a relaciones personales de una intelectualidad venezolana socialistoide, enfocada fundamentalmente en la redistribución popular de su riqueza petrolera. Vencida a fines de los 60s la lucha armada en Venezuela, los sectores críticos del gobierno lo hicieron como lucha pacífica y competencia electoral. Pero nunca se abandonó totalmente la idea de la lucha armada y un grupo importante de políticos de la izquierda venezolana se refugiaron en las universidades e hicieron de la Revolución Cubana un mito local El mejor ejemplo de ello fue Alí Rodríguez, ministro del Poder Popular para la Energía Eléctrica de la República Bolivariana de Venezuela. Él había participado en la lucha armada medio siglo antes, cuando estuvo muy cercano a la jefatura cubana. Rodríguez ha sido el representante diplomático de Venezuela en Cuba. El 26 de julio de 2010, 57 aniversario del Asalto al Cuartel Moncada celebrado en la ciudad de Santa Clara, ante la estatua de Ernesto Guevara, Rodríguez exclamó: *"cuando apenas como una brasa se mantenía la esperanza socialista en Cuba, vino el soplo de la revolución en el continente y en Venezuela surgió una nueva antorcha"*.

El objetivo de Castro en los 60s se concretó unos 40 años después, cuando el coronel Hugo Chávez fue elegido presidente del país suramericano. En 1999 Cuba se convirtió en modelo a seguir por Venezuela, que se declaró socialista y sustituyó la histórica relación estratégica entre Venezuela y Estados Unidos. Desde entonces, ambos países caribeños sostienen una alianza ideológica-militar, que implica el envío a Cuba de grandes cantidades de petróleo y otros insumos y la retribución cubana con miles de médicos, maestros y policías.

Los dos procesos "revolucionarios" presentan notables diferencias y metodologías de estatismo. Pretenden un control estatal político-económico y desde arriba hacia abajo, una ruptura con el pasado, las fuerzas armadas son la columna vertebral de la sociedad, se obliga al desplazamiento de elites, sostienen planteamientos antiamericanos en política exterior y buscan nuevas alianzas internacionales.

Castro, que había establecido en Cuba un Estado hipercentralista, sin iniciativa privada y con planificación económica al estilo soviético, exporto sus concepciones a Venezuela, con similares resultados ruinosos. Pero además Castro personalmente se inmiscuía en los más diversos detalles de la economía cubana. En realidad, pretendió administrar el pais desde sus botas. Hacía de ingeniero, medico, maestro, literato, deportista, jefe de equipo de básquet, etc., etc. Eso lo intento copiar Chávez, con similar desastre, y aunque sus dementes acciones no derribaron totalmente al pais si fue más acusado y visible el efecto de la utopía en el gobierno. No fue una hecatombe dados los enormes recursos naturales de Venezuela, no es un régimen de partido único, el empresariado no desapareció totalmente y se permitió alguna oposición y libertad de expresión.

Entre 1961 y 1990, la economía cubana dependió fundamentalmente de los subsidios de la URSS. Esto generó un Estado económicamente débil, con tendencia a la baja en la producción industrial y a depender de enviar brigadas de médicos, maestros, etc., al exterior, cobrando por estos servicios. Venezuela, es rica en petróleo, oro y otros minerales La producción autóctona les puede aportar considerables entradas, aun contra las medidas de embargo que EEUU les ha aplicado. En el caso venezolano, las exportaciones de petróleo han representado el 95% de las exportaciones. Luego que desde 2006 intenta una economía centralista y socialista, con expropiaciones de algunas empresas privadas, convertidas en de producción social o comunal, y diversas otras formas de economía popular. Aunque el gobierno centralista y militarizado desestabilizo la economía, aun pudo ser rentista de estas riquezas del subsuelo (petróleo, oro, hierro). Además, muchas de las importaciones las hacen empresas privadas, que incluso se han enriquecido con esto. En ambos países las medidas económicas estatistas no han dado el resultado esperado, y muchos ciudadanos no están satisfechos con los gobiernos. Ello ha determinado la emigración de una parte considerable de su población, el sector más emprendedor y productivo de su ciudadanía, tratados con desprecio por funcionarios que dicen gobernar en nombre del "pueblo". A los emigrados se les trata despectivamente, con términos como gusanos, pitiyanquis, o escuálidos

En el caso de Cuba la emigración fue preferentemente hacia USA, con una gran ola emigratoria intensa en 1959-1965, luego ha siso por cuentagotas, (dentro de los que destacan los balseros), interrumpida por varias oleadas de intenso abandono del pais. Un importante sector de la población, algo así como el 20% de todos los cubanos vive en el exterior, en Cuba unos 12 millones. En el caso de Venezuela, se ha dado de manera masiva hacia todos los países limítrofes. El éxodo de venezolanos se intensifica a partir de 2014. Se calcula que viven en el exterior unos 7 millones, de unos 33 que son los actuales nacionales del pais.

Las relaciones entre Venezuela y Cuba se han acoplado en promover la revolución latinoamericana y mundial, lo que luego se amplió con el Foro de Sao Pablo, que promovió Lula da Silva desde Brasil Se trató de minimizar el embargo económico a Cuba por parte de los Estados Unidos, sostener suministro de petróleo venezolano a Cuba y darle oxigeno mercantil al ineficiente régimen castrista, que se declaraba en un cierto Periodo especial en tiempos de paz (1989–1997) lo que no era más que la desaparición de su mecenas ideológico, la URSS y su PCC, que intensamente subvencionaban la muy ineficiente economía cubana, al considerarla su pais vitrina para los movimientos de izquierda mundial.

En una escala de siglos, el acercamiento personal en Fidel Castro y Hugo R. Chávez, representa la convergencia entre el histórico militarismo de Venezuela y Cuba. La primera no se recuperó nunca de la extrema violencia jacobina de su gesta independentista, que en buena medida fue genocidio y limpieza étnica en nombre del independentismo. Ello se continuo con un retardador caudillismo medievalista en casi todo el SXIX y comienzos del XX. El militarismo en Cuba, es una derivación de la derrota del civilismo en la nación, con la muerte de José Martí en Dos Ríos, aplastado por la actitud militarista de Gómez y Maceo. Ello luego se refleja en que la mayoría de los presidentes de la nación han sido militares de carrera. Mas tarde opciones civilistas fueron aplastadas con la muerte de Chivas, José A. Echeverria, Frank Pais, Camilo Cienfuegos, el apresamiento de Huber Matos, etc. Ello deriva en la actitud actual de un gobierno, que de facto es una junta militar.

En ambos países, hasta que los militares no vuelvan a los cuarteles, la economía y el bienestar de los ciudadanos no van a poder ser garantizado desde el trabajo y la creatividad intelectual. Ello impedirá a Cuba, Venezuela y a la región, desembocar fluidamente en una economía mundial que cada vez más esta catalizada por ciencia-tecnología.

Feudalismo del siglo XXI

Una sociedad no es una masa amorfa de donde conviven miles o millones de seres humanos enyugados al grupo, a la tribu, sometida su personalidad a lo gregario.

Una sociedad es un *constructo*, dentro del que en la modernidad participan individuos conscientes y discernientes. Cada "asociado" intenta realizar la información genética que porta, en sus circunstancias personales. Convienen en actuar dentro el grupo porque el grupo lo arropa, no porque el grupo lo arrolla.

Cuando en un grupo humano la mayoría arrolla a la minoría, la sociedad deviene en suciedad. Ese grupo vive su liderazgo cercenando opciones y posibilidades futuras que no sean su criterio. Asesinan el futuro comiéndose ideas y vástagos que disientan de su autoritarismo.

En las sociedades de insectos, en los cardúmenes de peces o en la bandada de aves, se subyuga totalmente el individuo al grupo. En realidad, entre los animales, apenas existe individualidad. Ya entre felinos, monos y mamíferos, los individuos tienen roles más diferenciados, aun así, la esencia del individuo continua arrodilla a las necesidades del grupo. En el ser humano primitivo, en los orígenes de la civilización, el individuo apenas dejaba de ser un animal arrodillado a la tribu. Vivían unos 20-25 años, no tenían tiempo para tomar consciencia de su divinidad.

Por miles y tal vez millones de años, el *Homo Sapiens* ha venido escalando en el proceso evolutivo, adicionando a su origen animal un toque divino. Ya algunos individuos dejan de ser masa amorfa, ya no viven enyugados a la tribu, sometida su personalidad a lo gregario.

Durante milenios, la evolución cultural fue lenta. Pequeños grupos humanos, vivían en eterna pugna por sus miserias. A veces, lo avanzando culturalmente en decenas de años, se perdía en unos minutos de violencia. Y casi siempre el criterio de una minoría armada se imponía a la mayoría.

Aun en las sociedades feudales europeas, siglos X a XV, el siervo de la gleba aún era un marranito dentro de la piara humana. Y los grupos humanos eran manejados militarmente por hombres de a caballo (los caballeros), que se declaraban enérgicos defensores de un territorio, nobles y elevados por su heroicidad, es decir, su capacidad de matar o dejarse matar. Aquellas sociedades eran una permanente lucha entre esos gobernantes hombres de a caballo y los gobernados plebeyos. Se trataba de territorialismo, o sea, territorios donde un soberano se declaraba guardián de la soberanía.

En las sociedades modernas, personas de origen militar se hacen del poder, someten a los ciudadanos a criterios militares. Cuando Hugo Chávez se hace del poder en Venezuela, le impone sus criterios militaristas, y elimina la libre competencia industrialista y capitalista en su rico país. Convirtió aquella sociedad en mero campamento militar. Por ello le preocupa tanto la soberanía. En un mundo que comerciando ha ido dejando diluir sus fronteras, ellos pretenden ser soberanos para defender al pueblo en su territorio, tal como declaraban hacían los caballeros feudales.

Pero no creamos que hoy se trata de un burdo y simple criterio militarista de quien tiene la espada. Numerosos intelectuales y académicos le dan artificial sustento, sosteniendo una serie de asertos e ideologías. Estos teóricos del buenismo están llenos de inspiraciones y *wishful thinking*, convertidos en resultado científico por arte de magia. En los hechos, el alto edificio de la cultura occidental, su moral, sus mitos, sus hitos, montados modularmente como algo coherente y viable en todo un proceso civilizatorio de siglos, está siendo desmontada desde la arrogancia incompetente de algunos de estos profesores y escritores. Mencionaremos a modo de ejemplo a Marcuse, Foucault, Pablo Iglesias, Juan Carlos Monedero, Gustavo Bueno, Enrique Dussel, Oscar de la Borbolla, Atilio Borón, José P. Feinmann, Darío Sztajnszrajber, Gabriel Salazar, Arturo López-Levy, etc., etc., etc.

Wellington y Napoleón en batalla caribeña

Las Américas fueron una refundación para europeos que querían escapar de las miserias materiales y/o de miserables estupideces del pensamiento de otros seres humanos, comprimidos todos en un pequeño y gastado continente, Europa, en que la cultura de unos chocaba con la de otros. Los amplios espacios del Nuevo Mundo, permitieron nuevos bríos a la cultura europea los seres humanos se alimentaron mejor y tuvieron más salud. Fue como su válvula de escape, a la vez, un invernadero con otras condiciones en que crecieron semillas que en el viejo continente se tapaban la luz, competían por lluvia y territorio. Luego, la industrialización y el empuje que le dieron algunos de sus hijos nacidos en nuevo contexto, reestructuraron la vieja Europa. Ya no fue tan sucia y gris. La ciencia y la tecnología de Occidente fueron sacando al mundo de sus encuadres feudales. Pero algo de lo feudal quedo cimbrando en el *ethos* occidental, por ejemplo, en su Sociología, que insiste en estudiar al fenómeno humano en cuanto a piara. También en su Filosofía, que se reitera en convertir al filósofo en becerro de oro.

La América nórdica ha sido el hijo pródigo, el que devolvió a su parental parte de sus esfuerzos genitores. La América sureña, ha sido el hijo descarriado, el que la matriz tiene que atender, incluso de adulto, asombrada de su incapacidad para aprender. El centro de las Américas, el área Caribe, ni tan al Norte ni tan al Sur, es un inclasificable retoño bastardo de Europa, con su geografía insular más que continental, más marina que terrestre, sometida a las complejidades ecológicas de los trópicos, más bachatera que industriosa, más acuosa que sólida. Allí, en el cinturón intertropical, yacen una serie de países y paisitos, que apenas pueden articular culturas de carnaval, jolgorio y pachanga de playa. ¿Cómo las adjetivaríamos: isleñas, saladas, tardas, carnavalescas, acuosas, bailarinas, somnolientas, ¿musicales...?

La América nórdica se esforzó por retomar el batón industrioso de Inglaterra. Y cuando vino el momento de divorciarse de la corona inglesa, se separó de sus estupideces aristocráticas, pero no del legado cromweliano, newtoniano, darwiniano. Por el contrario, los injertó en similar latitud y ecología, al ser un *pueblo trasplantado*, como lo llamara Darcy Ribeira. América nórdica se alimentó con el biberón europeo, sobre todo de base científico-tecnológica. Los de base humanística, los regurgitó. Allí no preponderaron ideas de sofistas europeos, por ejemplo, las de Kierkegaard, las de Marx, las de Lenin...hasta ahora.

La América sureña, luego de su independencia de España, no se encamino a una evolución cultural por medio de la industrialización, como había hecho el nuevo mundo norteño. Por el contrario, se hundió más aun en la tradición cuasi-feudal de grandes latifundios con jornaleros-siervos y unas decenas de familias que quedaban controlando cada paisito. Acentuó esto el aislacionismo propio de grandes montanas andinas, el denso bosque tropical o las islas caribeñas. Líderes militares devinieron en caudillos que luego del desgajamiento de España se enfrentaban entre sí por el poder por decenios, tal vez todo el Siglo XIX, por lo que se llega a gobiernos democráticos de manera tardía y trabajosa.

Pero mientras los abuelos y padres administraban haciendas-feudos, los hijos soñaban con Rousseau, Robespierre, Napoleón...y luego naturalmente con Lenin, Mao y Stalin...y...de ahí con sus herederos Marcuse, Foucault, Sartre...Mariátegui, Che Guevara y Fidel Castro.

La intelectualidad púber de la América tropical, fue a abrevar casi exclusivamente a ¡¡París!!, pero luego muchos visitaron ¡Moscú! y después a su sucursal en el patio, ¡La Habana! La intelectualidad de Norteamérica, que desde la independencia ya mostraba bríos científico-tecnológicos (Franklin, Fulton, ...) en su proceso de industrialización recibió inmigrantes de diversos países europeos y se nutrió de diversas vertientes de la cultura, tanto de operarios como de Ciencia-Tecnología y Arte o Humanidades, por lo que desde su inicio fue mucho más diversa culturalmente y creativa que los vecinos del sur. ¿Qué intelectual de Latinoamérica, que se respete, no ha ido a soñar en una buhardilla parisiense, o ha ido a estudiar a la Universidad Lomonósov o vivido en un apartamento abandonado por los gusanos en La Habana ? A repctir frases de Voltaire, Rousseau, Diderot......Camus, Sartre, Derrida, Foucault. *¡Le lumiére!* *¡Le culture!* A gritar *¡Tovarich!* ¡Hurra! o ¡Patria o Muerte!

En nuestro criterio, España quedo entrampada primero en guerras demoledoras con el imperio Otomano en el Mediterráneo, pero También con los reinos cristianos de Inglaterra y Francia. Mientras Inglaterra, mucho más aislada y defendida, pudo dedicarse a desde adentro a crecer y luego emerger como potencia imperial. No fue secundario en esta comparación, los problemas de salud que presentaban los Austria y su debilidad como gobernantes, que llego hasta la enfermedad de Carlos el Hechizado. Los reyes en Inglaterra, fueron más eficientes en favorecer la ciencia en el país.

Como resultado, Inglaterra ya entre en el siglo XVII en una carrera hacia el cientificismo, que se corresponde con la temprana fundación de la *Royal Society of London* en 1663, como un proyecto del monarca. Es por tanto la más antigua academia científica dedicada a promover la excelencia en las ciencias y contó desde sus inicios con reales fondos cuantiosos. En el imperio español se fundó la Sociedad de Amigos del País en 1763 como una iniciativa provinciana las Juntas Generales de Guipúzcoa.

Atendiendo a lo anterior, no es extraño que a las planicies subtropicales de Norteamérica se trasplantó a James Watt, Newton o Darwin, lo mismo que a Voltaire, Diderot y los enciclopedistas. En los Andes y a los bosques tropicales, Rousseau trajo detrás de si a Saint Simon y a Comte. Nada extraño que luego los habiten espíritus confusos de Lenin, Stalin, Mao... Sartre, Derrida, Foucault...Mariátegui, Ernesto Guevara y Abimael Guzmán ...

Resumiendo, cuando Norteamérica se desgajó de su matriz Inglaterra en 1778, lo hizo para darle curso a la creatividad científico-tecnológica, mientras el desgajamiento del imperio español, hacia 1821, no ocurrió como un impulso endógeno sino como resultado de la invasión napoleónica, y los notables que se hicieron cargo de las provincias desmembradas, no las hicieron avanzar civilizadamente sino impusieron sus métodos y mentalidad de grandes latifundistas, bien poco empapados en ciencia e ingeniería.

La América hispana se había conformado desde inicios del Siglo XVI como fuente de minerales preciosos, sin un enérgico proceso industrializador, en una forma de letargo cultural. Y el Caribe, sólo fue la zona de paso de plata y mercancías. Luego, ya en los siglos XVII y XVIII surgieron allí plantaciones de tabaco, café y azúcar lo que se extendió hasta bien entrado el siglo XIX en Cuba, Puerto Rico y Santo Domingo. Los políticos españoles no fueron agiles en conceder la autonomía a Cuba y P Rico, que solo confirieron hacia el último decenio. Tal vez si el status de Cuba se hubiera cambiado antes, no se habría producido la guerra de 1895 ni la Hispano-cubana-americana. La Habana, que en el siglo XIX era una excepción industriosa, hubiera sido una provincia de ultramar, en una posición muy conveniente para su evolución cultural gracias al halón desde el Norte, primero de las XIII Colonias y luego de Estados Unidos empeñados en carrera industrializadora.

El Caribe comenzó (S XVI) siendo un mar interior del Imperio Español. Entonces la penetración de ingleses, franceses y holandeses, ocurría de manera informal, como piratas y corsarios, apostados en islas y recovecos. Luego (SXII-XVIII), vinieron ya como ejércitos regulares y conquistaron a plomo y espada grandes y pequeñas islas, las convirtieron en islas-enclaves-plantaciones francesas, inglesas, holandesas. Es entonces que se profundizó la confusión social caribeña. La presencia real de armadas y ejércitos Inglaterra y Francia, determinó su muy confusa evolución cultural. Es absurdo, por ejemplo, que Haití fuera la más rica colonia del mundo en la segunda mitad del S XVIII, pero su industrialización se basaba en medio millón de seres humanos rebajados a ser bestias corta-caña. Luego, ese polvorín explotó y un ejército de mosquitos, armados de fiebre amarilla, derrotó a los ejércitos napoleónicos. Ello cambió el curso de la historia en las Américas.

Los hijos del Caribe soñaban con Rousseau y Napoleón, más también recibían la influencia del gigante del Norte. Es decir, la tradición cuasi-feudal latifundista, se vio mediatizada por la industrialización incipiente en el área continental norteña.

Lo anterior es una sintética y torpe explicación de por qué hoy el Caribe se convierte en destino turístico y no es un área

industriosa. Por qué la intelectualidad caribeña, casi unánimemente, es alérgica a la Ciencia, a Newton y a Leibniz, y preferentemente jacobina y "revolucionaria", colectivista, prefigurada
para aceptar como buenos en el SXXI los errores de Marx en el
XIX. Se suceden en el Caribe, epilépticamente, épocas alternas de
carnaval y de terror, de pescadores y pescaderas, de mambises y
de bailarines playeros.

Rousseau fue un soñador del siglo XVIII, tal vez entonces fue
un intelectual prometedor. Hoy, es una pieza de museo y si se
pretende darle validez en las culturas modernas, un derroche imperdonable. Al menos eso es lo que a mí me parece. Esos que lo
absorbieron en la buhardilla, deben considerar que, al exportarlo
al calor tropical, se descompone. ¿Por qué? El salvaje inocente.
¿De dónde sacó tal cosa? Rousseau nunca conoció antropológica
y científicamente los salvajes de ningún lado, tampoco en el Caribe. ¿Inocentes? Por ejemplo, los aborígenes caribeños siempre
estaban en guerra, en especial la SS-Caribe, cuyo plato preferido
era yuca con carne taina.

Científicamente, hoy, Rousseau es una nulidad inculta y verborreica. Nuestros ancestros no eran nada buenos y nosotros no
somos malos porque nos corrompemos sino porque la organización social no siempre es evolutiva y a veces nos hacemos gobernar por los menos dignos, que repiten estupideces de intelectuales desubicados, hoy refugiados en las escuelas de humanidades
de las universidades, que van por el mundo como Doctores, pero
no son doctos.

Los caribeños, sin embargo, tenemos nuestro París del Caribe:
La Habana. París caribeño en que se representó la sangrienta
toma de la Bastilla a manera hollywoodense. Errol Castro hizo un
papel estelar, y su ejército de extras actuaron muy bien. Y si la
Revolución Francesa fue olímpicamente rectificada por

Napoleón, la Revolución Cubana tuvo su *"Rectificación de errores y tendencias negativas"* bajo código camaleónico de Castro, restituyendo en el poder maneras feudales de Luis XIV y Felipe II.

Nada extraña que Jean Paul Sartre, en los 60s fuera a la Habana a ver si había allí algunas pescaderas. No las encontró. Creo que, en Francia, un intelectual de su calibre es un *rock star* perseguido por bellas universitarias, y Jean Paul, que había sido bien poco solicitado de joven, por su cuerpo enclenque y ojo estrábico, ya había tomado revancha con la pluma. Además, en su trip a La Habana estaba viejito y ya no le eran muy útiles las jineteras. De todas maneras, ofreció su apoyo a la Revolución. Como no. Afirmó, se trataba de un eco existencialista de la gloriosa revolución francesa, nada de contaminadora revolución industrial. Y afirmo que Rousseau había tenido razón. El buen salvaje sí habitaba el Caribe y bailaba en el Malecón. Allí jamás Wellington venció a Napoleón.

El caribe ante la globalización

Asistimos a un enorme proceso que está cambiando velozmente el mundo y a la vez nuestra percepción del planeta. Se ha dado en llamarle globalización, pero en realidad, para ser justos, el planeta ha sido históricamente una globalidad geológica, geométrica y lógica: , Es el globo terráqueo, redondo desde antes que nosotros fuéramos bípedos andariegos y culturalmente cuadrados y rígidos, empeñados en concebir, encuadrar y ver funcionar a las sociedades, y hasta el mundo, como simple linealidad. El mundo, sin embargo, es redondo, no lineal.

Ahora, lo que está sucediendo es que la economía alcanza un rango muy amplio, global en nuestra percepción, como si lo económico fuera lo esencial del planeta. Y la mentalidad humana se reordena, porque un individuo puede conocer en tiempo real lo que está pasando en casi cualquier ciudad del planeta. Sin embargo, aunque los feuditos medievales se integraron en reinos y a veces quisieron ser imperios adosando reinos y marquesados, y luego estos devinieron en países, ahora que se abocan a pasar a ser provincias de países-continentes, la mente humana sigue dividida en feudos profesionales y el Caribe en su aislamiento en islitas de todo tipo, empeñadas cada una en planes para la semana que viene, pero ni idea de lo que puede ocurrir en 5 años. .

El Gran Caribe es un concepto geográfico que abarca todos los países que tienen límites en el Mar Caribe: Grandes y Pequeñas Antillas, Golfo de México. Bahamas, parte de México, Texas, la Florida, extensa zona que geográficamente es abigarrada y ecológicamente una discontinuidad de ecosistemas tropicales y subtropicales, con especies biológicas numerosas.

El discurso ideológico, político, diplomático, geopolítico, ha reflejado El Gran Caribe de distintas maneras. Pero es un concepto un tanto marginal, dado que el factor geopolítico más evidente del área es la emergencia de la locomotora industrial del mundo en su límite norte. En su situación actual, son numerosas las contradicciones y reacomodos, no del todo esperados si nos atenemos estrictamente a la historia. Pero los factores históricos continúan presentes e influenciando, a veces como verdaderas anclas. Y las subjetividades humanas sobreponiéndose con factores concretos, tangibles.

En el caso del Caribe, la globalización tiene más contradicciones que en otras zonas, dado que no solo es una zona de una geografía muy compleja, con diversos ecosistemas tropicales incluidos. Es como si el determinismo geográfico la hiciera disruptiva, al estar ubicada como comprimida entre dos grandes masas continentales, América del Norte y del Sur. Sus miles de islas e islotes en el pasado colonial pasaron confusamente de mano entre España, Inglaterra, Francia, Holanda y ESTADOS UNIDOS El gran perdedor fue el Imperio Español, roto de un artero sablazo napoleónico y jamás rehecho.

Los países caribeños derivados de la etapa colonial, unos 30, son mayormente muy pequeños, algunos liliputienses, presentan tendencias sociales centrípetas, burocracias ineficientes, barreras lingüísticas y bases económicas que compiten entre sí. Ello determina en la región una cultura que tiende al exotismo, abigarramiento, a la reticulación, y cuando se habla de integración, es un teorema diplomático y más bien un el tema recurrente de vacuos discursos de diplomáticos cobrando viáticos por su panfletico cacofónico, y a veces esperanza de ciertos intelectuales más que un paradigma alcanzable con acciones concretas.

La evolución cultural en su límite norte sigue siendo el factor que puede determinar el futuro. EE.UU fue un país-continente ya en el siglo XIX, sobre todo a partir de un yerro del gran corso, bueno calculando el número de obuses, pero fatalmente equivocado en sus aventuras en el Nuevo Mundo.

EE.UU. tomó lo mejor de la cultura de Europa, y se lanzó a una muy exitosa carrera hacia la industrialización, a ser una cultura emisora, con algunos resabios imperiales, que le llevaron a ocupar los paisitos al sur de distintas formas (burda invasión militar unas veces, otras mediante masivas inversiones, control de las elites gobernantes, etc.).

Hoy, bajo nuevas reglas y los efectos globalizadores, El Caribe gravita hacia el continente al norte, geológica, histórica, sicológica y económicamente. Ello ha intentado ser contrarrestado por una geopolítica nacida en Caracas, que al poder administrar reservas petroleras consideradas las mayores del mundo han sustentado un magnetismo hacia el sur, bajo la sombrilla de organizaciones como Petrocaribe y Alba. Habrá que ver, luego del descenso del precio del petróleo, si ello continua.

Las recientes tormentas financieras pusieron a prueba extrema el área. En todo caso, la desunión histórica parece reflejarse hasta la principal actividad económica del área, la recepción de turismo. Es muy posible que esta continúe siendo la tabla salvadora de economías que no son de escala y que apenas hacen algunos amagos hacia la industrialización o la diversificación.

La ecuación global no es sencilla, por lo que hace falta una enorme dosis de creatividad y aceptación del cambio, eso que es escaso en el Caribe, sus raquíticas intelectualidades, sus poblaciones generalmente mal educadas, inerciales y gobiernos con políticos y funcionarios de mentalidad de aldeanos, con mucha pompa, pero poca monta, poca eficiencia y decencia.

Lo único que puede sacar al Caribe de su marasmo, es educación. Solo con mucho de esta medicina, dejará sus muleticas históricas y se integrará en el Gran Caribe o se integrará a algo, superando su vocación aislacionista.

Perspectivas

Todo el poder que iría adquiriendo la casta de funcionarios, ligados por la necesidad de mantenerse en una ocupación privilegiada y pingüe, lo iría perdiendo el pueblo, que no tiene las mismas razones de complicidad en esperanzas y provechos, para hacer frente a los funcionarios enlazados por intereses comunes. Como todas las necesidades públicas vendrían a ser satisfechas por el Estado, adquirirían los funcionarios entonces la influencia enorme que naturalmente viene a los que distribuyen algún derecho o beneficio. El hombre que quiere ahora que el Estado cuide de él para no tener que cuidar él de sí, tendría que trabajar entonces en la medida, por el tiempo y en la labor que pluguiese al Estado asignarle, puesto que, a este, sobre quien caerían todos los deberes, se darían naturalmente todas las facultades necesarias para recabar los medios de cumplir aquellos. De ser siervo de sí mismo, pasaría el hombre a ser siervo del Estado. De ser esclavo de los capitalistas, como se llama ahora, iría a ser esclavo de los funcionarios.

José Martí.

DNA / Evolución orgánica ©Antuan Rodríguez

Hacia una cosmovisión emergente

Nada ocurre por casualidad, todo ocurre según leyes del universo. La suerte es una palabra vana.

Hermes Trismegisto

Son muy diversos los problemas que enfrenta la humanidad para continuar creciendo. Un crecimiento ya no tanto en el número de personas o en toneladas de producción, sino en calidad, en calidades. De calidad humana de cada uno y de todos. Tal vez debamos enfocar los sistemas educativos a engordar el espíritu, no la carne. Durante las últimas décadas, ha habido una explosión demográfica y ya somos más de 8000 millones de individuos "humanos" (incluidos algunos que no debieran adjetivarse así) habitando este planeta, pero estamos lejos de ser 800 millones de consciencias conviviendo en y con el planeta.

Una cosa es que cada cual mantenga el derecho a ser individuo pleno y diferenciado de la masa, y otra que cada individuo humano sea ombligo del universo, con derecho a depredar, consumir y degradar a otros y a su entorno de manera irracional e irrestricta. Y a ello llamarle libertad, industrialización e invocar los derechos humanos. ¿Y qué hay de los deberes humanos? Las ideologías y sistemas políticos se han dedicado a resaltar los derechos humanos, poco han intentado hablar de los deberes humanos.

Pero, en parte gracias a planteamientos demenciales que provienen desde las academias occidentales, asistimos a la caída en el crecimiento de la población en países desarrollados, a la vez que ocurre un crecimiento demográfico en países subdesarrollados y con una educación menos abarcadora. Lo que llamamos crisis migratoria internacional, es una callada atenuación del empuje civilizatorio. El mejor ejemplo es Nigeria, que triplicará su población en este siglo, pasando a ser uno de los países más poblados del mundo. Por el contrario, Japón, que hoy cuenta con la población más envejecida del mundo y la mayor proporción de personas de más de 100 años de edad, a fines del siglo, su población se reducirá a unos de 50 millones (de 128 millones en 2017). La población de Italia (la tasa de natalidad más baja de la Unión Europea), caerá de 61 millones (2017) a 28 millones a fines de siglo. China, que autoritariamente controla su población e impuso la ley del hijo único en 1979, presento una abrupta caída de la natalidad, que amenazó su economía y entonces el bondadoso gobierno aumento la cuota a dos hijos por pareja . Aun así, la población tuvo un máximo de 1.400 millones (2003), y se espera una reducción a 732 millones en 2.100.

Los resultados de estos juegos de ingeniería social son más que dudosos. Pero los planteamientos desde la intelligentsia y la Academia, parecen más contraproducentes que los de la propia Naturaleza. Una vez más vemos la arrogancia intelectual equivocándose.

Es más que obvio que es muy comprometido para el planeta Tierra suplir los requerimientos de una humanidad más numerosa, densa y compuesta por individuos que reclaman para sí un alto nivel de vida, pero son muy poco esforzados. Es mucho más difícil de complacer esta modernidad que la poco numerosa y densa humanidad de las épocas barbáricas. La capacidad de carga del Planeta se ha tensado, pero la culpa principal no recae sobre la explosión demográfica (controlarla es solución autoritaria fácil) sino por la explosión del egoísmo individualista que irresponsablemente pretende sea aplicable eso de "después de mí el diluvio". Por otro lado, en la actual situación no se puede pretender emplear las cosmovisiones que funcionaron (más exactamente disfuncionaron) previamente, en la tribu o la nación. En primer lugar, eran locales o cuando más regionales. En segundo lugar, se enfocaban en la cantidad, las toneladas, el crecimiento social. Ahora, insistimos, hay que enfocarse en calidad, en el comercio de intangibles, en expandir conocimiento y abrir brechas hacia la sabiduria.

Cada vez es más evidente que una intensa e indefinida extracción industrialista de recursos naturales, y su alegre consumo, ha desequilibrado los ecosistemas terrestres e incluso el planeta como sistema. La solución de dicha ecuación solo puede transitar por un cambio profundo de la moralidad, la educación, la cultura, la filosofía, la política, la autoconcepción del SER HUMANO habitante de la tecnosfera.

La evolución cultural humana ha implicado grupos cambiando entornos de naturales a transformados (el campo deviene en ciudad, la bahía en puerto, la biosfera en tecnosfera) y buscando concepciones y estructuras sociales que las adapten a una geografía o medio ambiente específico, de escala local o regional. Hoy se impone la necesidad de una concepción que arbole a la humanidad, ahora profundamente interconectada y con una nueva estructura en red, pero toda convergencia debe hacerse respetando las identidades locales, regionales, previas

Antes nos organizamos en grupos con una base en la raza, la etnia, el clan, la nación y los grupos periódicamente chocaban con "los otros" en sus límites y los vencedores se convertían en la casta dominante y más procreada. Ahora, luego que la explosión demográfica y numerosos medios de intercomunicación nos han hecho una manada invasora de proporciones planetarias, la organización de la cultura no puede ser otra que la de una civilización conectada con el Cosmos. Y la casta dominante tiene que ser la de los más inteligentes, es decir, la civilización planetaria se hace una meritocracia o nos degradamos.

El histórico subdividido mundo que se impuso como "el exitoso", a partir de una cosmovisión europea y europeizante, el iluminismo y el "Siglo de las Luces", debe y tiene que dar paso a una concepción humana y humanizante, en la que los remanentes de tribalidad y territorialidad estén convenientemente preteridos, acotados y balanceados por los nuevos contrapesos mundialistas en el "Siglo del Conocimiento".

La Humanidad Globalizada no es una teoría, es un hecho, y no comprenderlo, solo puede llevar a que la masa mucho mayor sea cada vez más ingobernable, más impredecible y sus estampidas más aplastantes, porque primero se ha globalizado el consumismo y el stress. Los experimentos sociales históricos, aún en su diversidad natural, pueden ser considerados como dos versiones extremas: Individualismo o Colectivismo. Ambos extremos han mostrado su incapacidad como solución impuesta desde el poder.

Si los problemas del mundo se acumulan sin resolver, es porque las soluciones históricas, que pudieron ser apropiadas para un contexto cronológico previo, ya son historia y parte del problema, no de su solución. Se impone una enérgica evolución cultural, en la que los métodos de la Ciencia y los conocimientos y principios de la Ecología tendrán que jugar un rol muy activo, proponiendo a todos los niveles que se consideren los sistemas funcionando como todos (lo holístico o integral por sobre lo reticulado y focalizado) y no se pretenda más que se puede diseccionar la naturaleza y alimentarnos de sus miembros. Eso lo hicimos como horda, llegábamos a la presa y la descuartizamos. En el futuro ya no habrá presa. Si no estuviéramos presos en nuestra historia.

Es absolutamente imprescindible una concepción o utopía que confiera estabilidad al imparable proceso mundializador. Que éste deje de ser un experimento a partir del empuje de determinados intereses históricos, financieros, especiales o polos tecnológicos. No son las mentes prospectivas las que nos conducen. Son políticos, burócratas, tecnócratas. Y ese es tal vez el más grande problema de los tantos que tenemos: nos hemos mundializado sin plan maestro alguno, improvisamos, hemos crecido hinchándonos.

Del traspiés a la involución

Las democracias industrializadas de Europa emergieron de la barbarie medieval dando traspiés sociales, políticos, científico-tecnológico por más de 500 años. Padecieron el autoritarismo atroz de Iván el Terrible, Luis XIV o Felipe II. Pasaron por el Capitalismo Agrario, Industrial y Especulativo. Luego de Cromwell, el militarismo quedó minimizado como un componente social, pero que no es ya más la columna vertebral del cuerpo social.

Las etapas recorridas son parte de complejos procesos de metamorfosis social y de emergencia de las democracias liberales, relacionadas con la Ilustración, el Racionalismo y el Liberalismo.

China, por el contrario, en su emergencia civilizatoria ha quedado entrampada en el militarismo, que aun ahora es su columna vertebral. Quedó autoexcluida de la evolución cultural o proceso civilizatorio, porque no se basa en el individuo sino en el grupo. Sus estructuras sociales tienden a ser grupales, con muy poca preeminencia del ser individual.

China luego de 1980 se convirtió en otra locomotora industrial mundial, no en base a la creatividad del ***entrepreneur***. Ello es consecuencia principalmente de la visión corta (cortoplacismo) de políticos y gerentes de algunas grandes corporaciones occidentales. Sus emprendimientos tecnológicos, tienen que estar impulsados y fiscalizados por el PCCh y dentro de este la poderosa comisión Político-Militar.

Luego del Covit-19, se ha detenido al mundo. Es momento de bajarnos de carrito loco en que íbamos y sacar cuentas. ¿Se ha cumplido la esperanza de que no era peligroso habilitar al PCCh con un importante paquete tecnológico? ¿Es lógico ahora tener un competidor desleal, pero que a bajo costo ha importado toda una tradición occidental y ahora proclama que su ideología y Sociedad es superior? ¿los militaristas chinos han disminuido o aumentado su autoritarismo? ¿está imbuida la cultura china de un milenario autoritarismo de la que es incapaz de deshacerse? ¿estamos en medio de errores de industrialización acelerada o dentro de una guerra biológica? ¿Es esto un error de cálculo o simple ambición desmedida? ¿Podemos aplicar eso de <u>Libertad-Igualdad</u>-Fraternidad a la cultura china?

Si en USA o Europa hay alguien que ha habilitado tecnológicamente a China a plena consciencia, no es patriota. Si lo ha hecho pensando en las ganancias inmediatas de mano de obra muy barata, es idiota. Si no rectificamos, esperemos otros virus-PCCh y que los mandarines tomarán nuestros palacios de invierno, primavera, verano y otoño.

Entre cuerdos, lerdos, locos y *nerds*

Nunca perdió tanto tiempo el águila,
como cuando se sometió a las enseñanzas del cuervo.

La masa está más cerca de la manada, el individuo excelso más cerca de los dioses. El grave problema del ser humano común, el conformador de la masa, es que le es más fácil darles curso a sentimientos (amar, odiar, desear) que a pensar. No puede percibir su entorno mucho más allá de su ombligo, pero, como la ignorancia es osada, a veces a algunos se les ocurre auscultar y explicar el cosmos. Por su miopía ven las estrellas como bellas lucecitas caprichosas. No pueden ni suponer que al mirar para arriba asisten a un concierto cósmico.

Cuando una mosca ve un águila volando alto, cree que es una mosca loca y rara. Si el ave baja, se acerca, la mosca tiende primero a asustarse, luego a asombrarse, finalmente a consolarse: es otro animal. Mas cree, ¡ya será carroña! Pero su consuelo no alcanza para defenderla del águila si esta aletea fuerte cerca de la mosca y la hace caer. La envidia no resuelve este problema, como ningún otro, solo si la mosca baja a ras de tierra en su vuelo o se posa sobre el basurero, está segura del aleteo. Algunas, sin embargo, tienen fantasías y creen que el azar o diosito les dará plumas de águila... otras pretenden que todos los animales voladores serán moscas. Ello es indicio de locura de quien lo cree. Mosca fuiste, eres y serás.

Al lerdo, al lento, le cuesta más trabajo percatarse de sus limitaciones. Saber que es mosca. Al excelso, al rápido, no. Desde temprano se percata de que conoce pequeñas partes del todo y toma precauciones para avanzar por las tembladeras del saber.

Le cuesta trabajo declararse águila. Pero *la ignorancia es atrevida.*

Asumo que a la mosca le es más difícil comprender su estado de insecto cerca de tierra y de sus tantos basureros, pero ello lo resuelve con fantasías y reproduciéndose sin control. Asumo que el águila tiene que comprender con certeza sus limitaciones porque las presas son escasas y los vientos son más impredecibles allá arriba. Tiene que cazar, no puede simplemente guiarse por su olfato para detectar malos olores o entregarse a orgías para asegurar su abundancia.

Pretender que somos un fatalismo de insectos igualitarios, es un yerro de proporciones mayúsculas. El comunismo, Marx, el marxismo, son un bodrio desde la A hasta la Z. Según ellos, el ser humano, en cuanto a masa, no es un conjunto de individualidades. Es como masa y se debe tanto a sus lerdos, a sus cuerdos, como a sus moscas y cerdos. Falso. Por simple sentido común sabemos que, si la humanidad ha emergido de sus miserias zoológicas, es por el arrastre hacia la virtud de individuos excepcionales y fundadores, locos que le han llevado la contraria a la inercia de la masa-insecto, cuando más bovina. Al imperio del caballero Don Dinero, a los destellos del oro, a la pesadez del plomo.

Una democracia no se estructura para recibir y digerir ciencia y tecnología. Al ser humano común le es difícil comprender los entresijos de la ciencia. Incluso los propios científicos se dividen en ramas de especialización para poder abarcar un pequeño feudo de saber, pocos se lanzan a grandes generalizaciones. La ciencia entra en la sociedad muy lentamente, por osmosis. De vez en cuando, en su torre de marfil, surge un oteador original o un comunicador eficiente, un genio capaz de, solo o en *team work*, impulsar algún aspecto varias jornadas delante de donde estaba. Es por ello que la ciencia y la tecnología van a la cabeza de la sociedad e intentan conducirla, no ya como mosquero o manada sino como ser social cefálico y racional. Hasta ahora, hemos sido dominados por histriónicos, aventureros, bandoleros y pendencieros. Pero últimamente también nos secuestran seudocientíficos que nos venden su conveniencia como esencia y ciencia.

Muchas posiciones políticas actuales constantemente hacen referencia al pueblo, a la humanidad, a la patria .Grupos difusos. En realidad, ralentizan la evolución cultural, porque las masas son inerciales y miopes. Las propuestas innovadoras no vienen de las masas, de los insectos, esas series de individuos anulándose unos a otros, casi incapaces de valorar la realidad de la vida. Surgen de las águilas, de los adelantados, de los excepcionales y por lo general las masas tratan de aplastarlos cuando comienzan a deslindarse. Solo después de someterlo a pruebas de cuán alto es su vuelo, les prestan alguna atención.

No es nada extraño que, en votaciones políticas, las masas yerren de medio a medio. Fue por votación o aclamación que llegaron al poder Hitler, Castro o Chávez. El verdadero valor de los sistemas políticos democráticos no está relacionado con la agudeza intelectual del pueblo, sino con que evitan que permanezcan en el poder indefinidamente determinados planteamientos. Y facilita que el cambio sea gradual, pacífico.

Ojo, aunque las farándulas pretendan lo contrario, el enorme avance que ha tenido el mundo no se ha debido a sistemas políticos ni a hombres de armas, promediadores unos, asesinos los otros, sino a la gran selectividad que impera en los círculos científicos y tecnológicos, que son muchísimo más aristocráticos que democráticos. Allí no mandan pescaderas ni guerrilleros, y para hablar en su ágora hay que demostrar alto vuelo.

Pero internamente, en la ciencia hay problemas. Uno de ellos es darle pasaporte de ciudadanía a ramas que no son científicas o lo son levemente, como son la sociología y la filosofía, en realidad muy inexactas y subjetivas. Para sus afirmaciones tienden a no manejar datos empíricos sino afirmaciones no demostradas, asertos de una u otra personalidad. Las ciencias blandas tienen por lo general impedimentos morales, no se puede experimentar son seres humanos y ello la hace recurrir a supuestos, a pequeños ejemplos.

Algunas ideologías sociales en boga, que dicen partir de planteamientos científicos, en realidad son cuentos y novelas vestidos con toga y birrete. Pero lo peor es que no prestan atención a las analogías en los ecosistemas biológicos, de base. Para conocer cómo funciona un ecosistema humano (sociedad, fábrica, ciudad) pudiéramos buscar analogías en poblaciones de seres vivos. En ellos, el individuo que muta, el mutado, el que no se parece al promedio, tiene más probabilidades de ser eliminado. El raro es mayormente rechazado. Pero no es completamente eliminado. En realidad, la naturaleza constantemente crea diversidad, deja que medren algunas raros, quienes serían los más adaptados si las condiciones del entorno cambiaran, como generalmente sucede. Es decir, el mundo biológico es a la vez conservador y evolutivo.

Entre los grupos humanos, los lentos, lerdos y de pocas luces, son la mayoría, y son el presente. Pero el futuro es de los locos y de los *nerds*. Las sociedades que han sido más tolerantes con sus raros, son las que más rápidamente evolucionan. Por ello, sociedades que se pretenden uniformes son siempre fracasos, el comunismo el que más. ¡Abajo las moscas!

Evolución social sobre bases científicas. No revoluciones, no viejas utopías maquilladas

La degradación cultural y la anarquía del saber actual, no se trata de puros idiotas masificados y globalizados sino de personas tal vez muy inteligentes, preparados e íntegros, tratando de funcionar dentro de pequeñas cajitas de saber que no se integran en un todo coherente. Pero no es algo solo reciente.

Volvamos a citar lo que enfrentaba Buda, y su parábola de los ciegos y el elefante: *"Los que habían tocado la cabeza dijeron «Es como una olla»; los que habían palpado una oreja respondieron «Es como una cesta de cribar»; los que habían tocado un colmillo aseguraron: «Es como una reja»; los que habían pasado las manos por la trompa afirmaron «Es como un arado»; los que habían acariciado el cuerpo sostenían que era como un granero, mientras los que habían tocado una pata tenían la certeza de era como una columna y los que habían acariciado el lomo, que era como una escoba. Y cada uno empeñado en su creencia, los ciegos comenzaron a polemizar y a discutir violentamente, hasta llegar a las manos"*...¿Es éste el caso de las diversas legitimaciones intelectuales, especializaciones de la ciencia, cosmovisiones y grupos humanos (tribus, etnias, naciones, culturas) convergiendo sin mito hacia esta globalidad pragmática, pero aun sosteniendo alguna verdad de grupo, de cada tribu, de cada profesión?

Para ir a una integración mundial, no globalizada a martillazos sino humanizada desde lo moral, lo sostenible y lo comedido, no podemos concurrir a un mundo acuoso, todos los seres humanos similares, sin identidad, sin historia, que asisten a gimnasios de sexo, que no tienen padre y tal vez ni madre. Ese mundo Huxleriano, no es deseable ni viable.

No tengo una formal para evitarlo, pero si propuestas. Las estructuras y los métodos científicos deben dejar de ser periféricos y secundarios. Los organismos científicos deben pasar a ser no solo consultivos sino ejecutivos. Las decisiones no deben depender ya de individuos, políticos que se auto proponen, sino de Consejos científicos, y el político debe dejar paso a un funcionario que ejecuta las orientaciones de base científica. No la actual anarquía burocrática que es la ONU, la OMS, la FAO, etc. Con sus innumerables conferencias, su tendencia a la farándula televisada y muy poca integración efectiva. Dentro de los recintos de la ciencia es muy difícil que las farándulas prosperen.

Es la humanidad la que deberá evolucionar moral y espiritualmente, no solo su avanzada, la ciencia y la tecnología, convirtiéndonos en unos seres tecnotrónicos. Continuara la competencia entre el inventor, el creador, el contestatario y la masa-manada, pero los sumisos y la manada ya no podrán poner impunemente en riesgo a los auténticos innovadores. Pero no con empujes "revolucionarios'. Se tratará de evolución.

Está claro que serán los innovadores y excepcionales los que primero evolucionen y que serán la ruptura en contra de la inercia y la desidia. Mas jamás pretenderíamos que en el niño creciendo evolucione un brazo y no la pierna. El niño se hace joven bajo una coherente partitura genética.

La humanidad no sigue una partitura, al menos esos creo, y por ello ha pasado de la prehistoria a la historia dando traspiés y de la modernidad va entrando en la futuridad con una improvisación que nos deja pensando. Lo que parece azar puede no ser más que pequeñas variaciones en una mega-tendencia que seguimos, una búsqueda de lo perfecto, de lo sublime. Una tendencia cósmica hacia la perfectibilidad. ¿O no?

Evolucionará la humanidad, pero ello no implicará que todas las partes de lo humano lo hagan de la misma manera. En las sociedades, deberá haber adelantados, mutados, élites, aunque les duela a los comuneros y a los pueblerinos, porque no ha sido la masa ni el pueblo el innovador. Son las vanguardias las que han llevado la masa hacia adelante. Y en los graves problemas planetarios, la vanguardia intelectual es del todo imprescindible, y será la que deberá jugar un papel más relevante. Pero dudo que se trate de histriones y poetas. Tendrán que ser cribados por el filtro de la ciencia y palanquear el mundo con métodos científicos, no con verborrea y farandulería.

Ha sido un grave error haber dejado que **LA CIENCIA**, que en vez de un **todo imbricado y** coherente, evolucionara como una serie de saberes, inconexos y centrífugos. Desde Descartes, se va desmembrando en una serie de cuerpecitos especializados y divorciados, "las ciencias", pretenciosas todas de ser *logos* y aproximaciones al *holos*, excluidas unas de las otras. Así son solo velitas de saber que no soles de sabiduría. Solo de vez en cuando algún genio viene y salta por sobre las fronteras, teje sabiduria.

Está claro además que la ecuación de la sabiduría nunca podrá ser despejada desgajando la ciencia de otras maneras de comprender el mundo y el cosmos, tales como la religión y la filosofía, la pedagogía, la política. Con esa fatal idea de "las ciencias" desmembradas y especializadas, se las dejó totalmente minusválidas: miopes, cojas, mancas y estrábicas.

Las ciencias, como campos aparte de especialización, son como una serie de enanitos refunfuñones dando brinquitos cuando la angelical e integral Blancanieves se durmió por "la maldad de la bruja", que con sus brebajes pudo adormecerla de inmediato. Los enanitos supervivieron a este maleficio, más cada uno se embruteció como incoherente gritón y convirtió lo humano en algo desmembrado y grotesco.

Los problemas que enfrenta la ciencia hoy son graves. Aunque algunos enanitos se han hecho amigos de la bruja y bailan su media hora. Pero se nota un movimiento para despertar a Blancanieves.

Leonardo da Vinci concebía al cuerpo humano como una representación o microcosmos del planeta. James Lovelock, que por sus trabajos para la NASA puede ser considerado un científico muy exitoso bajo los parámetros de la superespecialización, sin embargo, revivió con un fuerte sustentamiento científico la hipótesis de que el planeta Tierra es un *holos* y actúa como un ser vivo, similar planteamiento al de Giordano Bruno, que por ello fue quemado vivo 400 años antes.

Los científicos, se han dejado llevar por la segmentación disciplinar de la ciencia. Las ingenierías, son eminentemente disciplinares. Los políticos han pescado en esas aguas turbias. Así, hemos sido confundidos por los sofistas, que se arreglaron para mimetizarse en filósofos. Sofistas que ahora están ocupando cargos en gobiernos y organismos internacionales y en cátedras universitarias. Sofistas hábiles en mostrar que hacen algo, cuando en realidad tratan de ganar tiempo y permanecer en su silla lo más que puedan o que "educan".

Aun somos animales tribales y por lo general no actuamos hasta que una masa crítica percibe el peligro. Ello, no ajusta a un mundo muy complejo, tecnologizado, y siendo gestado por la humanidad. *Fuimos* animales tribales para enfrentar problemas locales o cuando más, regionales. Ya no sirve el ágora. Ante problemas que tienen escala mundial, no se puede en un pálpito intuir cual es el próximo paso. O evolucionamos hacia **Sociedades**

Holísticas o nos degradamos hacia una humanidad orwelliana-huxleriana.

Algo me dice que Cuba, los cubanos, una vez más podemos desfasarnos del entorno y avanzar por delante del pelotón de corredores humanos. Y convertir nuestra Involución actual en Evolución.

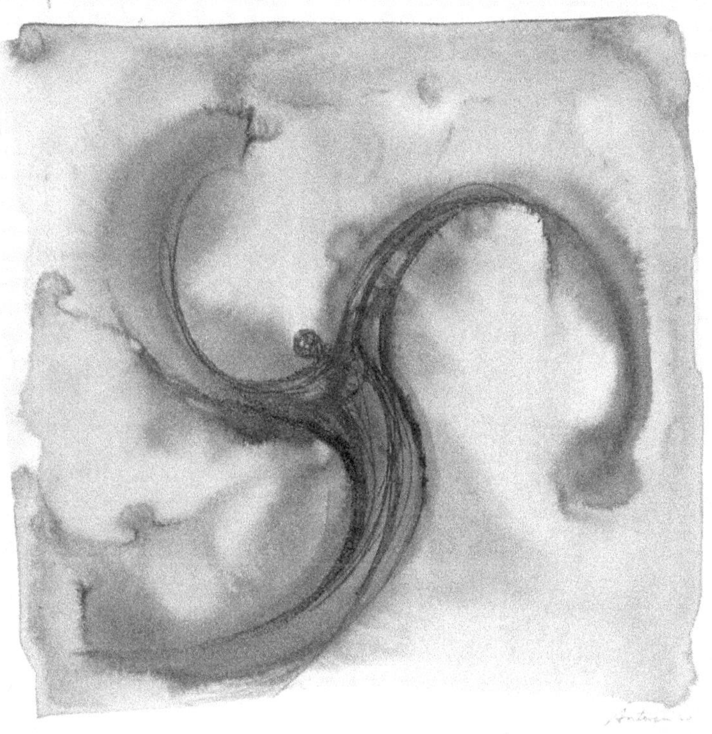

Human recycling Antuan Rodríguez

Conceptos importantes en este libro

CIENCIA.- Es la parte de la cultura que capta, interpreta, estructura, discute y difunde información y conocimiento basándose en métodos científicos. Intenta ofrecer una concepción coherente del mundo, al menos de lo que es captable con nuestros sentidos e instrumentos de medición. Antes del siglo XVIII se identificaba como filosofía, física o religión (teología). Es un SABER SABER, la estructura más terminada y holística del saber humano. Tiene vasos comunicantes con la pedagogía (HACER SABER) y la tecnología (SABER HACER). Integrada a la tecnología ha producido la llamada revolución industrial. Tiende a convertir INFORMACIÓN→ CONOCIMIENTO→ FORMACIÓN→ SABIDURÍA . El desigual desarrollo de las distintas ramas de la ciencia está siendo equilibrado por lo holístico (Teoría de la Gestalt, Teoría General de Sistemas, Ecología) y perspectivas interculturales, multidisciplinarias. En la *ciencia blanda* no se pueden realizar experimentos o deben hacerse con considerables inferencias. Por lo general se trata de las ramas científicas enfocadas en lo social, que plantean sus conclusiones infiriendo cómo ocurren los hechos, pero sin hacer demostraciones fehacientes. Es cuestionable que aquí se aplique realmente el método científico. Algunas especulaciones sociológicas, pretendidamente planteadas con un lenguaje científico, han desembocado en genocidios (Revolución Francesa, Stalinismo, Revolución cultural China), o guerras de gran mortalidad. (ej. nazismo en la II GM).La *ciencia dura, o aplicada* realiza experimentos, estadísticamente se seleccionan las variantes más probables, evita la simple fantasía o especulación. La ciencia es especulativa por naturaleza, pero luego de observar, formular y realizar una comprobación, entonces pasa a un nivel de hipótesis de trabajo, de ley o teoría aceptada.

CIVILIZACIÓN.- Lo opuesto a lo salvaje (de Lat. Sylva= selva) Las características (sociales, políticas, económicas, morales, religiosas) y de hechos concretos (arte, ciencia, arquitectura) que construye un grupo humano de gran envergadura, preferentemente a nivel mundial. Es un término muy próximo y a veces indivisible de cultura. La civilización puede considerarse como lo genérico, lo global, que incluye estadíos previos temporales y regionales de culturas con paulatino mayor nivel de evolución. Es inclusiva de distintos estilos de desarrollo, de moralidades, que a veces se han enfrentado beligerantemente y otras han concurrido interactuando culturalmente entre si hacia esta mayor humanidad.

ECOLOGÍA, BIOLOGÍA DE LOS ECOSISTEMAS, BIOLOGÍA AMBIENTAL.- Ciencia o rama científica que estudia las relaciones existentes entre los seres vivientes y entre éstos y el medio ambiente. Paralela y paulatinamente se ha ido convirtiendo en un movimiento de reflexión socio-político. El término fue propuesto en 1869 por el biólogo alemán Ernest Haeckel , pero algunos de los conceptos que engloba han presentado profundas transformaciones y ampliaciones con posterioridad. Integra conceptos y métodos médicos, económicos, meteorológicos, demográficos, urbanísticos, geográficos, pedagógicos, entre otros. En los últimos tiempos, se ha ampliado especialmente hacia las ciencias sociales, interrelacionándose con la antropología social, la sociología ecológica y la economía política, constituyéndose en una metadisciplina holística. Es influenciada concepciones generalizadoras previas tales como el Eclecticismo (Platón, Aristóteles, Cicerón), la Dialéctica (Hegel), la Relatividad (Einstein), la Gestalt

(Wertheimer, Köhler, Koffka), Deriva Continental (Wegener), Teoría General de <u>Sistema</u>s (von Bertalanffy), Estructuralismo (Saussure, Levy- Strauss), que de una u otra manera se proponen comprender la realidad sin compartimentos estancos. Se enfoca en la estructura y funcionamiento de los <u>ecosistemas</u> (p. ej: <u>bosque</u>, <u>arrecife coralino</u>, <u>ciudad</u>, <u>casa ecológica</u>, nave, astronauta).

Ecosistema, *sistema ecológico biología de los ecosistemas.-* Cualquier <u>sistema</u> convencional (ver Fig.) "aislable" de la <u>biosfera</u> (pero incluso, ésta como un todo). Unidad funcional que consta de organismos vivos, su entorno no vivo y las interacciones entre ellos. Su funcionalidad u organicidad se deriva de la asociación entre la <u>comunidad</u> de organismos vivos (<u>biocenosis</u>) y el <u>medio ambiente</u>. Puede tratarse de un individuo animal cualquiera y el micromundo que lo habita , todo un <u>bosque</u> , un planeta (la <u>biosfera</u> en el caso de la Tierra) o un diminuto charco temporal o una nave (d), una <u>ciudad </u>(e) un astronauta. Es un concepto básico de la ciencia y <u>ecología </u>moderna. Puede ser desde muy pequeño hasta el conjunto de la <u>biosfera</u>.

Fig. Ecosistemas.

EVOLUCIÓN.- Acción de desarrollarse un <u>sistema</u>, con cambios graduales y sucesivos estados paulatinamente mejor estructurados en cuanto al empleo de la <u>energía</u> por su estructura. Como teoría científica, originalmente, fue descrita por Charles Darwin y Alfred Russell Wallace y se trataba de evolución biológica, pero hoy queda claro que existe una evolución cultural (Fig.). Se le puede considerar el principal concepto aportado por las <u>ciencias</u> biológicas al conocimiento científico y a la cultura en general. Se le asume en algunas partes del universo, tal vez en el cosmos en pleno. Con métodos científicos de observación, puede detectarse en un <u>ecosistema</u> (en este caso es la sucesión <u>ecológica</u>), un embrión de un vertebrado (en especial en los fetos), la <u>cultura</u>, (en cuyo caso se habla de evolución cultural, que no es simple evolución biológica en contexto culturalizado), la mente de un ser humano (que siguiendo a Hegel es <u>dialéctica</u>, mediante la triada del pensamiento hegeliana: tesis-antítesis-síntesis), un cuerpo celeste o en un sector del universo, una <u>especie.</u> Suele subdividirse en evolución orgánica, Fig. inorgánica. Ninguna <u>especie</u> evoluciona aislada de otras, por lo tanto, lo que ocurre es una coevolución, como la que pueden tener un <u>depredador</u> y su presa, cada cual perfeccionándose y ambos apostando en esa emulación. La estructura perfeccionada de todo <u>ecosistema</u> es un resultado de su previa e., de múltiples coevoluciones implícitas y de cierta tendencia a la <u>adaptación</u> mediante un incremento paulatino de la biodiversidad, que se detecta también en la <u>sucesión ecológica</u>.

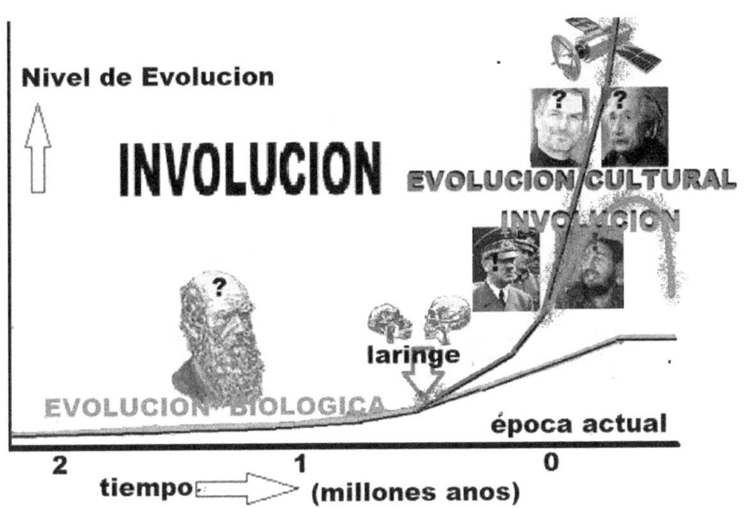

SOSTENIBILIDAD, SUSTENTABILIDAD.- Capacidad de un sistema para perpetuarse con sus propios recursos. En Europa se prefiere "sostenible", en América Hispana se utiliza más "sustentable". Se empleo por vez primera el concepto Desarrollo Sostenible en el "Informe Brundtland" (1987). Muchos planes o proyectos generados a partir de las reglas usuales en economía, son válidos durante un período, pero luego pierden pujanza. En la propia vida, aunque mueren individuos, supervive la estirpe. La estrategia ha sido emplear mucha energía en reproducción, crear biodiversidad y especies. La civilización no puede oponerse a esta tendencia previa. La naturaleza, conserva su capital ecológico.

TECNOLOGÍA. - Sistema de conocimientos y métodos para la utilización de los recursos materiales y energéticos en función de las necesidades humanas. Es el enlace entre ecosistemas naturales y sociales, en cada contexto histórico, geográfico y social (estilo de desarrollo) y es una mercancía. No tiene por qué ser negativa, pero si lo es la tecnología sucia. En la actualidad está avanzando hacia la sociedad informatizada, pero tamb-ién Tecnotrónica o transhumana.

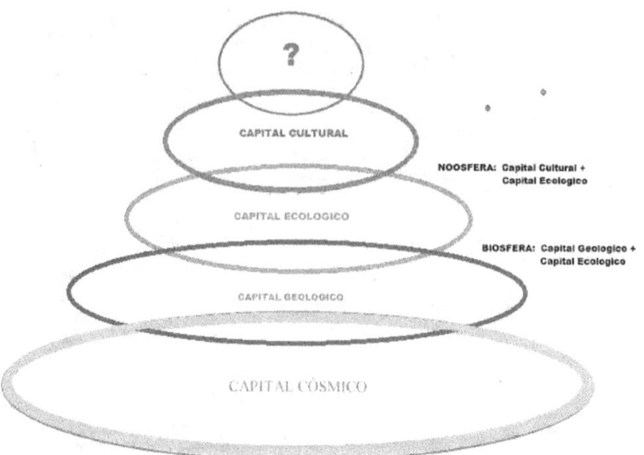

REVOLUCIÓN INDUSTRIAL.- Proceso de industrialización masiva que emergió en Europa entre finales del S XVI y la primera mitad del S XIX. Hacia 1760 su epicentro estaba localizado en el Reino Unido. Implicó el maquinismo, uso de nuevas formas de energía, de comunicación y transporte , organización del trabajo (sistema fabril), otras materias primas, aplicación usual de la ciencia a la industria. Coincide con la explosión demográfica y la profunda transformación de la biosfera en tecnosfera.

REVOLUCIÓN - Proceso intenso y rápido de cambios sociales. En literatura, tiende a desearse que lo sea todo proceso social posterior a la revolución francesa. La revolución industrial no debiera considerarse como tal, porque es gradual y reformadora permanente.

SABIDURÍA.- Conocimiento profundo e integral (holístico) de la vida. Interpreta cierto orden cósmico o sabiduría divina (teosofía), que puede haber sido "revelada" y "conservada" en mitologías, libros sagrados (Biblia, Talmud, Vedas (considerados la sabiduría suprema en la cultura hindú; en sánscrito veda = saber, conocimiento). Aristóteles diferenció la *scientia* como sabiduría o conocimiento teórico de la *ohrónesis*, la sabiduría práctica, o sea, la ciencia de la tecnología. La tecnología fue concebida como compartimentos de especialización y es el enfoque estrecho que hoy prepondera. Se ha acumulado hasta el presente conocimiento, saber, información, inteligencia, de manera tan poco integrada que pierde gran parte de su valor, no se puede decir que sea sabiduría. Es necesario tener una visión sinóptica, de gran angular.

SALUD.- En el ser humano, condición de bienestar fisiológico, espiritual, intelectual, social, no es sólo ausencia de enfermedad o invalidez. En otros seres vivos, la salud se circunscribe a lo físico, condición imprescindible para individuos que compiten por espacio, luz, alimento. Actualmente, es un equilibrio morfo-fisio-psicológico. El principal factor influenciante son los propios seres humanos y su cultura.

SOCIEDAD.- Agrupación de individuos en un grupo o sistema, por cuya pertenencia reciben ventajas comparativas. Es el objeto de estudio de la sociología. Nos adentramos en la sociedad post-industrial, donde la tecnología, transforma cada vez más la biosfera en tecnosfera. La sociedad humana se diferencia del animal en el uso de lenguajes complejos, que permiten coordinación de acciones y pensamiento abstracto. Debe diferenciarse de grupos fortuitos tales como multitud, pasajeros, espectadores. Va complejizándose en la medida que avanzamos en la evolución cultural.

SUCESIÓN ECOLÓGICA .- Relevo de comunidades de especies biológicas en el tiempo, sobre un sustrato o una biocenosis. Cada comunidad va teniendo cierta dominancia para luego dar paso a otra comunidad más compleja. Por ejemplo, una isla recientemente emergida comienza con hongos y bacterias y se va complejizando hacia una comunidad clímax, con mayor estabilidad y biomasa.

TECNOLOGÍA.- Sistema de conocimientos y métodos para la utilización de los recursos materiales y energéticos en función de las necesidades humanas. Es el enlace entre el ecosistema natural y el social. Está atado a éstos en cada contexto histórico, geográfico y social (estilo de desarrollo) y es una mercancía. No tiene por qué ser negativa, pero si lo es la t. sucia. En la actualidad, las t. de punta están avanzando hacia el comercio de intangibles, la sociedad informatizada.

VALOR .- Medida de la calidad de una cosa o persona. Presenta múltiples acepciones (polisemia), por lo que tiende a confundir. Si pensamos en algo valioso automáticamente imaginamos oro. Fue un mito como valor coincidentemente aceptado en buena parte de la humanidad para sustituir el engorroso sistema de trueque. Fue escogido porque es medianamente abundante, relativamente fácil de fundir como monedas o joyas, atractivo en su aspecto y de coloración amarillenta (como el sol), sobre todo porque no se oxidaba una vez hecho adorno. Se asume que precio es una medida de valor, pero puede haber modas, relatividad de la necesidad (un vaso de agua no es igual al lado de un manantial o en el desierto), especulación, necesidades subjetivas humanas (placebo), convenio momentáneo o costumbres regionales o étnicas. Una utopía o paradigma puede portar un valor que se le asume. Determinados grupos en conjunto tienen una aceptabilidad que no se corresponde con sus bienes (una asociación de científicos, tiene gran credibilidad porque se supone que los guía la metodología científica y ética. La economía ha hecho hincapié en el valor agregado, considerando nulo (0) el de un árbol antes que lo derribe el hacha

Del autor

ANDRÉS R. RODRÍGUEZ. Nacido en Santa Clara, Cuba, en 1952. Graduado en 1976 como Licenciado en Ciencias Biológicas, Biología Marina, Universidad de la Habana. Recibió diversos cursos de Postgrado e intensivos de inglés y francés. Como investigador recibió 4 premios nacionales en Cuba "Forjadores del Futuro", 2 premios nacionales de Divulgación Científica y el premio ILBA 2021. Ha laborado como investigador, profesor, consultor, periodista, escritor o asesor en distintas instancias de Cuba, México, Venezuela, Puerto Rico, Estados Unidos. Ha sido guía y turoperador de Ecoturismo. Es autor de los libros: .Manual de Campo del Atlántico Noroccidental, Lista de Nombres comunes y científicos de peces marinos cubanos (*Nomenclator*; Breve Diccionario Pesquero, Guia del Pescador Cubano, Peces marinos importantes de Cuba, Ecología Actual, Conceptos Fundamentales, Maritime Dictionary-Diccionario Marítimo VISUAL, Fábulas vivas, Havana 500 Anniversary (Premio ILBA 2021), La verdad es llama. Tiene en proceso editorial Colonial Trinidad, Visión ecológica del Océano, Diccionario Multilingüe de Ecoturismo, Ecoturism Dictionary-Diccionario para Ecoturismo (Eng-Spa). Finalista en concursos de La Herencia Napoleónica en "Historias sobre la Historia, Silva Editorial (2006, Barcelona) y Tacto, Premio Orola, (2009, España).